浙江省哲学社会科学规划后期资助课题成果文库

人民币实际有效汇率的工资效应研究

RENMINBI SHIJI YOUXIAO HUILü DE GONGZI XIAOYING YANJIU

杨立娜 著

中国财经出版传媒集团

图书在版编目（CIP）数据

人民币实际有效汇率的工资效应研究/杨立娜著．—北京：经济科学出版社，2020.5
ISBN 978-7-5141-6422-0

Ⅰ.①人… Ⅱ.①杨… Ⅲ.①人民币汇率-影响-企业管理-工资制度-研究-中国 Ⅳ.①F832.63 ②F279.23

中国版本图书馆 CIP 数据核字（2020）第 079527 号

责任编辑：孙怡虹　李　宝
责任校对：杨　海
责任印制：范　艳

人民币实际有效汇率的工资效应研究
杨立娜　著
经济科学出版社出版、发行　新华书店经销
社址：北京市海淀区阜成路甲 28 号　邮编：100142
总编部电话：010-88191217　发行部电话：010-88191522
网址：www.esp.com.cn
电子邮件：esp@esp.com.cn
天猫网店：经济科学出版社旗舰店
网址：http://jjkxcbs.tmall.com
北京密兴印刷有限公司印装
710×1000　16 开　14.5 印张　250000 字
2020 年 5 月第 1 版　2020 年 5 月第 1 次印刷
ISBN 978-7-5141-6422-0　定价：58.00 元
（图书出现印装问题，本社负责调换。电话：010-88191510）

基金项目：

2020年度浙江省哲学社会科学规划后期资助项目（20HQZZ29）：

人民币实际有效汇率的工资效应研究

前　言

全球化加速了开放经济体经济发展的同时，也增加了遭遇外部风险冲击的概率。汇率波动作为外部冲击的重要因素，通过价格机制和出口传导机制间接影响了国内企业职工的工资水平以及技能非技能工人之间的工资差距。这一影响程度与我国汇率制度有关，同时也与企业技能劳动与非技能劳动的组成结构密切相关。

2005年7月21日，我国宣布人民币对美元一次性升值2%，汇率制度由单一钉住美元转向参考一篮子货币，并赋予不同权重，使汇率调节更有弹性，外汇市场美元对人民币浮动区间为中间价上下0.3%，自此人民币汇率制度由固定走向浮动。2014年3月5日公布的《政府工作报告》提出：保持人民币汇率在合理均衡水平上的基本稳定，扩大汇率双向浮动区间，推进人民币资本项目可兑换。这说明，随着汇率制度改革的进一步深化，汇率的形成最终由市场决定，人民币汇率将随世界市场的变化而波动。汇率时刻影响着企业的生产、进出口、劳动和资本的配置行为。我国出口导向下的贸易参与者如何根据汇率的波动来调整劳动和资本的使用，以及这些行为如何影响企业技能非技能劳动的工资水平是一个值得深入研究的问题。

国内外现有研究汇率波动冲击劳动力市场方面的文章，主要从国家和行业层面进行解读，并没有考虑企业异质性和企业内部劳动力技术水平异质性，缺乏从微观企业层面的研究。实际上，汇率波动首先影响微观企业的生产和资源配置行为，继而将这一影响传递到宏观层面。更进一步地说，人民币汇率波动对企业内技能工人和非技能工人工资的影响是否一致，技能工资差距如何变化等具体问题是影响企业收入结构的重要因素。

本书关注异质性企业技能非技能工人的工资水平和工资差距，检验经济全球化和人民币国际化背景下，微观企业要素价格变化如何受到汇率波动的冲击，并综合考虑企业的进口行为、融资能力、投资和研发强度等因素，从而拓展了现有的理论体系。在我国企业面临较大汇率波动冲击的前提下，研究人民币实际有效汇率对微观企业技能非技能工人工资水平和工资差距的影响，拓展了劳动力市场理论，并为这一领域的进一步研究提供了新的思路。对上述问题的解答有助于解决企业面临的成本问题和国家面临的收入差距拉大问题。

全书共分为十一章：第一章绪论，主要介绍了文章的选题背景、研究意义、研究方法、章节布局、重点难点和创新之处；第二章文献综述，对汇率波动与工资关系的文献进行梳理；第三章统计性描述，将书中所使用的数据特征进行简单分析；第四章人民币汇率影响企业职工工资的机制分析，对人民币汇率影响工资水平的作用机制进行总结和实证检验；第五章人民币实际有效汇率对工资的技能溢价效应，主要检验人民币汇率波动对企业工资水平和工资差距的影响，并分析异质性企业工人工资对汇率波动的反应程度存在的差异；第六章人民币实际有效汇率对工资的动态效应，揭示随着时间的推移，二者之间相关关系的变化规律；第七章制造企业应对汇率风险的对策探析，在前文研究的基础上探索制造业应对汇率风险的对策；第八章人民币汇率制度改革进程分析，对人民币汇率改革进行总结归纳，并剖析2005年我国汇率改革政策的主要特点；第九章人民币实际有效汇率的政策效应，用PSM-DID方法检验我国2005年实行的汇率改革政策对外贸企业工人工资的影响；第十章人民币汇率波动对企业工人就业的影响，检验了人民币汇率波动对微观企业技能工人和非技能工人就业的影响；第十一章结论和研究展望，为全书总结，结合前文的实证检验结果，为中国如何防范汇率波动风险，提高收入水平，降低收入差距提供相应的政策建议。

通过研究主要得出以下几点结论：(1) 人民币汇率升值主要通过研发投入途径、投资途径和融资约束缓解途径对企业工人工资水平起作用。长期增加投资和宽松的融资环境会增加企业平均工资和技能工人工资水平。企业研发短期减小工资差距，长期拉大工资差距。(2) 人民币汇率升值显著提高了技能工人和非技能工人的工资水平，但是技能工人的工资水平增加幅度远大于非技能工人工资水平的增加幅度，这进一步加大了技能非技能工人的工资差距。人民币实际有效汇率波动对国有企业工资差距影响较小，而对私营和外资企业工资差距影响较大。(3) 2005年国家实施的汇改政策降低了制造业企业的平均工资水平，减小了高低技能工人之间的工资差距。(4) 汇率升值加大了国内就业差距，表现为技能工人就业率上升而非技能工人就业率下降，进一步地说，汇率波动对技能非技能工人需求的冲击是不同的，汇率升值在劳动力市场表现为企业雇佣的平均职工数量下降，但是非技能劳动力雇佣数量下降更加突出。(5) 我国应在符合国内经济发展的基础上建立更加富有弹性的汇率政策，汇率制度改革要与金融改革和经济发展水平保持一致，立足于提高货币政策自主性、发挥国际收支自动调节机制，在保持汇率基本稳定的同时，逐步形成以市场供求为基础、双向浮动、有弹性的汇率运行机制。(6) 中美贸易摩擦背景下，企业通过电商平台可以直接面向消费者，不仅减少了中间环节，而且可以更直接了解市场消费者的需求和动态变化。政府建立大规模统一的电商平台，邀请各种规模、各种类型的企业入驻平台并且分享国内市场信息，可以有效地将面临困境的中小企业聚集在一起，让企业更精准地了解国内市场的需求信息，从而帮助企业开拓市场，摆脱贸易摩擦带来的销售困境。同时，统一电子商务平台的建立能够分析行业生产的信息，汇总地区产能变化的趋势，政府可以从国家宏观经济政策发展的层面引导生产的方向，使企业的生产经营活动沿着更有效率、高质量的方向发展。

目　录

第一章

绪　论

本章主要包括以下几方面的内容：选题背景和写作目的，分别从理论和现实两个层面阐述本书的选题意义；介绍研究内容和研究方法，在概括本书主线的基础上列出方案，展示出本书的技术路线图，并对本书使用的主要研究方法进行简单介绍；最后介绍了本书可能的创新之处。

第一节　选题背景和意义

一、选题背景

（一）人民币汇率持续升值

1973 年，布雷顿森林体系崩溃。为了适应新的经济环境，我国的汇率制度由原来基于“购买力平价”的物价对比法，转向按照一篮子货币对汇率进行调节。改革开放以来，人民币汇率制度变革经历了四个阶段。1978 ~ 1981 年，人民币实行钉住一篮子货币的“钉住汇率制”；1981 ~ 1993 年，双轨制阶段，这一阶段，人民币持续贬值，1993 年人民币汇率年平均价达到每 100 美元兑 576 人民币；1994 ~ 2005 年 7 月，以市场需求为基础的，单一的有管理的浮动汇率制度；2005 年 7 月至今，以市场供求为基础，参考一篮子货币有管理的浮动汇率制度。随着外汇储备规模扩大和外汇占款比例升高，我国于 2005 年 7 月 21 日宣布人民币对美元一次性升值 2%，汇率制度由单一钉住美元转向参考一篮子货币，并赋予不同权重，使汇率调节更有弹性，外汇市场美元对人民币浮动区间为中间价上下 0.3%。

我国实行参考一篮子货币有管理的浮动汇率制度以来，人民币汇率持续升值，人民币对美元汇率年平均价由 2005 年的 8.19 升值至 2016 年 4 月的

6.46，升值幅度达21.12%。2006年人民币汇率年平均价突破每100美元兑800人民币，到2014年达到每100美元兑614人民币。2014年末以来，美元持续走强，为增强人民币对美元汇率中间价的市场化程度和基准性，央行决定，自2015年8月11日起，做市商在每日银行间外汇市场开盘前，参考前一天银行间外汇市场收盘汇率，综合考虑外汇供求情况以及国际主要货币汇率变化向中国外汇交易中心提供中间价报价，人民币汇率制度市场化程度进一步提高。另外，央行运用货币政策工具，通过实现对货币供应量的控制，来调节经济增长、通货膨胀和物价等宏观目标。目前面对经济运行的"L"型走势，我国采取了积极的财政政策和稳健的货币政策，汇率政策采取"有管理的浮动汇率制度"，利用对冲操作保持人民币汇率的相对稳定，同时提出"汇市要立足于提高货币政策自主性"。

（二）工资上涨

汇率升值使我国制造业面临外部市场萎缩的困境，工资上涨又使其面临内部成本上升的压力。2004年1月开始，广东东莞出现了民工短缺的现象，并迅速从珠三角和长三角地区波及环渤海湾地区。我国从劳动力大量廉价供给的人口红利转向"民工荒"。"民工荒"在一定程度上体现了我国劳动力供给短缺和工资上涨的现状。中国工业企业数据库统计数据显示，2000年我国工业企业工人平均工资、技能工资、非技能工资和技能非技能工资溢价分别为：12869.4元、43102.68元、1669.296元、30233.28元，到2007年，相应的工资水平为21619.58元、73694.3元、3334.716元、52074.72元，年平均增长率分别为7.84%、8.13%、10.42%、8.26%。

在用工成本迅速上升的时代，为了减少对非技能劳动的使用，企业会增加机器设备和专业化生产，机器设备的使用一方面降低了对非技能劳动的需求，代替了简单重复的劳动，另一方面增加了对技能专业劳动的需求，这是因为，生产专业化设备增加了对技能劳动的需求，操作专业的机器设备也需要专业化的技能工人。新的工业时代，工业机器设备越来越多地替代了非技能劳动。

很多文献已经发现汇率波动对不同行业或企业的就业和工资水平的影响具有差异性，但是很少有文献来研究汇率波动对企业内部不同技能水平工人的就业和工资的影响有何不同。汇率冲击对于技能工人的影响是否小于其对非技能工人的影响？先前的研究利用企业层面的数据分析发现，汇率波动对企业总体就业影响是相对较小的，但是这些研究在一定程度上掩盖了汇率波动对企业内部不同技术水平工人的影响。对中国制造业而言，内销企业和外贸企业的员工工资差距存在差异，与单纯的出口企业相比，进出口企业员工就业和工资差距也有所不同。

二、选题意义

随着改革开放的进一步深入和人民币国际化进程的加快，特别是2005年7月，我国实行以市场供求为基础，参考一篮子货币有管理的浮动汇率制度以来，人民币汇率弹性区间扩大，造成汇率波动的市场因素增加，目前在微观层面探讨人民币实际有效汇率对要素价格（工资）传递和影响的文献较少。本书针对我国劳动力市场发展的现实情况，基于国内外现有的研究成果，进一步从微观企业层面研究汇率波动对技能非技能工人工资水平和工资差距的影响。本书的研究意义主要体现在以下两方面：

（一）理论意义

经济全球化加速了开放经济体经济发展的同时，也增加了遭遇外部风险的冲击的概率。汇率波动作为外部冲击的重要因素，通过价格机制和出口传导机制间接影响了国内企业职工的工资水平以及高低技能工人之间的工资差距。影响程度与我国汇率制度有关，同时也与企业技能劳动与非技能劳动的组成结构密切相关。本书在赫克歇尔—俄林定理（又称“H－O定理”）的基础上，结合中国的实际状况，从微观企业视角进一步解读要素价格均等化之谜，并综合考虑企业的进口行为、融资能力、投资和研发强度等因素，从而拓展了现有的理论体系。国内外现有研究汇率波动冲击劳动力市场方面的文章，主要从国家和行业层面进行解读，并没有考虑企业异质性和企业内部劳动力技术水平异质性，缺乏从微观企业层面的研究。在我国企业面临较大汇率波动冲击的前提下，展开研究人民币实际有效汇率对企业工资水平和工资差距的影响，拓展了劳动力市场理论，并为这一领域的进一步研究提供了新的思路。

（二）现实意义

一方面，在美国推出量化宽松货币政策和美联储加息的背景下，人民币实际有效汇率波幅持续加大，研究实际有效汇率波动通过影响企业进出口行为从而影响技能非技能工人工资水平和工资差距，可以为客观评价我国汇率改革对工资的影响提供来自微观企业的证据，同时为我国国内工资差距的变化提供来自企业方面的解读。另一方面，面对人民币波动弹性区间扩大的事实，研究人民币实际有效汇率波动对企业要素价格的影响，为国内的进出口企业在激烈的国际竞争中做出适合企业自身发展的决策提供一定的参考。此外，本书的研究结论对其他发展中国家的贸易行为和收入分配制度完善具有重要的借鉴意义。

研究汇率波动对企业技能非技能劳动工资水平和工资差距的冲击具有重要的政策意义。首先，研究汇率波动对不同技能劳动就业和工资的影响有利于人们对改革开放后我国劳动力市场结构变迁的认识。我国收入分配的一个显著特点就是居民收入偏低，收入差距增大（白重恩和钱震杰，2009）。如果受到汇率升值冲击时，企业将这些不利因素通过各种渠道和资源整合转嫁给员工，造成企业内部技能劳动和非技能劳动结构调整和重新整合，并造成员工整体工资水平的下降，就会导致整体国内居民收入受到影响。其次，汇率波动不仅影响企业内部技能非技能工人的工资水平、就业水平和工资差距，而且对国有企业、私营企业和外资企业技能非技能工人的就业和工资影响各有不同；一般外贸企业和加工外贸企业也显示出显著的差异性。最后，分析汇率对企业员工收入水平和收入差距的影响，有利于进一步理解汇率的国际收支效应，传统的弹性理论只突出汇率对国际收支产生的相对价格效应，而忽视了收入效应。如果汇率波动使得劳动者的收入发生变化，那么收入效应会使得国际收支向与价格效应相反的方向发展（McKinnon，2005，2006）。人民币汇率波动对企业员工就业、工资以及技能工人和非技能工人工资差距的影响具有重要意义，同时在成本推动型通货膨胀压力下，央行采取怎样的货币、汇率政策有积极的借鉴作用。

在前人研究的基础上，本书从微观企业层面探讨汇率波动影响微观企业技能非技能工资水平和工资差距的影响，具体途径为：研发投入途径、投资途径、融资约束缓解途径三个方面，进一步解释人民币汇率波动对国内企业劳动力市场的冲击，以期对现有的理论有所扩展。本书以 2000 ~ 2007 年规模以上工业企业样本为研究对象，系统研究了企业异质性条件下（企业规模、企业性质和全要素生产率等因素），外部汇率波动对企业内部技能工人和非技能工人工资差距的影响。

第二节　概念界定、研究内容和研究方法

一、主要概念界定

本书主要研究了人民币实际有效汇率对企业技能非技能工人工资水平和

工资差距的影响，行文开始对本书中涉及的主要变量加以界定，是下文展开论证的前提和基础。

（一）汇率

汇率是指一国货币相对另一国货币的价值，即两种货币之间的兑换比例。要考虑一国货币和多国货币之间的综合对价关系，需要引入有效汇率。根据能否剔除价格因素（通货膨胀）的影响，有效汇率分为实际有效汇率和名义有效汇率。“名义汇率”又称“市场汇率”，主要用来衡量两国之间的相对物价利率水平和贸易平衡因素，但是不能反映货币的真实价格。名义汇率是随着外汇市场货币供求关系的变化而波动的外汇交易价格，其对商品实际价格的影响是短暂和有限的。实际汇率分别根据两国价格水平对名义汇率进行调整，反映了以同一货币表示的两国商品的相对价格水平，展示了两国商品的综合竞争力。相对名义有效汇率而言，由于实际有效汇率在计算过程中剔除了价格因素的影响，更能反映出口企业产品价格在国际市场上的竞争力。汇率指标的选择对研究汇率波动对企业工人工资水平和工资差距的影响至关重要，计算企业层面的实际有效汇率时，通常采用对贸易权重进行加权的方式。为了提高精确程度，在研究汇率波动对企业要素价格的影响时，本书采用实际有效汇率，以便更好地衡量进出口产品的综合竞争实力。本书研究的对象既包括进出口企业，也包括内销企业。为了保持一致性，本书所使用的汇率均为微观企业层面的实际有效汇率。

央行于2010年第三季度发布的货币政策执行报告对有效汇率概念及意义进行了详细的评述，认为实际有效汇率对贸易结算和计价更具代表性，对企业经营决策更具有参考价值和指导意义。文章以企业与伙伴国的贸易总量占企业全部贸易量的比重作权重计算双边汇率，构建微观企业层面实际有效汇率。在此仅界定实际有效汇率的概念，后文实证部分将详细介绍人民币实际有效汇率的测算。

（二）人民币实际有效汇率

企业层面人民币实际有效汇率是指，以企业的贸易对象国在该企业全部贸易额中所占比例为权重，对该对象国实际汇率的指数形式进行加权平均后得到的指数。在本书所计算的权重中，分子是企业与一国的进出口贸易额总量，分母为该企业与所有国家的进出口贸易总量。实际有效汇率是根据所选基期、名义汇率、物价指数以及贸易对象国计算出来的，结果采用指数形式。本书采用间接标价法，即一单位本国货币兑换几单位外国汇率，当该值增加时，表示本国货币汇率升值，当该值减小时，表示本国货币汇率贬值。假设基期实际有效汇率为100，当实际有效汇率指数高于100时，则有利于进口，不利于出口。当该指数低于100时，说明币值过低，则有利于出口。实际有效汇率考虑了一国贸易伙伴国的地区构成，因此可以准确地反映各国进出口价格竞争力，以及国内进出口企业面临的竞争条件。

实际有效汇率的不足：实际有效汇率与名义汇率之间存在差异，虽然能够帮助我们理解企业进行贸易的综合价格竞争力，以及企业面临的国际竞争条件，但是实际有效汇率只考虑了与企业有直接贸易关系的国家，忽视了非贸易国家与这些贸易国家之间的竞争关系。同时，由于实际有效汇率忽视了企业的外汇远期合约，使得实际有效汇率的测算值出现偏差。例如，1985年日元升值时，实际有效汇率升值，由于厂商事先进行了外汇远期预约，从而降低了出口市场的价格转嫁率，使得其出口数量没有出现剧烈波动，因此实际有效汇率值与理论值不一致，从而无法表现实际有效汇率上升对出口的抑制作用。

在此基础上，本书进一步计算了企业层面的出口实际有效汇率和进口实际有效汇率。出口实际有效汇率为以企业贸易对象国在该企业全部出口贸易额中所占比例为权重，对该对象国实际汇率的指数形式进行加权平均后得到的指数，分子为企业对一国的出口贸易额总量，分母为该企业与所有国家的出口贸易总量。同理，进口实际有效汇率为以企业贸易对象国在该企业全部进口贸易额中所占比例为权重，对该对象国实际汇率的指数形式进行加权平均后得到的指数，分子为企业对一国的进口贸易额总量，分母为该企业与所有国家的进口贸易总量。因此，在单纯出口企业中，仅存在出口实际有效汇率，单纯进口企业中，仅存在进口实际有效汇率，进出口企业既存在出口实际有效汇率又存在进口实际有效汇率。这也是本书第三部分进行实证检验的基础。

（三）汇率波动

现有文献关于汇率波动的研究主要分成两类（王自峰，2009），一类是汇率水平的变化，另一类是汇率波动程度的变化，大部分研究仅侧重于一个方面。本书所研究的汇率波动既包含汇率水平的变化，又包含了汇率的波动幅度。汇率水平变化指货币相对价格变化，包括贬值和升值，间接标价法下汇率值增加为货币升值，反之则为贬值。汇率波动则表示汇率变化的剧烈程度，本书使用实际有效汇率对数的一阶差分形式来表示。

（四）工资差距

本书研究对象为微观企业，主要变量为工资差距（工资溢价）。所谓工资，是指企业员工收入中与劳动密切相关的部分，其中包括基本工资和奖金津贴，但是不包含转移性收入和资本收入部分。根据国家统计局《关于工资总额组成的规定》（1999）以及《关于工资总额规定的解释》，工资总额指各单位在一定时期内直接支付给本单位全部职工的劳动报酬总额。企业支付的劳动报酬，不论计入成本与否，列入计征奖金税目与否，形式为货币还是实物，均属于工资总额范围，其中包括：计时和计件工资、奖金、津贴、补贴、加班费以及特殊情况下支付的工资。但是不包括劳动保险和福利以及劳动保护支出。本书实证研究关注的主要是我国制造企业员工的工资收入，并且使用的是年收入而不是月工资和小时工资。

（五）技能劳动和非技能劳动

技能劳动（或高技术劳动、熟练劳动，skilled labor，high-skill labor）和非技能劳动（或低技术劳动、非熟练劳动，unskilled labor，low-skill labor）的界定。技能劳动和非技能劳动是一个相对的概念，不同国家和地区的发展状况不同，对其界定也不同。第一种方法将受教育程度为高中及以上作为技能劳动，高中以下为非技能劳动（陈波和贺超群，2013）；第二种方法按照受教育水平区分，大学教育及以上为技能劳动，大学教育以下为非技能劳动（李平等，2013）；另外一些学者将非生产性工人作为技能劳动，如技术员和文员，将生产性工人作为非技能劳动，如操作工和技工。本书基于数据可得性，使用第一种方法作为主要划分标准，第二种方法对研究的结果进行稳健性检验。相应地，技能工资溢价指企业内部技能工人与非技能工人之间每年的工资差距。

非技能劳动工资水平的测算：2009 年中国农村劳动力数量达到 2.25 亿人，其中 63% 离开农村去城镇工作，从而使城镇非技能劳动数量增加，加剧了非技能劳动竞争。在我国人口红利消失的大环境下，流入城市的劳动力数量大量减少，在中国进行投资的外资企业纷纷转移到越南等非技能劳动充裕的东南亚国家，最重要的因素是我国非技能劳动供给下降和工资水平上升。由于我国在 2003 年出现刘易斯转折点，依据农村家庭年度调查数据，从 2003 年到 2008 年，农民工工资上涨迅速，其中名义工资上涨 50%，实际工资上涨 30%。由此，城镇农民工净流入数量的减少在一定程度上说明，城市非技能劳动收入与农村劳动力收入差距已经明显减小。农村人均劳动收入可以在一定程度上反映出企业非技能劳动的收入水平。假设非技能劳动同质的前提下，非技能工人的工资水平是同质的竞争性市场价格，本书采用陈波和贺超（2013）的做法，使用每个省份农村个人劳动收入作为非技能劳动的工资收入。考虑到城市制造业部门非技能劳动所在的地区和行业差异，比如沿海省份工资水平高于内陆地区，市场需求比较高的行业工资水平高于市场萧条的行业，基于此，在方程右侧分别加入地区虚拟变量和行业虚拟变量来控制地区和行业对工资差距造成的影响。

基于非技能工人的同质性，本书采用各个省份农村工资收入作为非技能工人工资的代理变量，但是这种做法忽视了行业性质不同对最低工资的影响，比如高污染、高危险行业工人的最低工资要普遍高于其他行业，以此来补偿其从事这类行业付出的代价。为了使回归结果更加稳健，本书采用安华和孙（Anwar & Sun，2012）的做法，以两位行业代码所代表的企业最低平均工资来表示该行业非技能工人的工资水平。

（六）企业异质性

本书不仅关注在面对汇率波动时，进出口企业内部不同技能水平工人的工资状况及工资差距，而且关注汇率波动对异质性企业工资状况影响的差异性，因此有必要对企业异质性进行界定。企业异质性的研究起于梅利兹（Melitz，2003），但是这种异质性主要基于出口和非出口企业之间的特性区别，尤其是企业在生产率上的异质性。在此基础上进一步拓展，本书考察的是汇率波动对企业工资的影响，因此本书涉及的异质性企业不仅包括进出口企业，还包含内销企业。

本书使用的异质性企业有更广泛的含义：首先强调企业特征属性的差异性，并在企业所有制、规模、所属行业方面进行划分，考察人民币实际有效汇率波动对不同属性特征的企业工资水平和工资差距造成的影响。其次，在分析企业异质性问题时，考虑同一企业的工资状况在不同汇率波动区间变化的差异性，这里所说的工资不仅包括企业的平均工资，还包括企业内部技能非技能工资和工资差距。现有研究关于汇率波动影响工资的结论正负不一，然而由于汇率波动受各种因素的影响，其波动原因的复杂性可能会对工资状况形成非线性影响，基于此，我们将企业面临的人民币实际有效汇率波动的差异性以及企业工人工资的差异性作为企业异质性的另一个层面。

二、研究内容

本书基于我国对外开放步伐加快，国内工资差距拉大的背景，借鉴异质性贸易理论和要素价格均等化理论的研究成果，从微观异质性企业现实情况出发，将我国工业企业数据库与海关数据库样本进行匹配，就实际有效汇率波动影响企业员工工资水平和企业内部技能非技能工资差距这一命题进行机制概括和实证检验，并考察汇率波动影响企业行为和工资结构核心因素，以及这些行为如何受到国家汇率制度改革政策的影响，并在此基础上提出政策建议。

（一）研究思路

本书将从以下几个方面对所研究的问题进行展开：

第一，在介绍选题背景和选题意义的前提下，通过文献综述梳理现阶段关于汇率波动和工人工资方面的研究，以寻找汇率工资效应的影响因素及这一动态变化背后的机理和逻辑关系。

第二，对汇率波动影响技能非技能工资水平和工资差距的机制进行详细解读，发现现象背后存在的本质问题，并为后文的实证检验奠定理论基础。

第三，对本书中用到的数据进行初步的统计描述，从数据层面发现汇率波动和工人工资之间的相关关系，对微观数据进行特征性分析，考察异质性企业在行为和特征上的差异，为实证检验奠定现实基础。

第四，本书使用中国工业企业数据库和海关数据库的匹配数据进行实证检验：（1）汇率波动对工资的影响，将汇率分为出口实际有效汇率和进口实际有效汇率，对企业的进出口行为进行更深层的划分，不仅考虑了企业的出口，而且考虑了中间品进口。（2）对汇率波动影响工资的相关机制进行检验。（3）检验我国2005年7月实施的汇率制度改革政策如何影响汇率波动的工资效应。（4）企业工人就业水平和工资水平密切相关，在考虑汇率波动影响工人工资水平的基础上进一步验证了汇率波动对企业技能非技能劳动就业水平的影响。

第五，在文献综述、统计性描述和实证检验的基础上对研究结论进行总结，并结合现实情况对企业如何应对汇率波动的冲击，国家如何根据国际形势调整对外出口政策，应对汇率波动冲击，缩小工资差距，维持社会稳定以及人民币汇率市场化改革提出相应的政策建议。

（二）研究框架

本书研究的主要框架为：方案设计→文献综述→统计性描述→实证检验→结论和政策建议→成果优化→完成研究。本书的技术路线见图1－1：

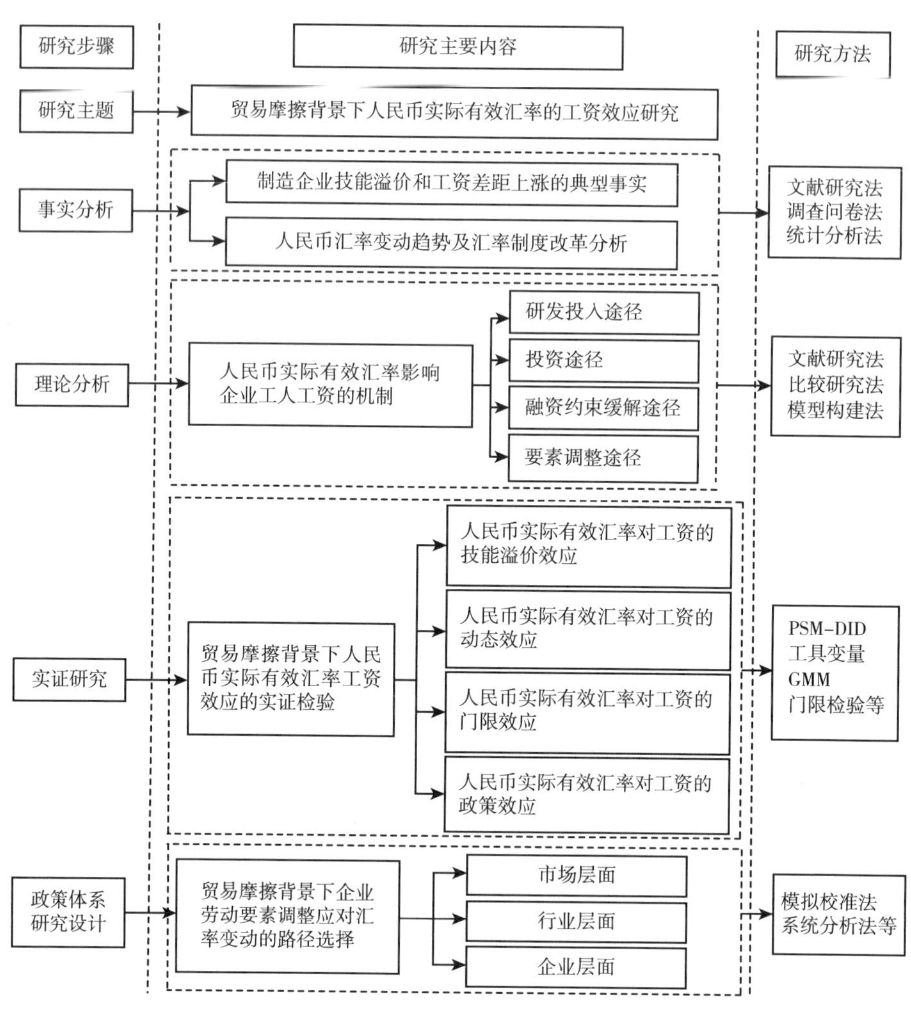

图 1-1 本书技术路线

三、研究方法

本书把异质性工人引入坎帕和戈德堡（Campa and Goldberg，2001）的模型，来分析汇率波动对同一企业不同技术水平工人工资的影响，并探求造成这些影响的途径。为了从多角度多层次论证这一命题，本书主要使用了以下研究方法。

理论分析与实证研究并用，结合新新贸易理论提出的企业异质性、H-O

理论和要素价格均等化定理，将汇率波动对企业内部不同技能劳动的工资影响进行更深层次的经济学分析。在此基础上通过实证检验验证汇率波动对企业内部技能非技能工资水平和工资差距的影响。

定性分析和定量分析相结合，定性分析包括借助曲线和图表对数据和现象进行直观展示，同时运用归纳演绎、分析综合等方法对复杂的材料进行加工和简单化处理。定量分析，即对样本的数量特征和数量关系进行分析。在运用各种统计描述方法（如核密度统计、t 检验）的基础上，采用各种计量经济学分析方法，如固定效应、PSM-DID。将定性分析和定量分析相结合，并有所侧重，不仅能够深入微观企业层面分析实际有效汇率对技能非技能工人工资水平和工资差距的影响，而且有助于对企业面临的成本问题和国家面临的收入差距拉大问题进行深刻的剖析。

第三节　创新之处和内生性问题解决

一、创新之处

本书借鉴了国内外现有关于汇率波动影响工资水平的相关理论和实证研究，在此基础上总结了汇率波动影响不同技能水平工人工资的机制，并利用中国的微观企业数据对此问题进行实证研究，相对于已有的研究而言，本书主要有以下几点创新之处：

（1）根据要素价格均等化定理，发展中国家技能与非技能工人的工资差距会越来越小，但是我国出现了工资差距逐渐增大的现象，与现有的理论背道而驰，在此背景下，本书从微观企业的视角，探讨了汇率波动对劳动力市场的冲击，并进一步分析了其对劳动力市场技能非技能劳动工资水平以及工资差距的不同影响，从而看出在汇率冲击下，技能要素优势更加明显，非技能劳动更容易被淘汰，技能工人工资上升速度更快导致了技能非技能工资差距变大。

（2）构建企业层面的综合实际有效汇率、进口实际有效汇率和出口实际有效汇率，多方面考虑汇率对工人工资水平的冲击。在分析企业行为时，既考虑其出口行为，又考虑了其中间品进口行为。汇率波动对企业职工工资的影响是双向的，即通过出口和进口两种途径进行冲击。分别计算了出口实际有效汇率对工资水平和工资差距的弹性系数以及进口实际有效汇率对工资水平和工资差距的弹性系数，从而可以直观看出汇率波动通过出口对工资的影响弹性和通过进口途径对工资的影响弹性。

（3）将进出口企业与内销企业作为对比，在解决自选择效应的基础上检验了我国2005年7月21日宣布实施的汇率制度改革政策对外贸企业工人的工资以及工资差距的影响并探求内在原因。研究了汇率波动冲击下企业内部技能劳动和非技能劳动的工资差距变化、技能劳动和非技能劳动的就业结构变化，并进一步考虑了企业的异质性，即分析汇率波动对企业就业以及工资的冲击因企业劳动生产率、资本密集程度、垄断程度、所有制性质不同而存在的差异。随着竞争程度的增加，工资差距越小，垄断程度越高，工资差距越大。

二、内生性问题的解决

本书内生性问题产生的原因在于：一方面，汇率波动影响了企业技能非技能工人的工资水平和工资差距；另一方面，生产要素价格的变化（工资变化）也会通过企业进出口行为影响汇率波动，二者存在相互影响的问题。实证部分中，为了保证检验结果的可靠性，在检验汇率波动对企业工人工资水平和工资差距的影响时，使用差分法处理变量，从而消除变量相关产生的内生性问题。

在检验我国汇率制度改革政策对企业工人工资影响时，会面临“反事实”和控制组的选择问题，政策对企业工人工资的影响不仅与汇率波动有关，而且与劳动力市场要素供求直接相关，同时企业工资波动幅度与其自身的技术能力和进出口行为密切相关，为此，我们构建了企业特征匹配指标，纠正了回归方程存在的内生性问题。使用PSM-DID的估计方法能够解决控制组的选择问题，另外在回归过程中，我们分别通过控制样本的地区固定效应、行业固定效应来消除企业所在地区和行业差别对回归结果带来的影响，保证了结果的可信性。

为了充分体现企业特征，本书使用2000~2007年中国工业企业数据库和海关数据库的匹配数据进行分析，由于2008年以后的数据质量有待改善，加之2010年以后对规模以上企业的界定有所变化，所以2008年以后的状况无法全面考察。

第四节 数据处理

数据处理方面，由于工业企业数据库和海关数据库中均有可能存在异常样本点的情况，本书对使用到的关键变量异常样本点进行了处理，首先计算出变量均值，然后计算出0.5%和99.5%分位数，并以0.5%和99.5%分位数作为标准，保留变量距离均值0.05%分位数和99.5%分位数的企业。

本书实证检验中对2000～2007年工业企业数据库和中国海关数据进行匹配，并依据彼沃德等（Upward，2013）和戴觅等（2014）的方法，通过三个步骤实现两套数据库中企业的匹配：首先，使用企业名称对两个数据库进行匹配；其次，在原样本中删除已匹配成功的样本，剩余的样本按照企业所在地的邮政编码和企业电话号码后七位进行匹配；最后，在原样本中删除已经匹配成功的样本，剩余样本按照企业所在地的邮政编码和企业联系人进行匹配。完成以上三个步骤后对匹配成功的样本进行以下几点处理：

（1）剔除企业平均工资、销售额为零值或负值的样本；（2）剔除企业年龄小于零的样本；（3）在区分企业类型时，国有资本/实收资本≥0.5或国有控股企业为国有企业；（4）剔除企业代码不能一一对应的样本，删除企业商品价格、贸易量或贸易额为零或负的样本；（5）剔除总资产小于固定资产净值、总资产小于流动资产，累计折旧小于当期折旧的样本，因为这些企业记账不符合会计准则；（6）剔除企业人数小于8的企业，因为如果企业职工人数小于8，那么企业缺乏有效会计系统；（7）剔除中间投入品金额、固定资产净值年平均余额、实收资本、固定资产以及工业增加值为零值或负值的样本；（8）工业企业数据库中对规模以上企业的界定为：国有企业以及非国有但年销售额超过500万元的企业。2006年以前规模以上企业以年销售额500万元为界限，2011年后以2000万元为标准；（9）去除重复企业样本。

中国工业企业数据库中的数据来自企业提交给国家统计局的数据汇总，包括全国国有企业样本以及规模以上的非国有企业。主要行业为“制造业”“采掘业”和“电力、燃气、水的生产和供应”，其中制造业占90%以上。使用该样本有以下三方面的优势：（1）微观企业面板数据包含信息更多更全面，企业的规模、所有制、出口额、中间品进口额等变量对研究企业的行为提供了充分的信息来源。(2) 微观企业面板数据同时具有时间维度和个体维度，解决了个体异质性，确保估计结果的一致。(3) 微观数据样本量多，估计结果更可信，能够保证整体的估计趋势一致。根据两位数行业代码（13～43，不含38），制造业包括农副食品加工业、工艺品及其他制造业以及废弃资源和废旧材料回收加工等30大类。在实证检验中，结合我国制造业的特点，我们专门对纺织、服装和皮革行业企业技能非技能工人工资水平和工资差距进行单独检验。

第二章

文献综述

开放经济条件下，汇率波动与工资水平之间的关系备受关注，特别是金本位制被取代后，汇率波动频繁，学术界更加关注汇率波动对劳动力市场的影响。本章对现有汇率水平、汇率波动对一国工资、就业的理论及实证研究进行综述，并分别从国家层面、行业层面和企业层面对相关实证研究进行总结，在此基础上归纳汇率影响工资水平的作用机制。

第一节　汇率工资效应的理论分析

一、要素价格均等化之谜

H-O 定理通过商品之间价格体系的相互依存关系分析，用不同发展水平国家生产要素存量状况解释了国际分工、国际贸易产生的原因和一国贸易商品的结构特点。同时，H-O 定理还解析了国际贸易活动对要素价格变化的反作用，得出贸易行为一方面会使国际间商品的价格趋向于均等化，另一方面还会使不同国家生产要素的价格趋于一致，这就是要素价格均等化原理。蒙代尔（Mundell，1957）从要素价格均等化的角度解释了商品流动和资本流动二者对要素价格均等化的相互替代作用。当商品不能自由流动时，资本流动会代替商品流动，从而实现各国要素价格均等化。商品和要素流动在某种程度上存在互补关系，即在生产要素自由流动的前提下，贸易只能部分地促进要素价格均等化。在要素自由流动的前提下，要素价格均等化既可通过生产要素跨国流动实现，也可通过自由贸易的方式实现。商品流动和要素流动可同时实现生产要素价格均等化。

传统贸易理论下，劳动是同质的，新贸易理论则认为，各国劳动不是同质的，并将劳动力分为熟练劳动力和非熟练劳动力。从要素禀赋看，发达国家熟练劳动力为丰裕要素，非熟练劳动力为稀缺要素，发展中国家非熟练劳动力为丰裕要素，熟练劳动力为稀缺要素。根据 H-O 定理，与发达国家相比，我国的非技能工人相对丰裕、技能工人较为稀缺。因此，我国应更多生产并出口非技能工人生产的产品，进口发达国家技能工人生产的产品。

按照要素价格均等化定理的逻辑，开放经济条件下，世界市场对一国丰裕要素的需求会增加，对稀缺要素的需求会减少。实行自由贸易会使发达国家技能溢价增加，因为对于发达国家，技能劳动是丰裕要素，世界市场对其技能劳动需求增加，而对其非技能劳动需求减少，因此技能劳动的工资增加，非技能劳动工资下降；而对于发展中国家而言，非技能劳动为其丰裕要素，对非技能劳动需求的增加会增加非技能工人的工资，而降低技能工人的工资，因此开放和贸易自由化会降低发展中国家的工资溢价，增加发达国家的工资溢价。现实生活中的情况却截然相反，从中国的实际情况来看，非技能劳动集中的出口企业工人工资增长缓慢，有时实际工资达到负增长，而技能工人却表现出工资猛增的特征，技能工资溢价现象日益明显，即产生了要素价格均等化之谜。

学术研究对要素价格均等化定理（FPE）的研究各有不同，约翰逊和斯塔福德（Johnson and Stafford，1993）、里默（Leamer，1993，1996）研究发现，要素价格均等化定理能够解释美国技能工资溢价扩大的现象。但是，劳伦斯和斯劳特（Lawrence and Slaughter，1993）通过研究美国劳动密集型和资本密集型产品的历史价格，发现若依据要素价格均等化定理，劳动密集型和资本密集型产品的相对价格变动应该导致其技能工资溢价缩小。梅利兹模型在克鲁格曼垄断竞争模型的基础上加入异质性企业的影响，在考虑企业异质性的前提下，从微观角度重新审视汇率波动与技能工资溢价的关系。

从贸易与工资差距的角度而言，有些研究认为，FPE 能够对美国工资差距拉大的现象做出解释（Johnson and Stafford，1993），而另一些学者通过调查劳动密集型产品和资本密集型产品的价格发现，如果 FPE 成立，那么这两种商品价格的变化应该缩小美国工资差距（Lawrence and Slaughter，1993；Choi，1999）。传统经典的贸易理论没有考虑市场结构的差异和企业的生产率差异，以梅利兹为代表的“新新贸易理论”在克鲁格曼垄断竞争市场结构模型上考虑了企业的异质性，由此也将贸易对工资差距影响的研究更加深入化。伯纳德等（Bernard et al.，2007）通过在 H-O 模型基础上加入异质性企业特性进行研究发现，考虑企业生产率差异的情况下，FPE 仍然成立。

二、S-S 定理

汇率的变化会影响市场对一国产品的需求（直接需求效应），各国产品之间存在替代，同一国家的不同产品之间也存在替代关系，世界市场对一国产品的选择和需求也会发生变化，同时引起各种商品相对价格的变化，根据 S-S 定理，如果长期内一种商品的相对价格提高，将提高这种商品密集使用的生产要素的价格，降低其他商品密集使用的生产要素的价格。如果汇率波动使得密集使用技能劳动的产品相对价格上升，则技能劳动价格上升，非技能劳动价格下降，技能溢价就会扩大；同理，如果汇率变化使得密集使用非技能劳动的产品价格下降，则相应的非技能劳动的工资率下降，技能溢价也会扩大。人民币升值使得市场对中国出口产品的需求减少，价格降低，而我国出口行业多为技术含量比较低的制造业产品，因此与此对应的非技能劳动的价格下降，技能溢价提高。发达国家技能劳动是丰裕要素，非技能劳动是稀缺要素，发达国家应该出口技术密集型产品，同时从发展中国家进口劳动密集型产品。发展中国家技能劳动是稀缺要素，非技能劳动是非稀缺要素，发展中国家应该从发达国家进口技术密集型产品而出口劳动密集型产品。

20 世纪 70 年代末，发达国家密集使用技能劳动的产品需求增加，技能劳动价格上升，密集使用非技能劳动的产品需求减少，非技能劳动价格下降，发展中国家相反。因此发达国家技能工人和非技能工人的工资溢价升高，而发展中国家工资溢价降低。简单来说，工资溢价的变化源于对技能劳动需求的变化。对这种现象的解释有两种：(1) 进出口贸易扩大了工资差距。发达国家与发展中国家进行进出口贸易，使得发达国家更多使用技能劳动进行生产，从发展中国家进口使用非技能劳动生产的产品，从而增加了发达国家技能劳动的需求和非技能劳动的供给。发展中国家的情况正好相反（Leamer，1993；Borjas and Ramey，1995；Wood，1994）。(2) 计算机和网络技术的普及使得进出口企业更多使用技能劳动，即对技能劳动需求的增加才是工资溢价扩大的主要原因（Davis and Haltiwanger，1996；Krugman，2000）。按照这一理论，改革开放后，我国出口持续增加，国内技能劳动工资应该下降，非技能劳动工资应该上升，技能溢价应该减小，但是与理论不符的是，包括中国在内的发展中国家技能工人和非技能工人工资溢价持续扩大，这是传统的 S-S 定理不能解释的。

迪诺普洛斯和塞格斯特伦（Dinopoulos and Segerstrom，1999）认为，如果贸易对工资的影响独立于商品价格的相对变化，则 S-S 定理不能解释是可以理解的。费恩斯特拉和汉森（Feenstra and Hanson，2003）认为，中间品进出不仅对进口竞争行业的劳动力需求造成影响，而且对中间品使用部门的劳动力需求造成影响，中间品贸易对技能溢价的影响比最终品贸易更大，其对工资差距的影响与技术进步是一样的，因为中间品需要熟练劳动力生产。中间品进口对发展中国家工资溢价和技能劳动需求的影响主要有两个方面：首先，资本和劳动力技能互补。发展中国家从发达国家主要进口资本密集型和技术密集型产品，与此相适应，国内需要有相应的技能劳动与之相匹配，因而增加了技能劳动的需求和工资水平（Krusell et al.，2000；Acemoglu，2003）。其次，通过进口技术溢出，进口国通过学习效应提高了本国的劳动生产率，在进口国学习过程中，发展中国家学习到了更多与技能劳动相匹配的知识（有偏的技术进步）（Pissarides，1997；Fuentes and Gilchrist，2005；潘士远，2007）。国内技术进步使其对技能劳动的需求增加，对非技能劳动的需求减少；同时发展中国家人口红利大背景下，非技能劳动的供给水平较高，总体而言，技能劳动工资水平上升，非技能劳动工资水平下降，造成了技能溢价升高。

改革开放以来，加工贸易一直是我国对外贸易的主要形式。2006 年，加工贸易出口额占所有货物出口额的 52.7%（国家统计局，2006），我国加工贸易表现为从国外进口半成品和零部件，输出中间品和最终品。发达国家从我国进口劳动密集型中间品，出口技术密集型中间品。但是，近年来我国的加工贸易出现显著下滑，2016 年上半年，加工贸易进出口额同比下降 9.8%，大量企业转到越南等东南亚国家。加工贸易转移的原因有：（1）2007 年以后我国贸易政策收紧。（2）随着人口红利的消失，我国劳动力成本急剧上升。中国制造业的平均劳动力成本比越南高 2/3，比马来西亚高 1/4，这种差距还在持续。另外，“五险一金”征收比例超过劳动力成本的 40%，增加了企业的劳动成本支出。

本书引入汇率对技能工资溢价的影响，从金融外部冲击的视角为要素价格均等化定理与实际不符的现象进行解释。汇率上升影响出口商品的名义价格和实际价格，进而影响其需求，与此同时，生产该商品的要素价格必然受到影响。比如人民币升值使国内出口商品的价格上升，市场对商品的需求下降。中国具有非技能劳动比较优势，人民币升值使得对非技能劳动的需求减少，导致非技能劳动工资下降，技能溢价升高。

三、人民币实际有效汇率

相对于名义汇率而言，人民币实际有效汇率更能体现金融与实体经济之间的关系，特别是对出口导向型的中国而言。有关人民币实际有效汇率的决定因素很多，但大多基于一个相同的前提，就是要素是自由流动的，即要素在不同国家之间的流动没有障碍，但是现实经济活动中，不同国家之间的贸易往来存在关税和非关税壁垒、运输成本等因素的制约，使得"要素自由流动"的假设失效，由此可见，不同国家之间的要素禀赋和要素流动在汇率决定中起了至关重要的作用，由于要素禀赋的不同，不同国家之间的生产成本产生差异，从而导致商品的价格出现差异，再加上地域因素产生的运输成本，共同决定了最终的汇率水平。

中国相对于其他国家的要素禀赋同样决定了人民币汇率的实际水平。1978年改革开放后，中国开始了外向型经济，从要素禀赋而言，中国是劳动密集型国家，劳动力成本低，出口产品技术含量比较低，产品主要以价格取胜，由此使中国的要素发生流动，即劳动力由农村流向市区的出口企业，从而使得贸易部门劳动力供给增加，工人工资水平下降，这一过程从根本上抑制人民币升值过程，从而削弱了巴拉萨—萨缪尔森（Balassa-Samuelson）效应。随着贸易量的逐渐扩大，一方面对劳动力的需求增加，另一方面人口红利的消失和人口老龄化的来临使劳动力供给迅速下降，劳动力供需的综合作用提高了贸易部门劳动力的工资，贸易品成本的上升加速了人民币的升值过程。

巴拉萨和萨缪尔森（1964）首先对实际汇率进行研究，将一个国家分为贸易部门和非贸易部门，并将两个部门的生产率进行比较，然后将这两个国家的生产率和两个国家的汇率联系起来，最终发现，发达国家的汇率升值，而发展中国家的汇率却贬值。此后的研究中，有学者发现，并不是所有的发展中国家的汇率都会贬值，也不是所有发达国家的汇率都升值，于是提出，一个国家的要素不仅仅指劳动力的数量，而且和劳动力的质量密切相关。一个国家的要素禀赋对汇率的决定起着不可忽视的作用。如果一个发达国家的劳动力大多从事非贸易品的生产，那么这个国家的非贸易品价格相对较低，则发达国家的实际汇率上升的动力不足。即使发达国家和发展中国家之间不存在生产率差异，即两国的生产率是相同的，如果这两个国家之间要素禀赋不同，那么两个商品的相对价格依然会不同，从而造成发达国家和发展中国家实际汇率的差异。贝格斯特兰德（Bergstrand，1991）对 Balassa-Samuelson 效应和要素禀赋理论进行整合发现，贸易部门和非贸易部门有不同的要素密集度，不同国家的要素密集度决定了汇率的要素弹性。但是有时候 Balassa-Samuelson 效应在不同的国家表现并不相同，即在发展中国家，工人的工资差距并没有减小反而有增大的趋势，原因是发展中国家出口劳动密集型产品，对劳动力的需求增加，使得劳动力从非贸易部门流向贸易部门，劳动力价格上升不明显，贸易商品价格上升不显著，因此汇率升值不完全，这主要基于劳动力供给的视角（Ito，1997）。萨克斯（Sachs，1999）研究了不同国家的资源禀赋如何通过汇率传导影响一国经济增长。克拉维诺和霍尔滕霍夫（Cravino and Haltenhof，2017）在巴格瓦蒂（Bhagwati，1972）的要素禀赋模型上进行拓展，他提出，要素的投入不仅包括资源投入，而且包括中间品投入，而且在大多数情况下，贸易品的中间品投入大于非贸易品，并对劳动力成本和中间品投入进行比较，如果前者更高，那么该国的汇率水平相对较高。这一研究在原有生产率相同的基础上考量了中间品投入对一国汇率水平的影响，认为中间品投入的相对份额会影响该国汇率的波动。

在一国的要素禀赋中，不仅该国的劳动数量影响其进出口行为和汇率的高低，而且劳动的质量和结构也是促进贸易结构变化的极其重要的因素，劳动的质量主要体现在技能水平的差异上，即一个国家贸易部门技能劳动和非技能劳动的数量和比例会对实际汇率造成一定程度的影响。杜安和根特（Doan and Gente，2014）研究发现，如果一个国家的技能劳动占比较高，那么技能劳动会通过提高本国生产率进而提高该国的汇率水平。博达特和卡潘捷（Bodart and Carpantier，2016）通过 1950 ~ 2010 年面板数据的实证分析劳动质量和汇率之间的关系进行发现，技能劳动占比每上升 1%，汇率升值 0.1%。

随着改革开放的推进，中国的经济增长逐渐转向制造业和对外出口，生产率水平大大提升，按照 Balassa-Samuelson 效应，人民币汇率应该升值，但是实际情况看来，人民币汇率不升反降，对此国内学者从中国城乡二元经济的视角出发解释了这一现象，具体而言，改革开放政策刺激了世界市场对中国产品的需求，同时加大了企业对劳动力的需求，由于中国城市劳动力供给不足而农村劳动力供给过剩，因此大量农村劳动力进入城市进入制造业岗位，劳动要素供给增加导致劳动价格下降，因此劳动力供给无约束削弱了 Balassa-Samuelson 效应，这有效地解释了 1994 年以后人民币实际有效汇率的贬值现象（杨长江，2002；王泽填和姚洋，2009）。

近年来，随着人口红利的消失和人口老龄化，我国劳动力数量在下降，劳动供给减少使工资上涨，劳动密集型产业开始向资本密集型和技术密集型产业转化，因此对技能劳动的需求增加，国内学者随之开始关注要素禀赋的质量对汇率变化的影响。杨长江和任栋（2011）研究发现，技能工人的增加和人力资本结构的改善会使汇率升值。虞文美等（2014）认为，人力资本对汇率的影响呈现倒U型，具体取决于要素禀赋效应和巴拉萨效应的相对大小。李颖和赵浩冉（2019）利用中国行业面板数据进行研究发现，劳动结构改善会使人民币实际有效汇率升值，即高技能工人比例上升会提高汇率，同时，生产率水平的提高有利于提高汇率水平，而对外开放度和物价水平使人民币汇率贬值，投资增加使人民币升值。相关研究为人口红利消失和老龄化背景下的汇率政策和经济增长提供依据。

第二节　汇率工资效应的实证检验

以往文献中对我国收入差距的研究集中在城乡收入差距（陆铭、陈钊，2004）、地区收入差距（林毅夫和刘培林，2003）、收入差距的走势和影响因素（王小鲁和樊纲，2005），以及收入差距、投资、教育和增长之间的相互关系（陆铭等，2005），鲜有文献从微观角度审视企业内部技能工人和非技能工人之间的收入差距和就业问题。因此，汇率波动通过影响一国的进出口数量、产品和要素价格、国内外消费者的需求偏好、企业技术进步和劳动力市场的供求关系影响技能劳动和非技能劳动的相对需求，从而进一步影响技能劳动和非技能劳动的工资溢价和就业水平（赵晓霞和鲍观明，2008）。汇率波动还会直接引起全要素生产率的变化，通过技术创新和技术进步影响收入差距（夏冠军，2010）。

一、国家层面

对汇率波动和工资关系的研究最初基于国家视角，主要结论有两个方面，大部分学者认为，汇率波动影响一国整体的工资水平，而另一些学者则认为汇率波动对本国工资水平的影响不显著。巴拉萨—萨缪尔森认为，汇率和工资决定相互影响。麦金农（Mckinnon，2007）通过对比日本在固定汇率时期工资的波动状况和布雷顿森林体系崩溃后日元大幅贬值时期国内工资的变化趋势发现，长期汇率升值和货币工资增长互为替代，具体而言，汇率增值，工资水平下降。

万解秋和徐涛（2004）根据我国近年来的人民币汇率调整政策，通过研究汇率波动对就业人数的影响发现，人民币升值会抑制就业，加重我国的就业负担，为融入全球竞争的货币市场，人民币升值幅度不应过大。王孝成（2010）也认为，长期人民币实际贬值促进国内就业，升值则会抑制工人就业。李颖和韩仁月（2012）基于林贝克（Lindbeck，1979）小型开放经济体的工资决定模型，利用我国1978～2010年相关数据，考察了汇率波动对行业工资和总体工资的影响，研究发现，人民币升值显著抑制了总体层面和行业层面的工资增长，人民币名义有效汇率波动加速了工资增长，从而印证了麦金农（2011）提出的“长期汇率升值和货币工资增长互为替代”的观点。而史恩义（2007）通过将实际汇率和实际工资联立方程得出，实际工资对实际汇率的变动不能作出解释，实际汇率对实际工资影响不显著。

国外文献也对此做过研究，吉洛蒙和胡（Guillaumont and Hu，2006）通过对我国28个省份1982～1996年的面板数据进行实证检验发现，人民币汇率贬值扩大了内陆省份城乡间的收入差距。布兰森和洛夫（Branson and Love，1987）研究发现，美元升值使本国就业人数下降。弗里德曼（Friedman，1961）、蒙代尔（Mundell，1961）研究发现，在资本自由流动的前提下，一国浮动汇率制度更能保证货币政策的独立性，从而确保国内工资的相对稳定。根据其提出的最优货币区理论，如果货币联盟内存在要素差异，固定汇率条件下，工资水平变动比较灵活。贝尔克（Belke，2004）通过研究汇率波动对东欧、中欧劳动力市场的冲击发现，汇率波动提高了这些地区的失业水平。林贝克（Lindbeck，1979）则认为，固定汇率制度对于小型开放国家而言更利于企业工人工资上涨。霍夫曼（Hoffmann，2004）认为，发达国家的工资和汇率弹性呈正相关，而发展中国家汇率稳定则有利于工资上涨。米斯拉和斯皮林伯格（Mishra and Spilimbergo，2009），进一步研究了内外劳动力市场一体化对汇率波动和工资水平的影响发现，劳动力自由流动程度越高的国家，工资变化对汇率波动的反应弹性越大，即劳动力流动障碍越小，汇率对工资影响的传导机制越完全。但是施纳布和齐格勒（Schnabl and Ziegler，2011）对东欧国家的实证检验证明，实行固定汇率制度的国家，工人的工资增长更快。

20世纪90年代以来，汇率波动对工资影响的理论和实证研究越来越多，起初的研究认为，汇率对就业影响比较显著，而对工资影响不显著（Revenga，1992），但是仅在进口竞争层面分析了汇率波动对工资的影响，而没有涉及汇率波动影响工资的微观机制。弗里德曼（Friedman，1953）提出，浮动汇率相对固定汇率更加高效、更有优势，原因是产品价格和工资具有黏性，不能灵活调整，因此需要通过浮动汇率制度调节经济，基于工资黏性假设条件下的固定汇率制忽视了汇率波动对工资水平和工资差距的影响，以往研究倾向于讨论汇率与劳动力就业的关系，而忽视了汇率对劳动力工资的影响。艾格林（Eichengreen，2008）提出，汇率制度与员工工资稳定之间存在一定程度的替代关系，货币贬值能够替代国内工资水平的下降，从而达到调节国际收支的目的。

二、行业层面

在研究汇率波动和国家工资水平关系的基础上，学者们从行业视角进一步分析汇率波动对本国不同行业工资水平的影响机制和效果。对汇率波动和行业工资水平关系的研究主要集中在制造业。相关结论包括两个方面：大部分学者认为，汇率波动抑制行业工资水平的增长，减少就业；另一些学者则认为，汇率波动对制造业贸易部门和非贸易部门工资的影响没有显著差异。范言慧和宋旺（2005）发现，人民币实际升值会使制造业就业下降，但因投资水平提高，这一影响会在一定程度上被抵消。卿石松（2009）利用协整检验和误差修正模型进行实证研究发现，人民币实际有效汇率升值、人民币趋势性升值和周期性升值对制造业就业有显著抑制作用，由此提倡实施维持汇率稳定的政策。何彼曼和易斯胡克（Helpman and Itskhoki，2010）研究了搜寻摩擦对劳动力市场和贸易的相互均衡关系，何彼曼等（2010）通过实证检验了工资在行业间和行业内重新分配的结果，殷德生和唐海燕（2006）通过将技能型技术进步与产业内贸易相结合解释中国工资差距拉大的现象。

明娟（2011）用自回归分布滞后模型（ARDL）进行分析发现：汇率波动对行业就业的影响存在一定差异，但在贸易和非贸易部门差异不显著；其对行业工资影响不显著。毛日昇（2011）采用四位代码工业行业层面的面板数据进行实证研究发现：人民币实际汇率升值降低了工业行业的就业水平。行业平均净利润提升会降低汇率升值对就业造成的负面影响程度。相对于私营企业而言，国有企业工人就业受汇率升值影响更大。鄂永健（2006）利用我国1980~2003年工业企业数据研究发现，人民币实际汇率贬值能够使我国贸易部门就业人数增加。蔡昉和王美艳（2010）认为，目前的工资上涨同时伴随我国劳动生产率水平提高，因此不会对国内制造业比较优势造成影响。包群等（2011）通过研究1998~2001年我国制造业企业出口对企业员工工资的动态影响发现，出口对员工收入影响不显著。

阿尔瓦雷斯和洛佩兹（Alvarez and Lopez，2008）利用智利制造业的数据进行研究发现，实际汇率贬值使得出口企业增加对熟练技能工人的需求，熟练工人的工资上涨，因此贬值扩大了技能工人和非技能工人之间的收入差距。里巴（Lebow，1993）认为，当同时考虑贸易部门和非贸易部门时，实际有效汇率波动对职工工资水平的影响不确定。埃尔丁和穆罕默德（Eldin and Mohammad，2001）通过对海湾合作委员会（GCC）国家的实证检验发现，汇率贬值会提高国内总体工资水平，同时也会推动价格水平上涨。米切蒂和特罗佩阿诺（Michetti and Tropeano，2008）认为，对于发展中国家而言，如果国内价格水平不变，汇率贬值会降低国内工人工资，但是对于新兴市场国家而言，这一结论并不成立。杨华贵（2012）通过J-J协整检验和脉冲响应方法对人民币汇率和企业工资变化对就业的冲击进行研究发现，短期内人民币升值不利于就业，长期能够促进就业。短期工资上涨对就业影响不显著，而长期则显著提高就业水平。

三、企业层面

随着新新贸易理论对异质性企业的研究越来越成熟，加上企业数据越来越丰富全面，对汇率波动对劳动力市场的冲击的研究逐渐转向企业层面，汇率冲击对企业职工就业和工资的影响存在异质性（Burstein and Gopinath，2013）。努奇和波佐洛（Nucci and Pozzolo，2010，2013）利用微观企业数据进行研究发现，汇率波动对企业工人就业和工资的影响受到进口强度和出口强度的影响，汇率波动对进口渗透率比较高的行业冲击更加明显。戈德堡和特雷西（Goldberg and Tracy，1999）使用美国不同地区的制造业数据研究汇率波动对地方就业、劳动时间和工资的影响发现，汇率波动显著影响了当地的就业和工资水平，但是对不同地区的影响是不同的，经济实力较强的地区工人的工资是上升的，经济实力较弱的地区其工资水平是下降的。在此基础上，坎帕和戈德堡（2001）发现汇率升值影响工资和就业的主要途径包括减少出口收益，降低进口成本，加大与同类企业的竞争，并计算出了工资的汇率弹性。并且，汇率波动对工资的影响在成本加成比较低和开放程度比较高的行业表现更加显著。戈德堡和特雷西（2001）认为，在受到汇率波动冲击时，工资比就业更容易受到影响，这种影响在变换工作的工人身上比维持原工作的人身上表现更加突出。由于非技能劳动者倾向更加频繁地变换工作，其工资水平更容易受汇率冲击的影响。安华与孙（Anwar and Sun，2012）通过对我国制造业企业进行实证研究发现，出口会拉大技能工人和非技能工人的工资溢价。凯撒和西根塔勒（Kaiser and Siegenthaler，2015）检验了汇率波动与企业不同技能工人工资之间的联系，扩展了坎帕和戈德堡（2001）的模型，通过引入异质性工人，作者发现汇率波动可能对技能工人和非技能工人产生不同的影响，这是因为汇率波动改变了进口投入的相对价格。使用瑞士工业企业1998～2012年的面板数据进行实证分析，结果发现对于大部分企业而言，汇率升值促进了技能工人的就业，同时减少了非技能工人的就业。与理论模型的结论一致，作者通过实证分析得出，汇率波动之所以对不同技能工人的就业影响不一样，是因为相对于进口投入对技能工人的替代性而言，进口投入对非技能工人的替代性更高。

近年来，人民币汇率政策一直备受关注，现有研究集中在汇率波动对我国进出口行为的影响（卢向前、戴国强，2005），汇率与贸易收支、股价、利率之间的关系（谢建国、陈漓高，2002；张兵等，2008；张谊浩等，2007）。徐建炜和戴觅（2016）通过研究汇率波动与员工收入之间的因果关系发现，汇率升值会通过三种途径影响企业工人的工资，分别是进口竞争加剧、出口收益下降和进口成本上涨。人民币汇率每升值1%，企业工人工资下降1%。其中进口竞争效应导致其下降0.6%，出口收益效应导致其下降0.5%，进口成本效应导致其上升0.1%。对生产率和所有制不同的企业而言，收入的汇率弹性差异显著。高生产率企业、私营企业和外资企业受汇率调整影响较大。

丁剑平和鄂永健（2005）同时考虑了贸易品部门和非贸易品部门的就业和工资，研究发现，人民币实际汇率贬值能够使贸易部门就业增加，使非贸易部门就业减少，而其对实际工资的影响不确定。汇率波动不仅会对可贸易品行业的就业和工资产生影响，而且会对不可贸易品行业的就业和工资产生影响，因为汇率波动改变了可贸易品和不可贸易品的相对价格（张斌和何帆，2006）。此外，作为可贸易品行业的制造业而言，大部分企业进口的产品成为非外贸企业（内销企业）的中间品，当汇率波动影响到进出口企业的就业、工资水平和技能溢价后，不可贸易产品企业也会受到冲击。那么在此情况下，为了检验哪些企业受到的冲击更大，本书将在第九章对进出口企业和国内内销企业劳动力市场的就业、工资和工资差距进行检验。李颖和韩仁月（2007）认为，汇率波动可以通过影响通货膨胀预期进而影响工资水平。另外，当劳动力市场趋向竞争，劳动力可以在国内外自由流动时，汇率波动会影响国外工资的本币价格，进而影响本国劳动力的工资和就业水平。

安华与孙（2012）通过衡量异质性企业间的工资差距，对我国2000年、2003年和2006年企业数据进行实证研究发现，出口会增加技能工人和非技能工人的工资溢价，这种测量方法没有涉及企业内部技能工人和非技能工人的工资差距。该研究对异质性企业非技能工资溢价的衡量方式为，采用了两位代码行业所有企业最低平均工资作为该行业非技能工人工资的代理变量。

陈波和贺超群（2013）通过发展梅利兹、阿米蒂和戴维斯（Melitz, Amiti and Davis, 2011）的模型，对我国工业企业数据进行研究发现，出口扩大了企业内部技能工人与非技能工人的工资差距：出口密集度每提高1%，工资差距会增加0.3%。该研究假设技能工人与非技能工人工资差距取决于两者所获得的与异质性企业利润挂钩的绩效工资，通过研究技能与非技能工人间的工资差距发现，贸易自由化使企业利润上升，如果技能工人具有更高讨价还价能力，那么其绩效工资上升会拉大与非技能工人的工资差距。佟家栋和许家云（2016）基于微观企业层面工资研究发现，汇率升值提高了出口企业的职工工资，但是这种工资劳动效应长期内为倒U型，并且汇率升值对技能劳动工资的提升作用更加显著，但是由于升值同时会提高企业的劳动生产率和工人的收入水平，二者作用抵消，因此汇率升值最终未能显著提升企业劳动者的收入份额。但是该研究并没有进一步探讨人民币升值增加技能工人和非技能工人工资差距的内在原因，而且除了工资差距外，没有展示汇率波动分别对技能工人和非技能工人工资的影响，以及内销企业与进出口企业和单纯出口企业劳动力就业、工资以及工资差距在汇率冲击下的不同表现。

这些研究都是以企业为基本单位，分析汇率波动对企业整体行为的影响，而没有涉及劳动力的异质性问题，具体而言，企业内部分为技能劳动和非技能劳动，那么，汇率的变化对不同技能水平的劳动力的就业和工资影响有何差异？单一实际有效汇率、进口实际有效汇率和出口实际有效汇率对劳动力市场的影响有何不同？汇率波动如何影响企业不同技能水平劳动力的收入水平和就业水平？企业是否改变对劳动力的工资支付来转嫁汇率波动造成的冲击？现实生活中，政府会出台刺激性政策来缓解汇率波动对企业造成的影响，同时也会制定相应的汇率政策来调节国际收支和面对来自国际社会的人民币汇率方面的压力。如果实施宽松的货币政策（降低存款利率），有利于企业贷款，但是不利于存款者的利息收入。如果汇率波动对劳动者的工资造成负面影响，特别是非技能劳动的工资收入降低幅度更大，那么就会对这一部分劳动者的收入造成双重打击。

虽然学术界关于工资溢价的理论研究在新新贸易理论基础上已经有所突破，但目前为止还没有建立起关于企业特别是出口企业内部技能工资溢价的理论框架。关于中国问题的实证研究缺乏时效性和系统性，衡量技能工人与非技能工人工资差距的方法需要进一步改善，实证结果有待进一步商榷。

第三节 汇率波动影响工资水平的作用机制

在满足马歇尔—勒纳条件的前提下，如果本币升值，单位外币买到的本国商品数量减少，国内企业出口数量下降，利润相应减少。在国内，如果劳动力供给满足不完全弹性，企业有可能通过降低劳动者的工资来减少汇率对利润的冲击，因此职工工资总支出会下降。在此，企业可能采取不同的措施。第一，技能工人和非技能工人的工资同时削减相同的比例，实现总工资支出的减少，第二，只降低非技能工人的工资，因为非技能劳动替代性较强，技能劳动替代性较差，提供较低的工资依然能够雇佣到一定数量的非技能劳动者。这一措施使得技能非技能劳动的工资溢价有所增加。第三，技能劳动的工资不变，提高非技能劳动的生产效率，增加设备投资，增加非技能劳动的工资，减少非技能劳动的数量，在一定程度上也能起到降低总工资支出的目的。这一措施会造成非技能劳动的失业增加，企业内部技能非技能劳动者的工资溢价反而降低。汇率波动冲击越大，企业员工工资收入波动越大，员工的工资总量变化越剧烈，工资在不同劳动力之间的分配结构和工人就业也会受到影响，企业就业水平和工资水平波动进一步影响全国的就业和收入分配结构。

现有的研究将汇率对企业员工收入的影响分为三种渠道（毛日昇，2013；戴觅等，2013；徐建炜和戴觅，2016）：（1）出口收益渠道，指人民币升值通过减少出口，降低企业销售额和利润引起企业员工工资波动；（2）进口成本渠道，汇率升值增加进口，降低企业成本引起员工工资和就业的变化；(3) 汇率波动通过改变本国与国外竞争企业产品的相对价格，从而对本国企业的就业和工资水平产生影响（Atkeson and Burstein，2008；Auer and Schoenle，2016）。当人民币升值时，首先，出口减少导致利润减少，企业对员工的工资支出相对减少；其次，中间品进口成本下降导致企业利润增加，企业的工资支出增加；最后，汇率升值导致国内生产的同类产品和进口产品相比丧失了优势，内销企业的工资支出相应减少，因此员工的收入水平也会下降。汇率波动对企业工人工资的综合影响取决于这三种效应的相对大小。

中国制造业同时面临人民币升值和企业工人工资上涨的压力。在满足马歇尔—勒纳条件的前提下，本币升值和工资上涨导致就业需求减少。实际汇率通过以下几种途径影响国内生产厂商的劳动需求，如果不同技术水平工人的雇用成本不同，那么在面临汇率波动时，企业并不愿意轻易解雇工人。在弹性比较大的劳动力市场中，企业技能劳动和非技能劳动的调整成本比较高。

一、要素调整途径

一方面，技能劳动拥有与企业相关的技能水平，使得其替换成本较大；另一方面，对一些需求岗位而言，在技能劳动比较稀缺的劳动力市场中，劳动力寻找成本较高（Colacito and Croce，2012）。当汇率升值时，一方面，出口产品的相对价格升高导致需求减少；另一方面，进口中间品的成本降低，能够有能力生产更多的产品。为了更多地将生产的产品销售出去，企业可以选择适当降价，但是这会受到进口产品价格的制约。另外，企业可以选择进行研发投资进行技术革新。激烈的竞争环境倒逼企业进行技术革新，降低生产成本，从而使得产品技术含量更高，从而降低价格，维持企业竞争力。当面临人民币升值带来的出口压力时，企业可以选择多样化生产，增加产品种类，适合更多的客户需求，以扩大自己的出口市场，出口更多的国家，也可以选择提高产品质量以增加信誉。需要注意的是，企业选择研发投入、技术创新与要素选择替代过程是相互影响的，一方面，研发创新会促进企业进行生产要素调整，对技能非技能劳动的使用比例发生变化；另一方面，劳动力成本变化也会激励企业进行研发创新行为，从而可以进一步降低劳动成本。同时，要素调整只是影响研发和创新的因素之一，实际生产过程中要素替代的难度也会影响企业的研发和创新投入。

二、相对要素价格途径

汇率波动使得国内要素投入和国外要素投入的相对价格发生变化，并通过这一途径影响对技能劳动和非技能劳动的需求。一般情况下，汇率升值引起的混合投入的变化会使本国劳动力市场降低对非技能劳动的需求，原因是企业生产所需的两种重要要素资本和中间品投入都需要和技能劳动相结合，但是和非技能劳动可以相互替代。假如本币升值，使得进口中间品价格降低，于是原有靠非技能工人生产的产品可以以外包的方式转移到国外，而且外包会使得中间品的生产更集中，更专业。更多的外包也需要更丰富的管理资源和技术人员，从而进一步加大了对技能劳动的需求（Biscourp and Kramarz，2007；Crino，2009；Brookman and Thistle，2013），这种情况对资本品的生产同样适用。本币升值使得资本品相对劳动价格下降，激励厂商更多使用资本产品（Eaton and Kortum，2001）。基于资本与技能劳动互补和与非技能劳动替代的关系，本币升值会使企业增加对技能劳动的需求。

三、价格竞争途径

汇率波动影响企业在产品市场上的价格竞争力（Missio et al.，2015）。价格竞争反过来又会影响对技能劳动和非技能劳动需求的变化。价格竞争通过以下方式影响技能需求：一方面，竞争会激励厂商增加创新，因此厂商增加了对技能劳动的需求。如果厂商生产一系列质量水平不同的产品，在面对竞争压力时，厂商会选择生产高质量的产品，因为低质量的产品更容易受到价格竞争的冲击。产出的变化使得厂商更倾向雇佣技能劳动而减少雇佣非技能劳动者。另一方面，进口竞争加快了国内厂商的资本更新速度和资源配置，使得企业实现从劳动密集到资本密集的转换。因此，竞争机制使得劳动力市场需求更青睐技能劳动。这也在一定程度上加强了相对价格途径和成本调整途径。与自由贸易引起的技能劳动需求原理相近，关税和汇率对本国价格水平都有影响。关税降低和本币升值使得企业通过加速技术进步和质量升级等途径增加了对技能劳动的需求。

实际有效汇率的变化是由于贸易的地理位置、主要贸易对象国家的汇率与本国相对汇率的变化引起的。在样本的不同期内，汇率波动幅度有所差异。本书在进行实证检验时，方程的右侧既考虑了企业收益（出口占总收入的比重）的变化，又考虑了企业成本（中间品进口占进口成本的比例）的变化。交叉项表示汇率波动既能通过影响企业的成本（成本价格导致成本替代）进而影响其对技能劳动和非技能劳动的需求，又会通过影响企业产量结构（企业倾向生产高质量产品）的变化进而影响其在劳动成本结构方面的选择。交叉项控制了前文提到的汇率波动影响技能需求的两种传导途径，即要素调整途经和相对要素价格途径，对于第三种价格竞争途径，本书没做控制，原因是模型很难区分技能需求的变化是由于进口价格竞争引起的还是出口价格竞争引起的，又或是二者共同作用引起的。

第三章

统计性描述

第一节　人民币汇率变化趋势

中国共产党第十四届中央委员会第三次全体会议1993年11月14日通过的《中共中央关于建立社会主义市场经济体制若干问题的决定》提出，改革汇率管理体制，建立有管理的浮动汇率制度和统一规范的外汇市场，逐步使人民币成为可兑换货币。1994年1月1日起，我国汇率制度采取以市场供求为基础、单一的有管理的浮动汇率制度，从而奠定了汇率制度改革的基础。2005年7月21日开始采取以市场供求为基础、参考一篮子货币进行调节、有管理的浮动汇率制度（"721"汇率制度改革），进一步推动了汇率市场化改革。"721"汇率制度改革实施以来，央行根据市场运行状况多次扩大即期汇率对汇率中间价的波动幅度，从而提高了市场定价的自主能力，使人民币汇率形成机制更加富有弹性。同时中间价的基准汇率在引导预期、稳定市场方面的作用日益增强。2015年8月11日，央行推行汇率中间价改革，进一步推进了汇率市场化进程，此次改革使汇率波动性有所增加，在岸价和离岸价、中间价和市场价汇差收窄。

一、中国汇率制度改革

改革开放以来，我国的汇率制度随着经济发展而逐步改革，但受限于市场环境以及历史事件影响。其过程可大致分为三个阶段：双重汇率制（1978~1993年）、固定汇率制（1993~2005年）、有管理的浮动汇率制（2005年至今）。其中，在实行有管理的固定汇率制的过程中又经历了几次比较大的变革。

从1978年到1993年，我国经历了一个人民币内部价格或外汇市场调剂汇率与官方汇率并存的时期（徐少强，2002）。人民币对美元直接汇率在这个时间段主要呈上升状态。该政策主要是消除国际资本流动对人民币汇率稳定性的负面影响以营造人民币汇率稳定的外部环境。由于在双重汇率制度下，经常账户外汇交易市场与资本账户外汇交易市场被隔开。经常账户使用的是受官方调控的商业汇率，而资本账户是任其自由浮动的金融汇率；所以供需变动引起的国际资本流动会改变金融汇率，但无法影响商业汇率，进而不会影响进出口。

同时，从1986年到1990年，持平的对美元汇率透露出人民币在这个时期的某个时间段存在着“钉住美元”的政策。实际上，人民币的汇率政策在这过去的二十年中有大部分时间都在紧盯着美元，这其中就包括了双重汇率制度下的内部交易价格以及随后的外汇调剂市场价格（李丹，2006）。

1993年汇率制度改革合并了先前的两种汇率。根据1993年《国务院关于进一步改革外汇管理体制的通知》，新的制度将以市场供求为基础来建立一个有管理的浮动汇率。该通知同时要求取消外汇留成以及上缴制度，以银行结汇制取而代之，人民币汇率制度向市场化迈进了一步。但与此同时，新的外汇收入结汇制度要求企业必须及时将所创造的外汇带回境内，并且必须按银行挂牌汇率结售给银行。1993年的汇率制度改革建立了一个比较符合当时局势的外汇体制，并且市场成分被逐步带入。然而，被用来作为政府调控汇率的主要手段的外汇政策被缩紧。人民币从5.8元兑1美元被重新计价为8.6元兑1美元，而后长期保持在8.28的指数均值上直到2005年。人民币汇率依旧与美元高度挂钩。这期间中国经历了1997年东南亚金融危机以及2001年中国加入世界贸易组织（WTO）等历史事件。

人民币实际开始从美元“脱钩”的过程可以追溯至2005年。央行在那一年宣布人民币的汇率将参考由国际贸易主要成员国的货币组成的一篮子货币。人民币在一日之内的浮动范围为上下0.3%（Yu，2018）。而后，人民币开始逐步升值，并一直持续到2014年。金融危机成为这其中的一段插曲。数据显示，人民币在经济动荡期间回到了紧钉美元的政策。

为了同时兼顾人民币汇率遵循国际市场走势以及保持一定的汇率稳定性，2015年8月11日，央行又出台了新的汇率政策。当日汇率的中间价将参考昨日的美元银行间外汇市场收盘价。同时将波动区间提高到2%。人民币可波动的空间越来越大。在改革之后，人民币对美元汇率又开始上升。2016年改革在依据前一日对美元收盘价的基础上增加对一篮子货币为基础的人民币

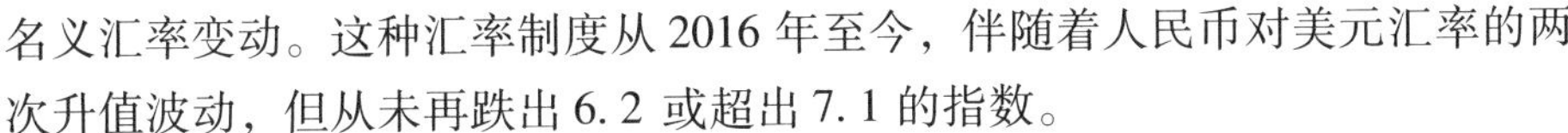

名义汇率变动。这种汇率制度从2016年至今，伴随着人民币对美元汇率的两次升值波动，但从未再跌出6.2或超出7.1的指数。

二、人民币对主要货币汇率走势

将近20年人民币对美元、日元、港元和欧元汇率进行汇总见表3－1。

表3－1　　1999～2018年人民币对美元、日元、港元和欧元汇率

年份	人民币对美元汇率（美元＝100）（元）	人民币对日元汇率（日元＝100）（元）	人民币对港元汇率（港元＝100）（元）	人民币对欧元汇率（欧元＝100）（元）
1999	827.83	7.29	106.66	—
2000	827.84	7.69	106.18	—
2001	827.70	6.81	106.08	—
2002	827.70	6.62	106.07	800.58
2003	827.70	7.15	106.24	936.13
2004	827.68	7.66	106.23	1029.00
2005	819.17	7.45	105.30	1019.53
2006	797.18	6.86	102.62	1001.90
2007	760.40	6.46	97.46	1041.75
2008	694.51	6.74	89.19	1022.27
2009	683.10	7.30	88.12	952.70
2010	676.95	7.73	87.13	897.25
2011	645.88	8.11	82.97	900.11
2012	631.25	7.90	81.38	810.67
2013	619.32	6.33	79.85	822.19
2014	614.28	5.82	79.22	816.51
2015	622.84	5.15	80.34	691.41
2016	664.23	6.12	85.58	734.26
2017	675.18	6.02	86.64	763.03
2018	661.74	5.99	84.43	780.16

资料来源：国家统计局。

1999～2018年人民币对美元汇率见图3－1。1999～2004年，美元对人民币汇率比较稳定，维持在827水平，上下浮动很小，最高为100美元兑换827.84元人民币，最低为827.68元人民币。从2005年开始，人民币开始了持续升值的进程，从2005年100美元兑819.17元人民币一路升值到2014年100美元兑换614.28元人民币，升值幅度高达25%。2014～2017年，人民币汇率有轻微的回弹，从2014年100美元兑换614.28元人民币贬值到2017年100美元兑换675.18人民币。2018年开始，人民币汇率稍有回升，为100美元兑换661.74元人民币。随着贸易摩擦愈演愈烈，2019年人民币汇率出现了大幅度贬值。2019年8月，人民币汇率自2005年汇率制度改革以来首次突破100美元兑换700人民币，表现了新的汇率制度下人民币汇率决定的弹性，人民币更加体现市场对货币的需求状况，人民币汇率更加市场化。

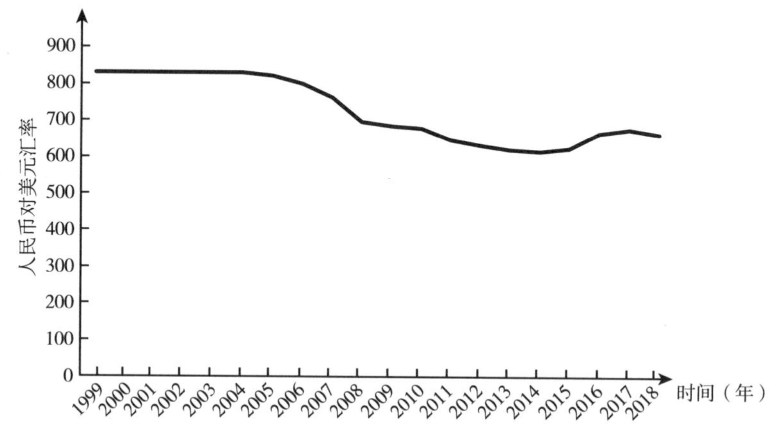

图3－1　1999～2018年人民币对美元汇率

资料来源：国家统计局。

就人民币对日元汇率走势来看（见图3－2），2011年之前，人民币对日元汇率比较稳定，维持在6.46～8.11之间，上下波动幅度均匀。2012年以后，人民币对日元有显著的升值趋势。2011年，日元对人民币汇率为8.11，到2015年，日元对人民币汇率变为5.15，升值幅度高达36%。之后，人民币汇率有略微贬值，基本维持在6.0左右的水平，但是没有回到2011年之前的汇率水平。随着我国改革开放的进程加深，技术扩散和技术转移大幅度提高了我国的生产率水平，加上人民币国际化进程加快增加了世界市场对人民币的需求，因此1999～2018年间，人民币汇率显示出普遍升值趋势。

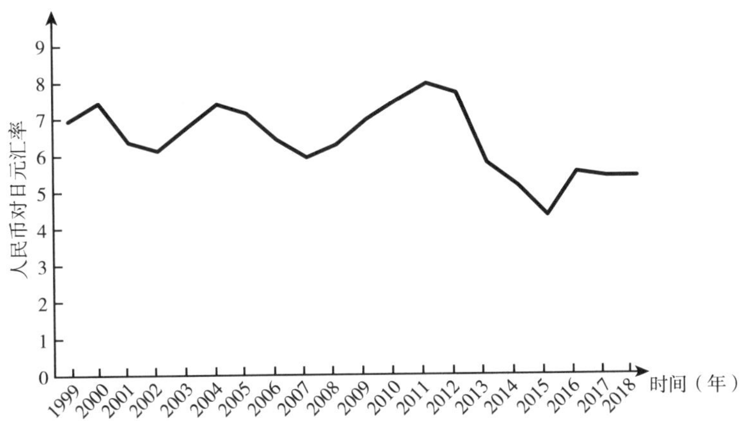

图3-2　1999~2018年人民币对日元汇率

资料来源：国家统计局。

人民币对港元汇率和人民币对欧元汇率表现出相似的趋势（见图3-3和图3-4）。先经过一段时间贬值，然后出现升值趋势。以港元为例，2005年之前，人民币对港元汇率保持在106左右，2005年我国实行汇率制度改革以后，人民币对港元出现持续升值，从2005年的105.3持续升值到2014年的79.22，之后又在小幅贬值后进入稳定状态。2002~2008年，人民币对欧元显示出贬值—平稳—升值—贬值的趋势。2002~2004年，人民币对欧元贬值，从2002年的800.58贬值到2004年的1029，自此人民币对欧元的汇率保

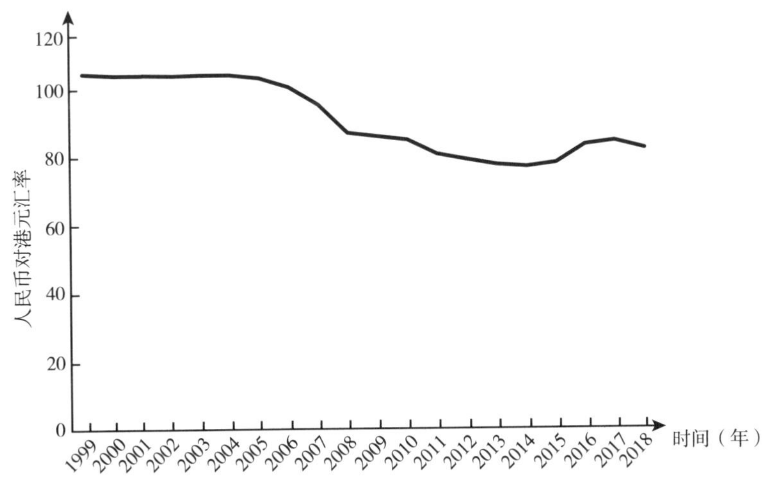

图3-3　1999~2018年人民币对港元汇率

资料来源：国家统计局。

持稳定，维持在 1001.9 ~ 1041.75 之间，之后连续 7 年处于升值状态，从 2008 年的 1022.27 升值到 2015 年的 691.41，随后又出现短时间的贬值并走向稳定。由人民币对全球主要货币的走势来看，汇率制度改革后人民币汇率对主要货币均出现不同程度的升值，在波动中趋于平稳，说明我国的汇率改革措施和汇率政策越来越能反映市场对货币的供求关系，汇率决定更加有弹性，从而为国内金融政策的实施和宏观经济指标的观测提供了有益参考。

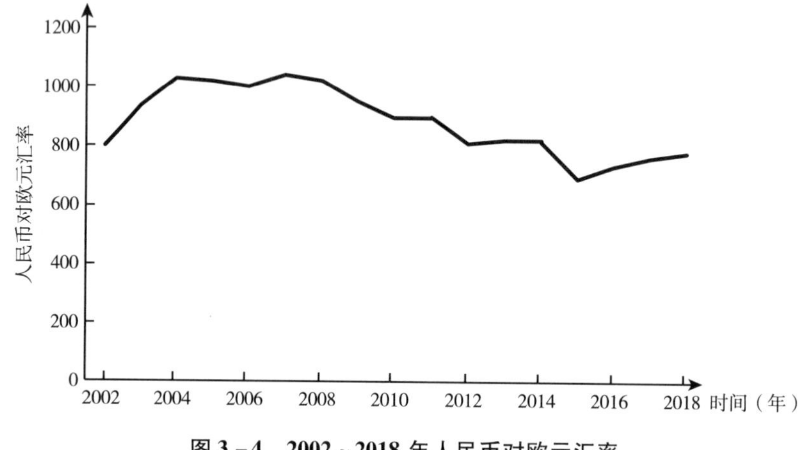

图 3-4 2002 ~ 2018 年人民币对欧元汇率

资料来源：国家统计局。

三、人民币汇率政策演化进程

出口作为拉动国民经济的“三驾马车”之一，直接被对外汇率所影响。汇率保持较低的水平，可以提高出口量从而获得资产账户的顺差。央行最主要的办法是通过控制外汇储备量进而控制外汇市场的供需平衡。为了使人民币可以持续不断地有着贬值的压力，央行高度管控市场上个人以及企业所拥有的出口创汇额，并不断积累官方外汇储备。比如，在 1993 年的汇率制度改革中，银行结汇制要求各进口企业与个人必须及时将外汇结售给银行。这样一来，大量的基础货币被注入市场，而外汇被银行吸收，再被央行回收以作为外汇储备的一部分。本国基础货币的增加会导致货币贬值，进而导致人民币对美元直接标价法汇率上升，人民币对美元贬值。

根据凯恩斯主义的宏观经济学，我们可以用 IS-LM 模型解释该类政策的效果。假设一个开放的经济体。当大量基础货币被用以回收市场上的外汇，本币货币供给上升以满足投资需求，进而导致利率下降，国民收入上升。国民收入增长在这里的另一个来源是较低的外币兑换人民币价格所引起的对我国商品的需求上升，进而增加出口。根据马歇尔—勒纳条件，对于以出口贸易为主的个体以及企业，人民币贬值会使出口产品在国际市场上的相对价格下降，进而增强出口竞争力。我国对外出口的商品存在出口需求弹性大于进口需求弹性的条件。因此，出口导向为主的企业会在短时间内因为向海外卖出更多产品及服务而获得更多以外汇为主的资金作为利润。

以进口为主贸易的国内企业会受到因本币对外贬值所导致的进口成本上升，从而间接提高了国内再次销售的价格。价格高了，进口商品的国内需求会下降，因此这些企业的利润会缩水。如此，我国的出口因汇率低被鼓励，进口却被抑制，势必会导致国际贸易经常性账户顺差这种不平衡。

如上所述，进口企业出口所创的外汇将被强制以银行买入价结算给商业银行。在银行结汇制度下，企业与个人可被允许持有的外汇额度被高度管控。同时，人民币对美元汇率被调至 8.7 的指数。这同时满足了人民币对美元贬值以及长期施加贬值压力以稳定低汇率的要求。在 1993 年经历了汇率制度改革之后，我国逐步建立起了以出口为主导向的对外经济开放格局。后面的讨论将围绕固定汇率制对中国经济的影响展开。

以下的研究分析将基于我国改革开放之后至 2005 年为固定汇率制度的假设，进一步分析该政策的现象与结果。当人民币长期与美元挂钩，同时美国又充当着中国最大的国际贸易对象的角色，固定汇率制将使中国获得一个较为稳定的有利于出口贸易与资本流入的经济环境。但长期的这种局面会对内带来恶性通货膨胀的风险，对外引起贸易纠纷。

我国在改革开放初期，经济实力有限，可以流出的资本数量较少，不足以对国际利率造成较大的波动。我们可以把这个时期的中国假设为一个小型的开放经济体。根据 IS-LM 的开放性经济模型，如果中国频繁使用货币政策调整来钉住美元汇率，那么这将非常有效地削弱甚至消除“挤出作用”对出口的影响。因为任何财政政策或来自外界的投资对人民币汇率所带来的升值压力都会被随后的扩张性货币政策给抵消。因此，净出口不会被挤出。外来投资与内部财政政策将同样刺激国内生产总值（GDP）增长。

同时，固定汇率制的环境在当时起到了维护外汇市场稳定性以及吸引外资的作用。特别是在 1997 年发生的东南亚金融危机中，当别国的外汇市场都在经历的剧烈的动荡时，人民币在央行动用大量外汇储备来钉住美元的情况下得以保持稳定（Chad，2010）。这一举措阻止了海外资本大面积流出中国，为日后的经济发展做出了贡献。但在货币长期保持对外低价的情况下，长期情况下的贸易顺差，以及中国特有的吸引外界投资的政策所导致的资本流入所带来的资本与金融账户顺差势必引起国际收支顺差。这种情况长期存在会对中国经济产生许多不利因素。

国际贸易经常项目长期顺差会引起国内外汇储备的增长，进而使得央行外汇储备上涨。如同上文所述，央行会动用大量基础货币回购这些外汇以保证人民币不会在外汇进入中国过多的情况下使人民币升值。因此，央行必须依靠着大量的本币与外币储备以稳定“挂钩式”对美元汇率。但是，这种办法如果用来应对资本项目与经常项目的“双顺差”将难以保持汇率的稳定性，因为这将需要动用大量的本币进行回购。大量的基础货币被抛向市场会引起通货膨胀，存在引发恶性通货膨胀的风险。

资本与金融账户的顺差是由国外进入国内的资本大于从我国流出国外的资本所导致。在20世纪90年代我国对外商的减税免税政策以及长期人民币被低估的背景下，外商来华直接投资成了引起该项目顺差的一个因素。同时参考图3-5，因国内利率在90年代初远远高于美国，我国国内的储蓄率相对较高，所以满足投资需求的资金有限，这吸引了国际投资者前来。在利率对比相差巨大的情况下，大量的外币作为投资资金进入中国。事实上，我国的国际收支在这一期间展现出“双顺差”的倾向（李婧，2009）。如此一来，固定汇率制度下我国即需要大量的人民币来稳定贸易顺差带来的本币升值，又要用人民币来满足外来投资者的需求。对人民币升值的压力源源不断，央行只能继续施以扩张性货币政策来稳定该汇率制度；时间一长，势必会导致因本币投放过多引起的进一步通货膨胀。

国际收支长期顺差从长远来看对于我国经济发展严重不利。除了上述的问题存在引发恶性通货膨胀的风险外，大量的外汇储备同时意味着资金闲置以及资源利用不充分。从国际角度看，中国大面积囤积美元外汇会给美元带来巨大的升值压力从而引起国际贸易纠纷。而后，中国持有了大量的美国国债并长期保持贸易顺差，却依旧坚持结汇政策以及国内市场上的外汇交易限制（Jeffrey，2009）。这只会使外汇流出中国的途径变得艰难，美元升值的压力不断。从投资者利益角度看，美元升值会给我国带来更多外债收益，以及进一步促进我国的出口贸易。但从长远来看，如同舒默—格雷厄姆法案这般的报复性关税政策只会引起更多的国际纠纷以及贸易壁垒。

人民币有计划地向浮动汇率制度改革推进将主要解决国际收支长期不平衡这一问题。当我国取消部分外汇限制制度，同时参考一篮子货币作为汇率体系，汇率将主要依据市场供求关系的改变而波动。当国际贸易顺差时，过多的外汇会使人民币升值。在贸易方面，外汇汇率上升会减少出口，促进进口，进而减少国际贸易顺差。在金融方面，资本与金融账户顺差会使国内市场利率下降，货币供给上升，本币贬值，从而导致资本短期流出，减少资本账户的顺差。反之亦然。这种有效的市场自动调节机制必须在汇率被保证浮动的情况下才能产生效果。

货币政策将不再频繁作为单方面调节人民币对外汇率的工具，其重心将被转移到调控国际利率以及国际资本市场的供需平衡上。短期看，货币政策可以参照泰勒法则有效地调节国际资本市场的供给进而调节国际利率；这会促进资本的利用效率以及增加个体与国家的资本收益。从长期看，没有单方面的压低人民币直接对外汇率的货币政策将不会把中国经济逼上恶性通货膨胀的道路。合理的货币紧缩政策可以及时调节通货膨胀，因为从长期来看通货膨胀与失业的正相关性关系意味着经济倒退的可能性。

中国持有的外汇储备数量非常庞大，然而，在浮动汇率制度下，中国将不再依赖过多的外汇储备作为调控汇率的货币政策工具。相反，这些储备资金可以更多地被利用去进行境外投资。同时，以美元为主的资金在中国外汇储备的百分比存在下降的空间。因为中国不太可能再实行单方面钉住美元的政策，所以部分美元外汇储备可以被替换成别国货币。合理的外汇储备结构将优化中国的外汇市场的多样性以及增强其规避一国货币贬值所带来的风险的能力。

浮动汇率制度下，人民币汇率承载了传递市场信息的功能。当人民币对外汇率贬值，证明国际市场对人民币需求不大或者人民币短期内供给过多。我们可以从汇率波动分析出短期市场的走向、国内投资环境、产业发展或者是政策发布所带来的经济前景。更进一步来讲，较为透明的汇率政策意味着更多的金融获利与规避风险的机会。

虽然，有学者质疑该汇率政策可能会促进国际投机以及中国在该制度下面对抗国际游资冲击的能力，但有管理的浮动汇率制并没有彻底放弃干预外汇市场的可能性。从条件上看，由于规定了单日人民币汇率的浮动区间，汇率无法短时间内有较大的起伏。从历史数据上看，由国内贴现率反映一定程度上的国内利率发现：国内利率在 2005 年后长期保持一个不高不低的水平，并没有受国际资本流入流出的影响而大范围波动。根据托马斯（Thomas，2017）的观点，我国停止对美元的单方面的钉住汇率政策将导致两国利率差距减少。一旦利率差距下降，意味着套汇等投机的获利空间将会下降。同时，因为人民币与美元脱钩，人民币不再具有对美元的相对稳定性以及安全性。所以从长期看，如果没有高回报作为低安全性的补偿，国际投机数量不会增加反而会减少。如此，没有历史依据以及充分的理论显示有管理的浮动汇率制营造了有利于投机的环境。

第二节　工人工资变化趋势

图3－5为1985年以来人民币对美元汇率走势图，整体而言，人民币汇率1985～1994年呈现贬值趋势，从1985年的100美元＝293.67人民币贬值到1994年的100美元＝861.87人民币，之后人民币汇率呈现稳定升值趋势，有小幅波动。图3－6展示了企业平均工资时间趋势。对于企业而言，工人工资成本逐年上升，而汇率在2000～2007年呈现稳步增值状态。汇率升值和工资上涨使得企业生产成本急剧上升，我国是出口大国，作为经济增长的三驾马车之一，出口担负着拉动国民经济的重任，在工人工资上涨和汇率上升对企业的冲击下，企业为了生存会调整对生产成本的使用，资本和劳工，技能劳动和非技能劳动之间的替代就显得格外重要。比如，从技术创新视角而言，为了维持生存，企业会增加研发和技能人才的投入，以期通过提高劳动生产率和资本利用率来提高生产效率和产业升级，这种决策势必引起对技能劳动需求的增加和对非技能劳动需求的减少。正如图3－7、图3－8和图3－9所示，技能非技能工人的工资都有所提高，二者的工资差距也在扩大。

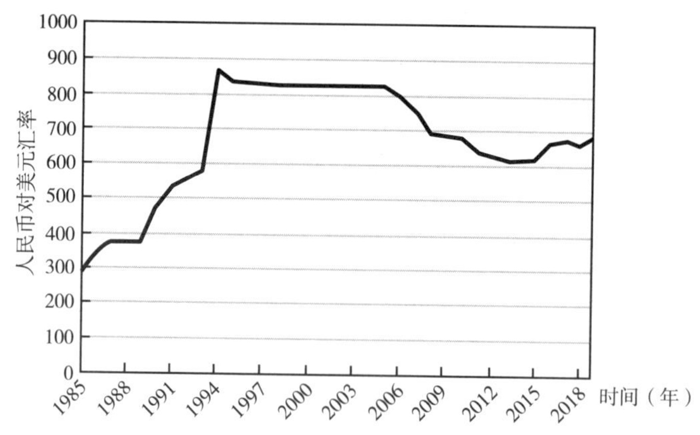

图3－5　人民币对美元汇率走势

资料来源：国家统计局。

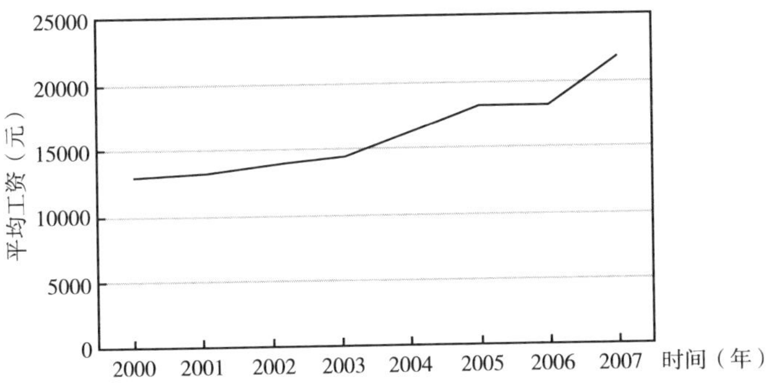

图 3－6　企业平均工资时间趋势

资料来源：中国工业企业数据库。

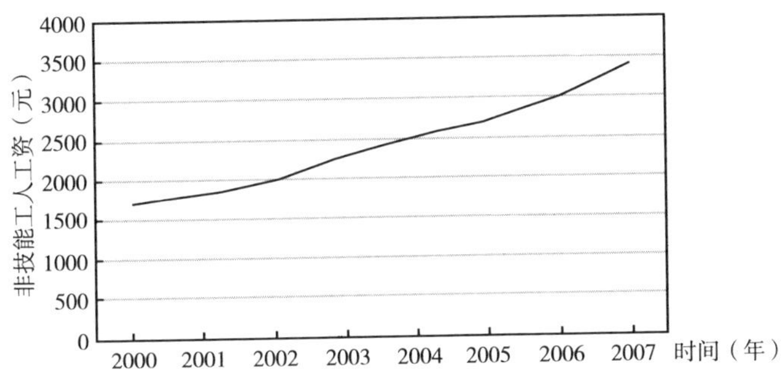

图 3－7　企业非技能工人平均工资时间趋势

资料来源：中国工业企业数据库。

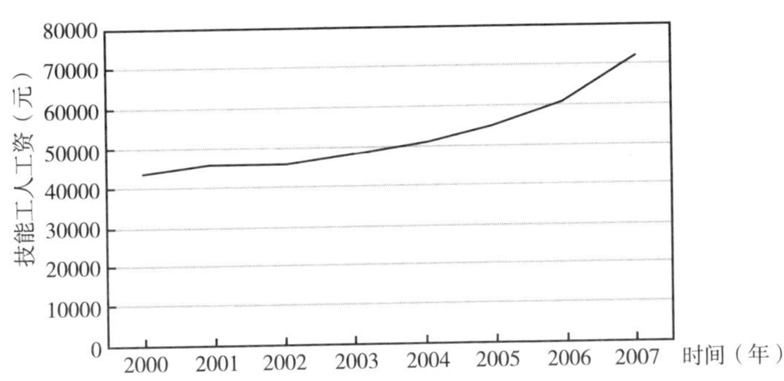

图 3－8　企业技能工人平均工资时间趋势

资料来源：中国工业企业数据库。

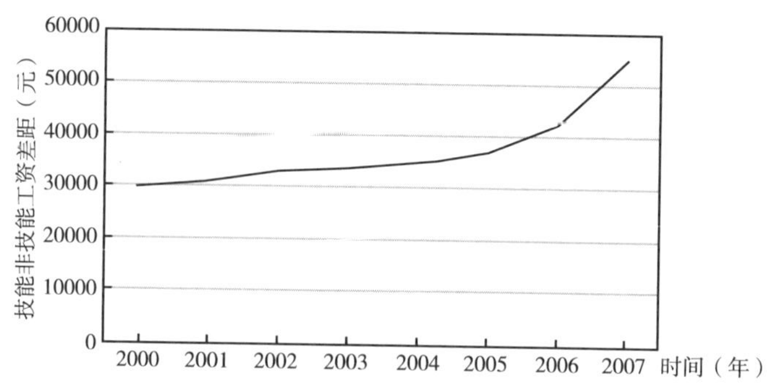

图 3－9　技能非技能工资差距时间趋势

资料来源：中国工业企业数据库。

第三节　本书所用变量统计

一、变量名称

本书采用两种方法对技能工人和非技能工人进行划分，一种是将高中及以上学历的工人视为技能工人，将高中以下学历工人视为非技能工人（陈波和贺超群，2013）；另一种将大专及以上学历的工人视为技能工人，将大专以下学历工人视为非技能工人（李平等，2013）。末位数字 1 表示以第一种标准划分的技能非技能工人，末位数字 2 表示以第二种标准划分的技能非技能工人。本书主要讨论人民币实际有效汇率对企业工资的影响，其中，工资包括平均工资、工资差距、技能工资和非技能工资。汇率包括人民币实际有效汇率、出口实际有效汇率和进口实际有效汇率。为了方便起见，将本书所用变量表达式和变量名称进行汇总列入表 3－2。

表 3－2　书中所用变量名称及含义

变量表达式	变量名称	变量表达式	变量名称	变量表达式	变量名称
lns	工资差距	dexgdpg	国外 GDP	lnlabor_f	女性就业
lnaverwage	平均工资	inco	企业营业收入	lnlabor_mh1	男性技能工人－1
lnexReer	出口实际有效汇率	profit	企业利润	lnlabor_ml1	男性非技能工人－1
lnimReer	进口实际有效汇率	lnlabor	总就业人数	lnlabor_mh2	男性技能工人－2
lnReer	人民币实际有效汇率	lnlabor_h1	技能工人	lnlabor_ml2	男性非技能工人－2

续表

变量表达式	变量名称	变量表达式	变量名称	变量表达式	变量名称
is	中间品进口占比	lnlabor_l1	非技能工人	lnlabor_fh1	女性技能工人－1
xs	出口占比	lnlabor_h2	技能工人	lnlabor_fl1	女性非技能工人－1
lnwage_agrh	技能工人工资	lnlabor_l2	非技能工人	lnlabor_fh2	女性技能工人－2
lnagrwage	非技能工人工资	lnlabor_m	男性就业	lnlabor_fl2	女性非技能工人－2

二、变量基本统计

将书中所用到的变量均值、方差、5 分位数、25 分位数、50 分位数、75 分位数、95 分位数、最小值和最大值进行统计，列入表 3－3。以技能非技能工资差距为例，其均值为 9.97，方差为 1.17，中位数为 10.01，最小值为 0.20，最大值为 16.96。将样本按照工资差距大小依次排列，在 5% 分位数位置，技能工人和非技能工人的工资差距为 8.00，在 95% 分位数位置，工资差距为 11.81。

表 3－3　　变量基本统计

变量	均值	方差	p5	p25	p50	p75	p95	min	max
lns	9.97	1.17	8.00	9.27	10.01	10.74	11.81	0.20	16.96
lnaverwage	9.64	0.56	8.80	9.29	9.60	9.95	10.62	6.50	17.09
lnexReer	4.82	0.29	4.44	4.67	4.81	4.95	5.29	0.04	7.63
lnimReer	3.27	2.20	0.00	0.00	4.64	4.84	5.08	0.00	7.63
is	0.03	0.13	0.00	0.00	0.00	0.03	0.11	0.00	8.01
xs	0.07	0.10	0.00	0.01	0.05	0.11	0.14	0.00	6.40
dexgdpg	-0.00	0.02	-0.03	-0.01	0.00	0.01	0.02	-0.18	0.19
inco	11.03	1.30	9.13	10.10	10.90	11.80	13.33	5.03	18.73
profit	0.03	0.31	-0.10	0.00	0.02	0.06	0.17	-49.97	19.01
lnlabor	5.69	1.08	4.06	4.94	5.63	6.36	7.56	1.95	11.77
lnlabor_h1	4.55	1.22	2.68	3.71	4.49	5.32	6.66	0.67	10.58
lnlabor_l1	5.10	1.21	3.13	4.29	5.09	5.88	7.10	0.17	11.41
lnlabor_h2	3.08	1.22	1.35	2.19	2.96	3.83	5.28	0.19	9.79
lnlabor_l2	5.56	1.11	3.83	4.80	5.52	6.27	7.46	0.41	11.67

续表

变量	均值	方差	p5	p25	p50	p75	p95	min	max
lnlabor_m	4. 85	1. 15	3. 09	4. 06	4. 79	5. 57	6. 85	0. 69	11. 51
lnlabor_f	4. 86	1. 29	2. 71	3. 99	4. 87	5. 72	6. 95	0. 69	10. 92
lnlabor_mh1	3. 96	1. 33	1. 90	3. 05	3. 91	4. 81	6. 21	0. 00	10. 91
lnlabor_ml1	3. 93	1. 40	1. 54	3. 02	3. 97	4. 86	6. 19	0. 00	11. 13
lnlabor_mh2	2. 61	1. 37	0. 57	1. 61	2. 52	3. 49	5. 01	0. 00	10. 07
lnlabor_ml2	4. 65	1. 20	2. 77	3. 85	4. 61	5. 41	6. 70	0. 00	11. 44
lnlabor_fh1	3. 65	1. 32	1. 61	2. 74	3. 58	4. 52	5. 93	0. 00	9. 70
lnlabor_fl1	4. 22	1. 53	1. 51	3. 23	4. 32	5. 30	6. 56	0. 00	10. 83
lnlabor_fh2	2. 09	1. 23	0. 32	1. 16	1. 95	2. 84	4. 32	0. 00	9. 01
lnlabor_fl2	4. 71	1. 38	2. 32	3. 83	4. 77	5. 66	6. 89	0. 00	10. 87

三、不同行业企业数量和企业类型统计

根据企业产品的销售目的地，将样本分为内销企业和外贸企业，其中外贸企业包含单纯进口贸易、单纯出口贸易和进出口贸易，并将内销企业和外贸企业样本数量进行统计列入表3-4，内销企业占比为64.84%，外贸企业占比为35.16%。对样本所用数据所属行业进行统计，不同行业样本数目列入表3-5。

表3-4　　企业类型数量统计

企业类型	样本数（个）	比重（%）	累计比（%）
内销企业	270363	64. 84	64. 84
外贸企业	146608	35. 16	100. 00
总数	416971	100. 00	

表3-5　　不同行业企业数量统计

行业代码	数量（个）	比重（%）	累计比重(%)	行业代码	数量（个）	比重（%）	累计比重(%)
6	22	0. 02	0. 02	9	41	0. 04	0. 09
7	22	0. 02	0. 04	10	180	0. 18	0. 27
8	7	0. 01	0. 05	11	4	0. 01	0. 28

续表

行业代码	数量（个）	比重（%）	累计比重(%)	行业代码	数量（个）	比重（%）	累计比重(%)
13	3520	3.56	3.84	30	4706	4.76	51.71
14	1920	1.95	5.79	31	4088	4.14	55.85
15	655	0.66	6.45	32	748	0.75	56.60
16	10	0.01	6.46	33	1215	1.23	57.83
17	9122	9.23	15.69	34	5467	5.54	63.37
18	8203	8.31	24.00	35	6441	6.52	69.89
19	4407	4.46	28.46	36	3312	3.35	73.24
20	1522	1.54	30.00	37	3902	3.95	77.19
21	2089	2.12	32.12	39	6653	6.74	83.93
22	1128	1.14	33.26	40	8193	8.29	92.22
23	898	0.91	34.17	41	3465	3.51	95.73
24	3668	3.71	37.88	42	3483	3.53	99.26
25	125	0.13	38.01	43	700	0.71	99.97
26	5344	5.41	43.42	44	24	0.02	99.99
27	1541	1.56	44.98	45	8	0.01	100.00
28	392	0.40	45.38	46	3	0.00	100.00
29	1552	1.57	46.95				

四、内销企业和外贸企业变量均值

将样本中相关变量的均值列入表3－6。这些变量包括企业平均就业和平均就业总量、企业工人工资结构变量（技能非技能工人工资水平和工资差距）、企业就业结构变量（技能非技能工人就业水平）、企业工人就业的性别结构（男性女性就业水平）和不同性别劳动力的技能结构（男性技能非技能就业水平和女性技能非技能就业水平）。在计算技能和非技能就业时，采用两种标准，第一种标准以高中及以上学历的工人作为技能工人计算就业和工资水平（陈波，2013），第二种标准以大专及以上学历的工人作为技能工人计算就业和工资水平（李平等，2014）。表中末位数字1表示以第一种标准计算，末位数字2表示以第二种标准计算。

表 3 - 6　内销企业和外贸企业变量均值统计

类型	lns	lnlabor	lnlabor_h1	lnlabor_l1	lnlabor_h2	lnlabor_l2	lnlabor_m
内销	9.56	5.07	4.07	4.46	2.71	4.93	4.55
外贸	9.89	5.58	4.48	4.98	3.04	5.45	4.78
所有	9.68	5.25	4.21	4.64	2.82	5.11	4.63

类型	lnlabor_f	lnlabor_mh1	lnlabor_ml1	lnlabor_mh2	lnlabor_ml2	lnlabor_fh1	lnlabor_fl1
内销	3.91	3.74	3.59	2.42	4.34	2.96	3.19
外贸	4.71	3.92	3.84	2.59	4.58	3.55	4.06
所有	4.19	3.81	3.68	2.48	4.42	3.17	3.49

类型	lnlabor_fh2	lnlabor_fl2	lnaverwage	Lnwage - h1	Lnwage - h2	lnagrwagee	lnhyminwage
内销	1.58	3.73	9.36	10.26	10.20	7.31	4.42
外贸	2.03	4.56	9.60	10.58	10.52	7.70	4.30
所有	1.74	4.02	9.45	10.37	10.31	7.45	4.38

由表 3 - 6 可见，对于外贸企业而言，不论是工资水平均值还是就业水平均值都高于内销企业，以工资差距为例，外贸企业工资差距为 9.89，内销企业为 9.56，全样本企业工资差距处于外贸企业和内销企业之间为 9.68。外贸企业的职工总数为 5.58，内销企业只有 5.07。简单的均值统计说明一个问题，外贸企业从企业就业规模、工资水平和工资差距方面都比内销企业高。

外贸企业的工资水平、就业水平等指标均值均大于内销企业，说明出口贸易对于缓解就业压力起到了重要作用。外贸企业的技能非技能工人就业、男性女性就业水平均大于内销企业。外贸企业工人平均工资、技能非技能工资水平均大于内销企业，说明其劳动力边际产量处于较高水平，外贸企业一般是订单式的经营方式，在外部需求比较旺盛的前提下，根据进口商和国外需求组织生产，重视产品销售，容易达到规模经济，降低生产成本，增加收益，同时增加了对劳动力的需求并提高了工人的工资水平。

值得注意的是，当以各省农村人均工资作为非技能工人工资水平时，外贸企业的非技能工资平均水平高于内销企业，而当以行业最低工资作为非技能工人工资水平时，外贸企业的非技能工资均值小于内销企业。说明我国对外贸易存在很大的行业差异性，国际市场对一些行业的需求旺盛，企业产量较高，劳动力就业和工资水平也较高，而另一些行业的产品需求较低，行业产量低，无法发挥对就业和工资水平的拉动作用。平均工资水平、技能非技能工资水平也呈现了逐年上升的趋势。对于企业而言，劳动力成本逐年增加。对于职工而言，平均工资水平提高，增加了职工收入。

五、样本数和样本比例的年份变化及所有制类型统计

将不同年份企业样本数和样本比例进行统计，结果列入表3－7。由于2004年为经济普查年份，其样本数量最多为90715家企业，2000年样本数量最少为19613家企业，各个年份总体样本数量为416971个。

表3－7　不同年份样本数和样本比例统计

年份	样本数（个）	比例（%）	比例累计（%）
2000	19613	4.70	4.70
2001	26506	6.36	11.06
2002	33000	7.91	18.97
2003	42232	10.13	29.10
2004	90715	21.76	50.86
2005	74221	17.80	68.66
2006	68956	16.54	85.20
2007	61728	14.80	100.00
全样本	416971	100.00	

将这些样本按照企业性质进行统计，结果列入表3－8。排名前三位的企业类型分别是外商独资企业、中外合资企业和国有企业，企业数量占比分别为36.75%、27.27%和6.65%，将外商独资企业、中外合资企业和中外合作企业均作为外资企业进行统计，那么外资企业占比达到68.57%。可见样本中外资企业数量远远超过国有企业和私营企业数量。表3－8中“其他”项为除国有企业、集体企业、私营企业、外资企业以外的其他企业类型或者缺失企业类型的企业。

表3－8　样本所有制类型统计

企业类型	数量（个）	比重（%）	累计占比（%）
其他	400	0.28	0.28
国有企业	9410	6.65	6.93
集体企业	8891	6.28	13.21

续表

企业类型	数量（个）	比重（%）	累计占比（%）
私营企业	25711	18.17	31.38
外商独资企业	52010	36.75	68.13
中外合资企业	38591	27.27	95.40
中外合作企业	6505	4.60	100.00
总数	141518	100.00	

将样本变量均值的年份趋势进行统计列入表3-9。对于工资差距而言，随着时间的推移，企业工资差距呈现逐年拉大的趋势。从2000年的9.34到2007年的10.02。样本的平均工资水平有逐年提高的趋势，从2000年的9.12到2007年的9.45。然而，劳动力就业水平却呈现出“U”型变化趋势，2000年平均就业水平较高为5.51，之后逐年下降，到2004年达到5.11，之后又出现逐年上升的趋势，直到2007年又达到5.25。另外，技能非技能劳动就业、男女就业水平也呈现相似的时间趋势。

表3-9　样本变量的年份趋势

年份	lns	lnlabor	lnlabor_h1	lnlabor_l1	lnlabor_h2	lnlabor_l2	lnlabor_m
2000	9.34	5.51	4.49	4.89	3.08	5.37	4.9
2001	9.39	5.43	4.41	4.82	3	5.29	4.82
2002	9.44	5.38	4.34	4.77	2.95	5.24	4.76
2003	9.5	5.34	4.3	4.73	2.91	5.2	4.72
2004	9.6	5.11	4.07	4.5	2.7	4.97	4.5
2005	9.71	5.2	4.16	4.59	2.78	5.06	4.58
2006	9.86	5.23	4.18	4.62	2.8	5.09	4.6
2007	10.02	5.25	4.21	4.65	2.82	5.11	4.63
全样本	9.68	5.25	4.21	4.64	2.82	5.11	4.63

年份	lnlabor_f	lnlabor_mh1	lnlabor_ml1	lnlabor_mh2	lnlabor_ml2	lnlabor_fh1	lnlabor_fl1
2000	4.46	4.09	3.93	2.75	4.69	3.46	3.77
2001	4.39	4.01	3.86	2.67	4.61	3.37	3.69
2002	4.33	3.94	3.81	2.61	4.55	3.31	3.64
2003	4.29	3.89	3.77	2.56	4.51	3.26	3.6

续表

年份	lnlabor_f	lnlabor_mh1	lnlabor_ml1	lnlabor_mh2	lnlabor_ml2	lnlabor_fh1	lnlabor_fl1
2004	4.03	3.67	3.54	2.34	4.29	3.01	3.32
2005	4.14	3.75	3.62	2.43	4.37	3.11	3.44
2006	4.17	3.77	3.65	2.45	4.39	3.14	3.48
2007	4.19	3.81	3.67	2.48	4.42	3.16	3.5
全样本	4.19	3.81	3.68	2.48	4.42	3.17	3.49
年份	lnlabor_fh2	lnlabor_fl2	lnaverwage	Lnwage - h1	Lnwage - h2	lnagrwagee	lnhyminwage
2000	1.98	4.3	9.12	10.04	9.98	6.95	2.25
2001	1.91	4.23	9.17	10.09	10.03	7.08	2.87
2002	1.86	4.17	9.22	10.14	10.08	7.2	1.61
2003	1.82	4.13	9.28	10.2	10.13	7.27	1.92
2004	1.61	3.85	9.37	10.3	10.24	7.35	4.85
2005	1.69	3.97	9.49	10.41	10.35	7.53	5.15
2006	1.71	4	9.62	10.55	10.49	7.68	5.35
2007	1.73	4.02	9.78	10.71	10.65	7.8	6.14
全样本	1.74	4.02	9.45	10.37	10.31	7.45	4.38

在后文的实证检验中，着重比较了国家的汇率制度改革政策对内销企业和外贸企业工人工资水平的影响，在此着重将两类企业涉及变量的中位数进行统计，结果列入附表1。不同类型企业的中位数特征与均值一致，即不论从就业水平、工资水平还是从工资差距来讲，外贸企业各变量的中位数均高于内销企业。以工资差距和技能劳动数量为例，外贸企业技能非技能工资差距为9.93，内销企业技能非技能工资差距为9.59；外贸企业技能工人数为4.42，而非技能工人数为4。

将样本变量不同年份的中位数进行统计，相关结果列入表附表3，这些变量的时间趋势有所不同，与变量的均值特征一样，企业的平均工资、技能工资、以农村个人平均收入衡量的非技能工资水平以及技能非技能工资差距的中位数随时间的推移而增加，企业职工总数、高低技能职工、男女职工、男性低技能职工和女性技能非技能职工数量都呈U型结构，从2000年开始下降，2004年到达最低点，之后又呈现稳步上升的趋势。企业职工总人数呈现倒U型结构，2000~2004年由5.44下降到5.01，之后又升高到2007年的5.19。

第四节　外贸企业和内销企业变量比较

一、外贸企业和内销企业的劳动力数量t检验

由统计数据可知，样本中含有内销企业数量为270363，外贸企业数量为146608，在样本分组的基础上对变量进行初步t检验。首先检验外贸企业和内销企业的企业职工就业数量，结果列入表3-10。可见，外贸企业的总职工数量显著高于内销企业，也就是说，样本中外贸企业的规模整体上比内销企业大。相应地，外贸企业职工中的技能职工、非技能职工、男性职工、女性职工的均值均大于内销企业。

表3-10　外贸企业和内销企业的劳动力数量t检验

企业类型	lnlabor	lnlabor_h1	lnlabor_l1	lnlabor_m	lnlabor_f
内销企业	5.071	4.066	4.458	4.552	3.909
外贸企业	5.581	4.478	4.977	4.785	4.713
差异	0.510*** (1.5e+02)	0.412*** (1.1e+02)	0.519*** (1.4e+02)	0.233*** (65.384)	0.805*** (2.0e+02)

注：***、**、*表示分别在1%、5%和10%的显著性水平，(　)内为t统计量。

二、外贸企业和内销企业的工资水平和工资差距t检验

将外贸企业和内销企业的工资水平和工资差距的t检验结果列入表3-11。可见，外贸企业的工资差距、平均工资、技能工资和非技能工资水平均大于内销企业。外贸企业内部职工，不论其技能水平如何，其平均收入水平均高于内销企业。伯纳德和詹森（Bernard and Jansen，1999，2004）研究发现，同一行业中，具有规模和效率优势的企业进行出口；梅利兹（2003）通过建立企业异质性模型发现，只有高效率企业才能克服出口固定成本，实现海外销售。企业需要承担的生产销售成本包括固定贸易成本和可变贸易成本，企业在进入国际市场时需要承担更高的分销网络建设费用等固定成本，高效率企业能够克服贸易成本和贸易障碍，参与更高的国际化生产，有能力达到规模经济，通过大规模生产获得国际竞争优势。在此条件下，外贸企业技术水平较高，劳动的边际产量大，因此工资水平较高。

表 3－11　外贸企业和内销企业的工资水平和工资差距 t 检验

企业类型	lns	lnaverwage	lnwage_agrh1	lnagrwage
内销企业	9.558	9.363	10.257	7.313
外贸企业	9.893	9.605	10.583	7.703
差异	0.335*** (90.582)	0.241*** (1.3e+02)	0.326*** (1.3e+02)	0.391*** (1.9e+02)

注：***、**、* 表示分别在 1%、5% 和 10% 的显著性水平，（ ）内为 t 统计量。

在此基础上考察了外贸企业和内销企业工资差距随时间的变化趋势，从表 3－12 可见，2000 年两类企业的技能非技能工资差距为 0.516，但是随着时间的推移，这一差距逐年减小，到 2007 年，这种差距只有 0.295。可见，随着劳动力自由流动障碍的消除，不同类型企业间工资差距的差异性越来越小。对于相同技能的劳动力而言，如果外贸企业能够获得更高的工资，在劳动力自由流动前提下，就会吸引更多的技能劳动，而供给的增加在一定程度上降低了技能劳动的均衡工资，对于非技能劳动也是如此。随着不同技能劳动在外贸企业和内销企业之间的流动，两种类型企业之间工资差距逐渐趋同，经过足够的时间便会达到一致，直到这一差距无法引起劳动力的继续流动为止。

表 3－12　外贸企业和内销企业工资差距时间趋势 t 检验

企业类型	2000 年	2001 年	2002 年	2003 年	2004 年	2005 年	2006 年	2007 年
内销企业	9.145	9.228	9.292	9.357	9.500	9.613	9.748	9.914
外贸企业	9.661	9.656	9.696	9.739	9.816	9.907	10.041	10.209
差异	0.516*** (30.817)	0.428*** (29.203)	0.404*** (30.688)	0.381*** (32.803)	0.316*** (39.657)	0.293*** (34.032)	0.293*** (33.846)	0.295*** (31.375)

注：***、**、* 表示分别在 1%、5% 和 10% 的显著性水平，（ ）内为 t 统计量。

三、外贸企业和内销企业其他变量 t 检验

将书中所用到的与企业生产经营活动相关的其他变量进行 t 检验，将结果列入表 3－13，可见外贸企业的全要素生产率（lntfp_lp）、企业规模（lnscale2）、赫芬达尔指数（lnhhi）、企业融资约束等指标均显著高于内销企业，进一步说明外贸企业生产率水平较高、规模较大，垄断力量也比较强；而外贸企业的

人均资本存量和企业年龄均显著低于内销企业。说明大部分的外贸企业成立比较晚，资本和劳动的匹配比例较小。

表 3-13　外贸企业和内销企业其他变量 t 检验

企业类型	lntfp_lp	lnklratio1	lnscale2	lnage	lnhhi	finace
内销企业	6.604912	4.276	10.225	2.063	6.084	0.027
外贸企业	7.047574	4.264	10.916	1.946	6.260	0.025
差异	0.443*** (1.3e+02)	-0.0119*** (2.944)	0.691*** (1.7e+02)	-0.117*** (43.128)	0.176*** (60.284)	0.002*** (13.022)

注：***、**、* 表示分别在 1%、5% 和 10% 的显著性水平，（　）内为 t 统计量。

第四章

人民币汇率影响企业职工工资的机制分析

第一节 问题的提出

由统计性分析可以看出，人民币实际有效汇率升值和工人平均工资水平是正相关的，即伴随着汇率升值的冲击，企业工人的工资水平是上升的。从需求和供给的角度来看，当人民币实际有效汇率升值时，一方面，企业面临产品相对价格升高，竞争力下降的困境，这些问题可能使得企业生产萎缩，劳动力需求下降进而导致工资水平下降。另一方面，企业进口成本下降，生产能力提高，对劳动力的需求增加，从而提高劳动力的工资水平。那么就企业自身行为而言，是什么原因导致企业工资水平上升？这些因素如何影响企业内部技能和非技能劳动的工资水平和工资差距？哪些因素对非技能工人工资的影响更显著，哪些因素对技能工人的工资影响更显著？基于这些问题，我们在前人研究的基础上，分别从企业研发、投资和融资约束三个视角研究汇率冲击下企业行为的转变，并且验证这些行为转变对平均工资水平、技能工资、非技能工资和工资差距影响的差异性。

第二节 人民币汇率波动影响企业工人工资水平的机制分析

一、研发投入途径

当人民币汇率升值时，企业通过研发促进创新，从而增加产品的种类和质量，不仅增加劳动力的需求，而且缓解了因汇率升值造成的出口减少的状况。从企业层面来讲，企业主要通过优化配置内部资源、提高资源使用效率、增加科研经费投入来提升其创新能力。技术创新是企业的核心竞争力，是企业获得长足发展的动力，但是创新需要增加研发投入。根据劳动价值理论，职工创造的价值一部分是获得的工资，另一部分是公司的利润，二者是此消彼长的关系，公司利润增加，员工工资减少，而利润减少会降低企业的研发投入。研究发现，研发创新能力高的企业，工人工资水平会升高。根据施穆克勒（Schmookler，1966）的市场拉动创新理论，工资决定了工人收入，进而决定了市场需求，那么企业工资差距过大使大部分工人工资处于较低水平而少部分工人收入处于较高水平，这一部分人对有效需求的拉动是有限的，因此企业工资差距过大不利于生产率的提升。胡放之（2004）研究发现，工资水平增长缓慢导致居民消费水平下降，不利于增加有效需求。吴磊和余道先（2006）研究发现，较低的工资水平影响经济增长和产业结构优化。较低的工资增长水平主要是因为非技能工人工资增长速度的减缓。

范红忠（2007）认为，居民收入水平提高可促进研发投入增加和创新能力的提高。全面创新有利于增加对技能劳动和非技能劳动的需求。在我国，技能劳动稀缺而非技能劳动相对丰裕，根据希克斯（Hicks，1932）的“要素诱导创新理论”，企业创新与要素相对价格的变化密切相关，因此技能非技能劳动的相对价格对研发投入方向有一定影响。一方面，技能非技能劳动价格影响企业的技术选择，从而影响企业长期发展路径；另一方面，企业将通过研发投入提高自身的创新水平。企业研发投入的增加提高劳动生产率，扩大生产规模，增加了低成本要素（非技能劳动）的需求和雇佣，因此，非技能工人工资会因企业研发投入增加而有所提高，从而减小了技能非技能工资差距。

二、投资途径

坎帕和戈德堡（1999）认为，汇率波动通过三种途径影响企业投资行为。一是出口收益途径：人民币实际有效汇率升值改变了出口产品的在国际市场上的相对价格和竞争力，从而影响企业销售收入进而影响企业投资水平。二是进口成本途径：人民币实际有效汇率升值改变了企业进口中间品的价格，对生产成本造成影响，进而影响企业的投资决策。三是进口产品竞争途径：人民币实际有效汇率升值改变了进口产品的市场价格，同类产品的竞争状况改变，从而影响企业的收益和投资行为。哈楚欧等（Harchaoui et al.，2005）研究发现，如果汇率波动引起企业的资本边际产品收益提高，那么企业投资规模扩大；反之，如果汇率波动引起企业的资本边际收益下降，其投资规模随之减少。努奇和波佐洛（2001）研究发现，本币贬值会通过收入增加途径对企业投资有正向影响，通过成本升高途径对于企业投资造成负向影响。赵晓男和刘霄（2007）检验了货币供给、汇率和利率对企业固定资产投资的影响发现，汇率波动有利于资产投资增加。田素华（2008）研究发现，2005年7月人民币汇率制度改革促进了企业固定资产投入，且这些企业投资变化不受资金来源影响。刘建和和吴纯鑫（2011）研究发现，进口降低了企业固定资产，而出口增加了企业固定资产投资。

人民币实际有效汇率升值通过利率平价条件影响企业投资策略选择，也会通过购买力平价条件影响企业产品竞争力。我国制造业在人民币实际有效汇率波动条件下的资产选择主要根据汇率波动产生的财富变化、需求变化、成本变化和风险变化综合考虑。人民币升值不仅增加了外商投资，而且增加了国内个体企业投资（田素华，2008）。戈德堡（1993）研究发现，20世纪70年代，美元汇率升值增加了美国耐用品部门的投资。

从人民币汇率波动的财富效应来看，升值降低了外币的购买力，同时本币预期升值会增加外资购买本国资产的积极性。从人民币汇率波动的需求效应来看，汇率升值导致国内需求增加而出口减少。从人民币汇率波动的成本效应来看，汇率升值影响了中间品进口成本和劳动力成本。从人民币汇率波动的风险效应来看，汇率升值导致企业用工成本变化和产品价格变化。汇率这些变化通过影响国内投资规模而影响工资水平和工资差距。企业对内投资增加，对劳动的需求也增加，生产规模的扩大增加了企业收入和利润。我国出口企业多为加工贸易，因此对可替代的非技能劳动需求更大，非技能工资水平增加，工资差距减小。

20世纪70～80年代，美元贬值引起的投资变动就与美元汇率变化预期有关。70年代，美元名义贬值，引起升值预期，在出口需求增加、成本降低和美元预期升值等共同因素下，国内投资增加。80年代，美元贬值预期增强，由贬值引起的财富缩水、需求减少和预期贬值等因素下，其国内投资规模下降。对于企业而言，如果资本使用规模超过劳动，当面临人民币实际有效汇率持续升值时，企业投资后的资本残值可以以较高的汇率折算成外币，从而实现资本增值；这样可以部分抵消企业工资成本的上升，从而引起资本密集型企业投资增加。一方面，由于本币升值存在财富增值效应，使国内消费水平提高，在一定程度上推动了经济增长，促进了市场寻求型投资的进一步增加。另一方面，人民币汇率升值对投资也有不利影响，升值使劳动力成本上升，使密集使用劳动的企业利润下降，投资规模会有所减小。吴国鼎和姜国华（2015）在微观企业层面分别从出口收益、进口成本和进口产品竞争等渠道考察了人民币实际有效汇率变化对企业投资水平的影响发现，汇率升值通过出口收入渠道降低企业投资，通过进口成本下降增加企业投资，这种投资扩大效应随企业出口依存度的增大而增加，汇率升值使企业在国内市场面临更大的进口产品竞争，并且销售规模大的企业投资行为受的影响更大。企业的投资行为会使市场对劳动力的需求增加，工人工资水平上涨。

三、融资约束缓解途径

外部融资是就业和经济增长的稳定器。企业增加资本需要宽松的金融环境，如果利率水平较低，则有可能通过贷款改变资本和劳动的份额，进而影响就业和工资水平。银行利率较高，企业无法进行融资，研发改进产品面临的阻力比较大，因此无法增加劳动力的需求。李巍和张志超（2013）研究发现，外部融资规模扩大有利于制造业就业状况改善，而对职工报酬影响不显著，原因是最低契约工资约束了职工实际收入水平。对于技术密集型企业，优化外部融资环境尤其重要。融资约束的缓解不仅关系着对外贸易战略的实施，而且直接影响现在的就业难题和收入差距持续拉大现象能否得到有效解决。

欧戈（Ogawa，2003）通过研究发现资产负债率对中小企业就业产生了负面影响。李可（2012）认为，中小企业规模小，管理成本和信用风险高，融资约束是限制中小企业吸纳就业的重要瓶颈。对于金融市场不完善的国家而言，工业部门对外部融资的需求更大（Rajan and Zinggales，2011）。菲利彭和瑞谢夫（Philippon and Reshef，2007）研究发现，外部融资规模的扩大会使高技术制造业雇佣到更多的技能人才。由于中国劳动力市场市场化程度不高，融资约束和职工工资之间的关系更加复杂。贾亚杰夫（Jayadev，2007）研究发现，工人工资与企业融资之间存在负相关关系，但是在生产率水平较低的地区，这种关系不存在。姜磊和黄川（2008）利用1996~2006年29个省份的面板数对外部融资和工人工资之间的关系进行检验发现，金融市场效率和外部融资规模会对企业工人工资造成正向影响，但这种影响对西部地区显著，对东部地区不显著。刘海洋等（2012）通过分析城市间工资差距的决定因素发现，人均资本、基础设施和外部融资与工人工资报酬之间呈现正相关关系。

罗长远和陈琳（2012）通过研究融资约束对劳动份额的影响发现，私营企业融资约束与劳动收入份额呈负相关关系，国有和外资企业不存在这种现象，因此私营企业面临融资约束困境。金融要素与劳动收入份额密切相关，一方面，金融市场和金融机构的发展，与扩大收入来源和优化收入分配密切相关；另一方面，融资约束制约着制造业投资规模扩大和新产品开发，对企业就业和工人的工资水平造成间接影响。1990 年开始，我国金融系统实施大规模重构，但是改革的重点依然是国有企业资金投放，私营企业仍然面临资金约束，阿齐兹和崔（Aziz and Cui，2007）认为，金融改革后的融资宽度并没有增加。

根据纽莫和佩里（Neumey and Perri，2005）提出的理论，企业要进行生产，需要从银行借贷“流动资本”来购置生产资本并雇佣劳动力，开放经济条件下，利率具有逆周期性，在国际借贷利率给定的条件下，国内经济收缩，利率较高，国内经济扩张，利率反而较低；利率走高时，企业借贷规模减小，流动资本减少，劳动需求下降继而引起工资水平下降。相反，利率走低时，企业借贷规模扩大，流动资本增加，劳动需求上升继而引起工资水平上升，因此，融资约束（利率）—流动资本—工资之间存在周期性（Uribe and Yue，2006；Li，2007；Boz et al.，2009）。企业在生产之前，通过银行借贷来购买劳动力，融资环境会对企业收入分配产生影响。在金融市场不完全的前提下，企业借贷和融资能力受自身财务状况制约，负债比较高的企业难以获得贷款，从而影响流动资本规模，因此他们会通过减少雇佣劳动力和降低工资水平来降低生产成本。在这种情况下，职工的平均工资会下降。如果企业倾向减少边际产量较低的非技能劳动的雇佣和工资水平，那么工资差距就会加大。

企业面临的融资约束严重制约了其研发投资和生产规模扩大，尤其在发展中国家，这种制约对企业的发展尤其明显（Rajan and Zingales，1996；Khurana et al.，2006；Poncet et al.，2010）。我国的金融市场化不完全，金融资源配置不完善，国有企业享有的资源多，对民营企业重视不够（Huang，2005；张杰等，2012）。融资约束已经成为制约 80% 的企业生产扩张的主要障碍（Claessens and Tzioumis，2006）。企业在融资约束限制下，设备得不到更新、研发投入受限、企业规模和盈利能力受到抑制，最终影响生产率。文磊等（2015）利用 1998 ~ 2007 年中国工业企业数据，通过构建两种融资约束指标，从微观企业层面检验了融资约束对工人工资的影响发现，融资约束通过生产率和就业规模途径降低了工人工资，这种影响对出口企业和私营企业更加显著。

外部融资约束影响企业技术进步并阻碍员工工资增长，员工工资水平在一定程度上取决于其议价能力，而议价能力受整个劳动力市场制约。雇主和员工在决定工资水平时，一方面要考虑企业面临的融资约束和市场地位，另一方面要考虑市场平均工资和失业水平（Blanchflower et al.，1989）。当外部条件一定时，融资约束对企业生产率和利润都起到了关键作用，进而影响工人工资。

汇率通过融资约束影响工人工资的途径包括以下几个方面：（1）汇率升值—出口贸易—融资约束—工人工资。汇率升值使企业产品价格竞争优势减弱，面对企业正常运转，需要更加宽松的资金环境。融资成本是决定企业参与出口的重要因素，而出口行为又决定了员工的工资（于洪霞和陈玉宇，2010）。融资成本高的企业会减少出口行为，不利于员工工资增加（孙灵燕和李荣林，2011）。（2）汇率升值—融资约束—生产率—工人工资。由汇率升值导致的融资约束直接限制了企业设备更新和技术进步，使单位劳动产出受限，不利于工人工资水平的提高。融资便利性提高了企业生产率，对员工工资水平存在显著正影响（Gatti and Love，2008）。（3）汇率升值—融资约束—就业规模—工人工资。宽松的融资环境有利于企业降低融资成本，进而扩大生产规模和劳动力需求，增加工人工资水平（邵敏等，2013）。在市场竞争中，劳动力会聚集到效率更高的企业，从而获得更高的工资。尼克尔和尼科利萨斯（Nickell and Nicolitsas，1999）研究发现，英国融资约束制约了就业的增长。贝特朗等（Bertrand et al.，2007）研究发现，融资约束缓解有利于提高就业率。（4）汇率升值—融资约束—劳动合同—工人工资。不同企业在不同时期面临的融资约束存在差异，成立时间短、发展迅速的企业倾向与员工签订长期合同，初期员工工资水平比较低，企业将利润用作再投资。随着企业融资约束减弱，职工工资会逐渐增加。因此企业成立初期会降低职工工资。邵敏等（2013）通过处理效应模型证明，融资约束降低工人工资水平。

第三节　基于国际收支平衡视角的人民币汇率与工资的关系

在国际贸易市场上，外汇是主要的支付手段，大大促进了商品和服务贸易的正常进行，并促进了国家和地区之间的资金供需平衡。汇率的决定包括很多原因，作为一种特殊的商品，汇率是货币的价格，这一价格是由货币的供需决定的。如果人民币供给小于需求，而英镑供给大于需求，那么人民币和英镑之间的汇率就会发生变化，即人民币对英镑升值，英镑对人民币贬值。但是，货币相对需求只解释了汇率变化的一个方面，没有从更深层次解释汇率变化的本质，即什么原因会引起货币供求的变化，什么时间货币供求关系会发生变化。如果能够准确测量汇率变化的因素，就能预测汇率变化的方向。汇率变化直接影响企业的出口，进而影响一个国家的国际收支账户和国民财富总量。综合而言，有三个因素对货币未来的走向产生重要作用：一个国家的价格水平、利率水平和市场心理。

一、购买力平价

价格对汇率的影响可以用一价定律来体现，在完全竞争市场中，不存在运输成本和关税壁垒，同一种商品的价格换算成一种货币来表示时，这种商品的价格是相同的。以英镑和人民币为例，如果英镑和人民币的汇率为 1 英镑 =9 元，一件衬衣在英国的价格是 10 英镑，那么在中国的价格为 90 元，也就是说同一件商品的真实价值在不同地区是一致的。更进一步讲，如果在中国的价格是 60 元，那么商人在中国买入衬衣，在英国卖出，每件衬衣可获利 20 元，但是，全球市场对中国衬衣的需求增加导致中国衬衣价格上升，英国衬衣供给数量的增加也会导致英国衬衣的价格下降，这种趋势一直持续到两国衬衣的价格持平为止。如果汇率保持不变，即 1 英镑 =9 元，衬衣在中国的价格变为 72 元，那么在英国的价格为 8 英镑。

如果商品和劳务的价格在不同国家满足一价定律，那么就可以通过不同国家之间的价格水平计算两国的汇率，这就是购买力平价理论，即：

$$E_{£/¥} = P_{£}/P_{¥}$$

与一价定律不同的是，购买力平价使用的价格是一篮子商品的价格，而不是一件商品的价格，假设英国一篮子商品的价格是 300 英镑，中国一篮子商品的价格是 2700 元，那么英镑对人民币的汇率是 1 英镑 =9 元。

由此可见，如果两个国家的价格水平发生变化，相应的汇率也发生变化。例如，英国每年的通货膨胀率为 10%，中国每年通货膨胀率为 5%，那么英国一篮子商品的价格变成 330 英镑，中国一篮子商品的价格为 2835 元，此时，英镑对人民币的汇率变成 2835/330 = 8.59，中国通货膨胀率比英国低 5%，人民币升值约 5%，1 英镑买到的人民币比年初多了 5%。

一个国家的通货膨胀和这个国家的货币供应密切相关。如果一个国家或地区出现严重的通货膨胀，那么这个国家的货币将会贬值，反过来，如果我们能够准确预测一个国家或地区未来的通货膨胀情况，就可以预测这个国家货币相对其他国家货币的价格，即汇率。一个国家或地区的通货膨胀率很大程度取决于该国或地区的货币供给，因此在一定程度上可以根据市场中的货币供给信息来预测该国的汇率走势。

通货膨胀出现在货币层面，正常情况下，货币的发行量应该与本国商品和服务的存量一致，当经济体中货币的数量超过商品和服务的存量时，更多的货币追逐更少的商品，单位商品和劳务的价格上涨。原因是更多的货币流入市场，或者企业、个人更容易借贷，从而增加了社会总需求，更多的货币追求更少的商品，使得商品的价格上涨，这就是通货膨胀。如果社会产出和货币供应量大体相当，就不会出现明显的通货膨胀。总结而言，一个国家的货币供应量超过该国的产出会引发通货膨胀，从而引起本国货币的贬值。

我们从另一个角度分析，汇率是由外汇市场货币相对供需决定的，如果一个国家发行的货币数量超过了本国商品和劳务的产出，那么和其他没有出现通货膨胀的国家相比，该国货币在外汇市场的供给量增加，该国货币的汇率将会下跌，即出现贬值。由此带来的问题是，什么原因使货币供给量增加呢？答案是政府。政府可以让本国的央行发行比实际产量更多的货币用于国家财政支出，也可以通过增加社会税收增加财政收入，但是增加社会税收遇到的阻力更多，所以政府更倾向发行更多的货币。由此可见，政府对货币政策的把握直接影响社会的通货膨胀水平，进而影响汇率。如果想了解一个国家未来汇率的走向，可以从该国货币政策的趋势入手。如果政府致力于控制本国通货膨胀水平，该国未来的通货膨胀不会太高，那么汇率水平也不会出现大幅震荡。相反，如果该国政府并不重视控制本国的通货膨胀率，发行货币的意愿强烈，该国未来通货膨胀水平可能会居高不下，货币汇率下跌的可能性非常大，历史上阿根廷曾经因为过多发行货币导致货币出现断崖式贬值。

2010 年，美国开始实施量化宽松的货币政策，将 6000 亿美元投放市场。原因是 2008 年金融危机造成了经济萧条和大面积的失业，通过向市场增加货币供给从而增加社会总需求，拉动就业和经济增长。同时，在利率层面，美国降低中长期贷款利率，从而刺激社会生产。从购买力平价理论可以推理出，美国增加货币供给会引起通货膨胀，使美元贬值，从而增加美国商品出口。

但是现有的分析需要考虑两个事实：其一，当时美国的通货膨胀率并不高，达到了五十年来的最低水平，通货紧缩并不利于经济增长，原因是随着物价持续下跌，消费者的消费行为会出现减少的趋势，因为消费者会根据现有的经济形势推测未来商品的价格会持续下降，他们会把货币储蓄起来或者握在手里以便形成将来更大的购买力，然而这会显著影响社会总需求，使社会总需求严重紧缩，从而引起大面积失业和经济增长停滞现象。历史证明，温和的通货膨胀对经济是有益处的，比如，经济体每年通货膨胀率为2%，这个价格水平会刺激消费，增加社会总需求，从而拉动经济增长。其二，美国经济增长率约为2%，失业率维持在较高水平，实体经济存在产能过剩，如果政府实施宽松的货币政策，提供6000亿美元的货币增量，造成经济体通货膨胀率迅速增加的可能性也很小。当实体经济注入大量美元时，社会的生产者企业将会增加生产，从而启动过剩的产能，经济社会达到需求和供给同步增加的状态。由此可以总结出，货币对通货膨胀的影响受到实体经济失业率的影响，当失业率较低时，社会的产能是充足必要的，没有出现过剩现象，此时增加经济体中的货币供给才会引发失业率上升，而失业率高，社会产能过剩，经济体货币数增加会使需求和供给同步增加，经济体的通货膨胀率不会出现大幅度波动。金融危机后美国的经济状态属于第二种情况。外汇市场对美元的反应并不明显，美国发布量化宽松的货币政策之前，美元的汇率指数为72.06，实施量化宽松政策之后，其汇率指数为72.15，贬值0.12%，对美元基本没有影响，也就是说，美国实施6000亿美元的量化宽松政策，外汇市场的交易者并没有因为担心美国出现大面积的通货膨胀风险而抛售美元，美元币值保持稳定。

根据购买力平价理论，一个国家的汇率是与本国的通货膨胀率密切相关的，由此可以推测，如果一个国家一篮子商品价格上升迅速，那么这个国家的汇率将有迅速贬值的风险。但是现实与理论并不完全相符，从现有学者做的实证检验来看，购买力平价理论适合长期汇率的预测，对于短期而言，利用购买力平价理论预测汇率并不完全有效。就购买力平价理论的适用范围而言，该理论只适用于那些通货膨胀率比较高和资本市场不发达的国家，对于通货膨胀率差别比较小的国家而言，虽然汇率波动存在差异，但是汇率波动受到其他因素影响比较大，因此购买力评价理论预测汇率的趋势并不是非常准确。

一个国家的通货膨胀率和汇率趋势之间不存在相关性的现象又称“购买

力平价之谜”，出现这种现象的原因可以总结为以下几个方面：首先，两个国家之间的贸易存在运输成本，运输成本的大小与各国交通运输能力和经济发展状况密切相关，同时世界经济不是自由贸易，各国进行国际贸易存在关税和非关税壁垒，这些因素会影响商品的价格。其次，各国政府对国际贸易活动存在不同程度的干预，有些国家实施贸易开放政策，鼓励企业进行出口，因此对企业生产和出口行为的鼓励政策较多，而有些国家为了维持国内的就业水平，实施保护贸易政策，对企业的出口行为干预较多，对出口企业征税较高，因此政府对企业和市场的干预影响了商品的价格，贸易壁垒使不同国家贸易商进行套购买卖行为变得障碍重重，而一价定律的前提是自由贸易。政府对市场的干预使市场成为非完全竞争市场，而完全竞争市场是购买力平价成立的前提条件，因此在非完全竞争市场条件下，市场通货膨胀率和汇率之间的关系表现在现实经济问题中并不十分密切。

有些国家的某些行业属于垄断市场，少数几家企业控制着整个市场和价格以及产品的销售，由于这些企业的市场遍布世界各个国家和地区，地区定价根据当地的具体情况进行，市场存在不同程度的垄断，因此这些行业购买力平价的前提条件也不成立。以联合利华和宝洁公司为例，它们垄断了洗化用品行业，市场涉及全球不同的国家和地区，且根据当地的市场供求状况确定销售价格，如果要保持这一价格的稳定性，必须减少贸易商中间的套购行为，否则垄断价格就无法实施。企业可以根据自身拥有的垄断优势，通过控制商品的销售渠道，限制商品的数量，从而防止中间商从一些国家低价买入，利用汇率差别去另一些国家高价卖出的套购行为。另外，这些企业还能根据不同市场的消费习惯对产品进行改造，比如从设计和包装上根据当地消费者的消费习惯进行改造，形成产品在地区之间的差异化，从而限制贸易商进行套购。

就外汇市场而言，政府也会通过各种措施进行干预和调控，从而影响本国的汇率稳定，政府对外汇市场的干预会影响通货膨胀和汇率之间的关系。另外外汇投资者的心理预期和外汇购买决策也会影响一国价格水平和汇率之间的关系。

二、汇率和利率

费雪效应体现了货币名义利率和通货膨胀率之间的关系：

$$i = r + I$$

i 为名义利率，r 为实际利率，I 为预期通货膨胀率。由此可见，利率反映了未来通货膨胀的预期。如果一个国家未来预期通货膨胀率高，那么这个国家的利率也高，原因是，通货膨胀率高意味着货币的实际价值下降，投资者会通过提高利率的方式补偿货币价值下降带来的损失。比如，一个国家的实际利率为2%，通货膨胀率为3%，那么名义利率为5%，因此货币的利率和通货膨胀率之间关系密切，由于通货膨胀率和汇率之间遵循购买力平价，所以利率和汇率之间也存在密切的关联。假设开放条件下资本能够自由流动，那么不同国家和地区之间货币的实际利率是相同的，即使不同国家的实际利率不同，那么投机者就会从低利率国家借款，在高利率国家贷款，从而使低利率国家货币需求增加，利率升高，高利率国家货币供给增加，利率下降，最终导致两个国家的实际利率水平持平。按照利率和通货膨胀之间的关系，不同国家之间利率的差异体现了本国通货膨胀率的差异，如果葡萄牙比西班牙利率高，那么葡萄牙比西班牙的通货膨胀率高。

基于利率和通货膨胀率之间的关系以及通货膨胀率和汇率之间的关系，利率与汇率之间的关系也密不可分。利率与汇率之间的关系被称之为“国际费雪效应”，即两国汇率与利率变化方向相反，即：

$$[(S1 - S2)/S2] \times 100 = i£ - i¥$$

以英镑和人民币为例，i£ 和 i¥ 分别是英国和中国的名义利率，S1 为期初英镑对人民币的即期汇率，S2 是期末英镑对人民币的即期汇率。如果英镑的名义利率高于人民币的名义利率，则应该有更高的通货膨胀率，那么英镑对人民币预期汇率将会按照两国的利率差贬值。例如英镑的名义汇率是12%，人民币的名义汇率为8%，那么预期英镑对美元将贬值4%。

就现实情况而言，利率差并不能准确预测汇率的变化。长期看来，利率变化与汇率变化有一点的关系，但是短期汇率决定受到多重因素的影响，单以利率变化决定预期汇率会出现一定的偏差，因此国际费雪效应不适合预测短期汇率波动。

三、投资者从众效应

从现实情况来讲，购买力平价理论和国际费雪效应只能对汇率长期预测有效，但并不能很好地预测汇率短期变化的趋势，其中一个很重要的原因是资本市场存在投机现象和从众行为，从众是一种心理现象，能够影响外汇交易商对汇率的预测，如果大部分外汇交易商的预期趋同，这种预期就会自我实现，即预期会变成现实。从众行为最有名的例子是1992年索罗斯（Soros）对英镑的操作。我们分几步来描述索罗斯的投机行为：首先，他以基金作担保借入英镑。其次，将英镑卖出换回马克，如果马克对英镑升值，那么他就会换回比初始状态更多的英镑，再用这些英镑赎回抵押的资产，剩余英镑就是所得利润。由于英镑卖出的数量巨大，外汇市场英镑供给增加，而马克需求增加，因此引发了英镑的剧烈下跌。此时外汇市场的交易商得知索罗斯大量抛售英镑，便预期英镑贬值，于是这些交易商为了避免损失，也抛出英镑，买进马克，这就是从众行为。随着越来越多的外汇交易商加入抛售英镑的行列，引发了英镑更加剧烈贬值。也就是说，大部分外汇交易商的操作行为趋于一致，导致了汇率变化的方向自我实现。英镑贬值和马克升值的原因不是来自实体经济的调整和变化，而是来自投资者的从众行为。

事实证明，投资者的从众行为和心理活动对短期汇率走势影响较大，但是作为微观的心理活动，影响这些心理活动的因素很难把握，宏观和微观的政治经济原因都有可能引发这种从众行为，一些企业的交易活动有时候也会引发规模巨大的投机行为和从众现象，而这些政治经济事件与宏观经济的通货膨胀关系不大，这种从众行为很容易受到核心人物的影响。1997年的亚洲金融危机在一定程度上就是起因于投机商的投机行为，韩元贬值不是由于国内通货膨胀，而是由于其国内债务增加，许多公司在偿还美元债务时出现困难，投资商担心公司倒闭带来损失，于是纷纷将韩元兑换成美元来保值，这种现象使外汇交易商产生了从众行为，也纷纷抛出手中的韩元，大量对韩元的操作走向同一个方向时，便触发了韩元贬值的自我实现。亚洲金融危机期间，以韩元为代表的东亚货币出现了断崖式下跌。

四、劳动生产率对汇率的影响

上述汇率决定主要通过价格机制传导，即一国的通货膨胀率和利率影响一国货币的价格即汇率，这种决定机制主要集中在货币和价格层面，没有涉及到生产层面，事实上，不仅价格对汇率波动产生影响，一国的劳动生产率也对汇率产生影响。巴拉萨—萨缪尔森效应解释了一国劳动生产率和汇率变化之间的关系。首先将一个国家的生产部门分为贸易部门和非贸易部门，开放经济条件下，发展中国家首先出口劳动密集型产品，随着全球技术扩散和技术引进，发展中国家充分发挥后发优势，使贸易部门生产技术得到很大提高，贸易部门工人工资因此得到快速提升。非贸易部门相对贸易部门生产率提高水平慢，工资水平上升速度也赶不上贸易部门工人。但是由于国内劳动力自由流动，非贸易部门劳动力流向贸易部门，导致贸易部门劳动力供给增加，工资下降，非贸易部门劳动力供给减少，工资上升，最终导致贸易部门和非贸易部门劳动力工资均等化，非贸易部门劳动力工资增长速度超过了贸易部门，非贸易部门工资上涨造成成本推动型通货膨胀。从宏观经济的视角而言，国内总体物价水平的上升是由非贸易部门的工人工资上涨造成的，而非贸易部门劳动力价格的上升来源于劳动力供需的变化，而不是来自非贸易部门劳动生产率的提高。由此可见，发展中国家比发达国家有更高的通货膨胀率，根据购买力平价学说，发展中国家的货币会贬值。

20 世纪 50 年代，日本和西欧经济迅速崛起，美国经济增长相对缓慢，在布雷顿森林体系下，世界货币为固定汇率制度，美元被高估，巴拉萨（1964）提出，贸易品部门和非贸易品部门生产率的差异，进一步影响商品价格和一国通货膨胀率。贸易部门和非贸易部门生产率的差异导致一国内部不同部门工资差距明显，从而对购买力平价产生影响，使预期汇率与购买力平价不对应。阿西和科登（Asea and Corden，1961）利用柯布－道格拉斯函数进行推导得出，贸易部门和非贸易部门的生产率之差为非贸易部门的价格增长率，如果两部门全要素生产率（TFP）增加，则非贸易部门价格增长率增加，如果两部门 TFP 减少，那么非贸易部门价格增长率下降。但是这一结论的成立有严格的限制条件：其一，贸易品部门遵循一价定律，且商品的价格是外生的。其二，不同部门劳动力可以自由流动，但是国家之间劳动力是不能自由流动的，由此推出国内贸易/非贸易部门 TFP 和国外贸易/非贸易部门 TFP 的相对值，同时假定国内和国外的工资水平是常量。

萨缪尔森对劳动生产率和汇率的关系提出了新的观点。他认为劳动价值理论是有效的，劳动是经济活动中唯一的生产要素，结果发现，如果两个国家生产 2 种商品，且两个国家的 TFP 不变，如果名义利率为 3（1 单位本币兑换 3 单位外币），本国名义工资是外国的 3 倍，此时名义利率处于均衡状态。

陈强（2010）研究发现，两国一篮子商品相对价格不仅受到其 TFP 的影响，而且受到两国工资的影响。如果两国的 TFP 相同，一国的 TFP 越高，本国商品相对价格越低，两国工资差距越大，外国商品相对价格越高。因此，实际汇率是由名义利率与 TFP 比值、相对工资水平的比值决定的，通过相对劳动生产率和相对工资水平影响两国的相对价格，进而通过购买力平价影响两国的汇率。一个国家的工资上涨水平应该与本国的劳动生产率水平上涨相适应，才能保持汇率稳定，如果工资水平上涨速度高于劳动生产率增长速度，汇率会面临贬值压力。如果名义汇率被低估，那么就会刺激出口，通过技术扩散刺激劳动生产率和工资水平进一步升高。另外，一个国家的外汇储备也会影响这个国家的真实汇率，如果一国外汇储备增长率较大，那么汇率面临贬值的压力。

中国改革开放40年来，劳动生产率增长速度很快，特别是制造业的出口增加和技术创新带动了劳动生产率增长，根据S-S定理，我国的工资水平和汇率水平都应有所上升，然而事实与理论并不相符，现实经济的表现是，我国制造业的劳动生产率大大高于产业部门工资的增长速度，我国的通货膨胀率每年增长是稳定的，因此人民币币值基本稳定，即使出现波动也比较温和。我们从以下方面来解释这种现象：（1）我国工人工资的决定机制具有独特性。中国是典型的二元经济，农村和城市劳动力市场具有差异性。改革开放之前，农村劳动力和城市劳动力不能自由流动，因此农民的工资和城市工人工资差距很大而且没有趋同的势能。改革开放以后，农村和城市之间的劳动力流通障碍消失，农村劳动力可以自由流入城市工业部门。由于我国劳动力基数较大，短时期内劳动力的供给处于无限制状态，因此劳动力的工资没有因为需求增加而上涨，成本推动型通货膨胀也没有实现。（2）在我国，随着改革开放的推进，农民进城打工的现象越发普遍，除了城乡二元经济结构外，城市劳动力也出现分层的现象，主要组成部分是城市工人，其次是农民工。农民工的工资较低，向城市制造业输送了大量廉价劳动力，形成了大规模的劳动密集型产业，我国出口商品的结构也是以劳动密集型为主。由于农民工供给充足、工资低廉，贸易部门出口商品的价格没有受到成本上升的影响，因此人民币汇率也没有因成本推动型通货膨胀而贬值。

五、我国外贸发展对汇率的影响

我国近20年进出口状况如表4-1所示。20年来，我国进出口额保持持续快速增长，1999年我国进出口总额为29896.23亿元，2018年这一数值增长为305008.13亿元，是1999年的10倍多，年平均增长率为48.4%。单从出口来看，1999年我国出口额为16159.77亿元，2017年这一数值增加到164127.81亿元，是1999年我国出口额的9倍多，年平均增长率达48.2%。从进口状况来看，1999年我国进口额为13736.46亿元，2018年这一数值增加到 140880.32 亿元，是 1999 年的 10 倍多，年平均增长率达 48.7%。从进出口差额状况来看，1999 年我国进出口差额为 2423.31 亿元，2017 年这一数值增加到 28519.62 亿元，是 1999 年的近 12 倍，年平均增长率为 56.7%。由此可见，我国长期处于贸易顺差，进口和出口额度呈现持续的增长趋势，出口增长额超过进口。在金融危机环境下，我国进口、出口、进出口总额和进出口差额出现回落，其余大部分时间都保持了稳定的增长。

表 4-1　　1999~2018 年我国进出口状况（人民币）　　单位：亿元

年份	进出口总额	出口总额	进口总额	进出口差额
1999	29896.23	16159.77	13736.46	2423.31
2000	39273.25	20634.44	18638.81	1995.63
2001	42183.62	22024.44	20159.18	1865.26
2002	51378.15	26947.87	24430.27	2517.60
2003	70483.45	36287.89	34195.56	2092.32
2004	95539.09	49103.33	46435.76	2667.57
2005	116921.77	62648.09	54273.68	8374.41
2006	140974.74	77597.89	63376.86	14221.03
2007	166924.07	93627.14	73296.93	20330.20
2008	179921.47	100394.94	79526.53	20868.41
2009	150648.06	82029.69	68618.37	13411.32
2010	201722.34	107022.84	94699.50	12323.34
2011	236401.95	123240.56	113161.39	10079.16
2012	244160.21	129359.25	114800.96	14558.29
2013	258168.89	137131.43	121037.46	16093.98
2014	264241.77	143883.75	120358.03	23525.72
2015	245502.93	141166.83	104336.10	36830.73
2016	243386.46	138419.29	104967.17	33452.12
2017	278099.24	153309.43	124789.81	28519.62
2018	305008.13	164127.81	140880.32	23247.49

注：1. 进出口数据来源于海关总署。1978 年为外贸业务统计数，1980 年起为海关进出口统计数。2. 货物进出口差额负数为逆差。

资料来源：国家统计局。

贸易的稳定增长会从两个层面影响人民币汇率水平。其一，我国出口商品多数为劳动密集型产品，在国际市场具有价格优势，竞争力较高，因此国际市场对我国商品需求增加，从而对人民币兑换的需求也增加，人民币面临升值压力，大量商品出口换回巨额外汇储备，使国内市场货币供给增加。表4－2展示了20年来我国的黄金储备和外汇储备变化趋势。1999年我国黄金储备为1267万盎司，2018年我国黄金储备为5956万盎司，是1999年的4.7倍，黄金储备年平均增长率为19.5%。就外汇储备而言，1999年我国的外汇储备为1546.75亿美元，2018年这一数值变为30727.12亿美元，是1999年的19.9倍，年增长率为99.5%。2005年汇率制度改革之前，我国实行钉住美元的汇率制度，外汇储备增加，为了维持固定汇率，央行需要在外汇市场进行对冲操作，买入外币，卖出本币，从而使市场上的货币供给增加，人民币面临贬值压力。

表4－2　1999～2018年我国外汇储备和黄金储备

年份	黄金储备（万盎司）	外汇储备（亿美元）
1999	1267	1546.75
2000	1267	1655.74
2001	1608	2121.65
2002	1929	2864.07
2003	1929	4032.51
2004	1929	6099.32
2005	1929	8188.72
2006	1929	10663.44
2007	1929	15282.49
2008	1929	19460.30
2009	3389	23991.52
2010	3389	28473.38
2011	3389	31811.48
2012	3389	33115.89
2013	3389	38213.15
2014	3389	38430.18
2015	5666	33303.62
2016	5924	30105.17
2017	5924	31399.49
2018	5956	30727.12

资料来源：国家统计局。

其二，改革开放以来，随着我国出口和外国直接投资数量的增加，技术创新步伐加快，全要素生产率大幅度提高，从而使人民币汇率升值压力较大。传统的学术研究将专利申请或授权数作为技术创新的指标，将近20年来我国专利申请数和专利授权数进行统计如表4－3所示，1999年我国的专利申请受理数为134239项，专利申请授权数为100156项，授权率为74.6%。20年来我国专利申请受理数稳步提升，2018年专利申请受理数为4323112项，是1999年的32.2倍，年平均增长率为164.2%。专利申请授权数也呈现出相似的趋势，2018年为2447460项，是1999年的24.4倍，年平均增长率为123.2%，我国在专利申请和授权方面的迅速提高从侧面展示了生产效率的增长，按照生产率和汇率之间的关系，经济体生产率的提升加速了货币升值。浮动汇率下人民币汇率变化是各种力量综合作用的结果，需要综合考虑实体经济市场和货币金融的影响，才能准确预估人民币汇率的变化趋势。

表4－3　　1999～2018年我国专利申请数和授权数

年份	专利申请受理数（项）	专利申请授权数（项）
1999	134239	100156
2000	170682	105345
2001	203573	114251
2002	252631	132399
2003	308487	182226
2004	353807	190238
2005	476264	214003
2006	573178	268002
2007	693917	351782
2008	828328	411982
2009	976686	581992
2010	1222286	814825
2011	1633347	960513
2012	2050649	1255138
2013	2377061	1313000
2014	2361243	1302687
2015	2798500	1718192
2016	3464824	1753763
2017	3697845	1836434
2018	4323112	2447460

资料来源：国家统计局。

表4-4展示了1999~2018年我国高技术产品进出口趋势，其中高技术产品进出口额、高技术产品出口额、高技术产品进口额数据截止到2016年，技术市场成交额数据截止到2018年。从高技术产品的成交状况来看，高技术产品市场成交状况呈现稳定上升趋势。以高技术产品进出口额为例，1999年我国高技术产品进出口额为623.02亿美元，其中出口额247.04亿美元，进口额375.98亿美元，进口大于出口，可见在高技术产品领域，我国没有比较优势，主要依靠欧美发达国家的高技术产品。高技术产品进口从另一个方面促进了技术创新和技术扩散，是我国全要素生产率提高的重要推动力。从技术市场成交额来看，1999~2018年，我国技术市场成交额呈现高速增长趋势，1999年我国技术市场成交额为523.45亿元，2018年这一数值增长到17697.42亿元，是1999年的33.8倍，年均增长率为172.8%，我国技术市场成交额迅速增长说明，随着生产规模增大，市场在高技术产品资源配置方面发挥着越来越重要的作用，通过市场使知识和技术流向更加有效的行业，使高科技成果能更快更好转化，同时高效的市场化运作加速了企业增加研发投入和技术创新进程，从而创造更多新技术产品。近年来，电子、新材料、生物医药、新能源等行业获得长足发展，每年有20余万项次科技成果在市场实现向生产力的转换，从而推动力科技产业的腾飞。同时，高新技术产业发展也带动了相关配套服务业的腾飞，并拉动就业，推动产业升级。因此我国高新技术产业迅速发展是国内全要素生产率提高的重要方面，同时，国内生产效率提高推动了人民币升值。

表4-4　　1999~2018年我国高技术产品进出口状况

年份	高技术产品进出口额（亿美元）	高技术产品出口额（亿美元）	高技术产品进口额（亿美元）	技术市场成交额（亿元）
1999	623.02	247.04	375.98	523.45
2000	895.50	370.43	525.07	651.00
2001	1105.59	464.52	641.07	782.75
2002	1507.00	679.00	828.00	884.17
2003	2296.00	1103.00	1193.00	1084.67
2004	3267.00	1654.00	1613.00	1334.36
2005	4159.70	2182.48	1977.08	1551.37
2006	5287.50	2814.50	2473.00	1818.18
2007	6348.00	3478.00	2870.00	2226.53

续表

年份	高技术产品进出口额（亿美元）	高技术产品出口额（亿美元）	高技术产品进口额（亿美元）	技术市场成交额（亿元）
2008	7574.25	4156.06	3418.20	2665.23
2009	6867.84	3769.30	3098.53	3039.00
2010	9050.34	4923.79	4126.55	3906.60
2011	10120.00	5488.00	4632.00	4763.56
2012	11080.30	6011.70	5068.60	6437.07
2013	12185.00	6603.00	5582.00	7469.13
2014	12119.00	6605.00	5514.00	8577.00
2015	12045.88	6552.97	5492.91	9836.00
2016	11278.97	6041.74	5237.24	11407.00
2017	—	—	—	13424.00
2018	—	—	—	17697.42

资料来源：国家统计局。

六、货币供给量对汇率的影响

将1999～2018年我国货币供给量进行统计如表4－5所示。其中，M0为流通中的现金，M1为现金加活期存款，M2为现金、活期存款加定期存款。20年来，我国货币供给量呈现快速上升趋势。从M0来看，1999年我国M0为13455.5亿元，2018年这一数值增加到73208.4亿元，是1999年的5.4倍，年平均增长率为23.4%。从M1来看，1999年我国M1为45837.2亿元，2018年这一数值增加到551685.91亿元，是1999年的12倍多，年平均增长率为56.7%。从M2来看，1999年我国M2为119897.9亿元，2018年这一数值增加到1826744.22亿元，是1999年的15.2倍，年平均增长率为74.9%。

表4－6展示了1999～2018年我国M0、M1和M2的增长率趋势。2009年金融危机期间，我国M1和M2增长率显著，分别达到了33.2%和28.5%，在一定程度上宽松的货币政策刺激社会需求，有助于拉动经济增长。其余年份，M0、M1和M2的增长率保持平稳，总体上看来，2012年之前，货币供给增长率偏高，M2增长率在12.3%～28.5%之间，2013年以后，M2的增长率趋缓，维持在8.1%～13.6%之间，特别是2017和2018年，我国M2年增长率均为8.1%，可以看出，近年来央行对货币供给量比较谨慎。M0和M1的走势与M2相似。

表 4-5　　1999~2018 年我国货币供给量

年份	M2 供应量（亿元）	M2 增长率（%）	M1 供应量（亿元）	M0 供应量（亿元）	国民总收入（亿元）	GDP 增长率（%）	人均 GDP 增长率（%）
1999	119897. 90	—	45837. 20	13455. 50	89366. 50	—	—
2000	134610. 30	12	53147. 20	14652. 70	99066. 10	11	10
2001	158301. 90	18	59871. 60	15688. 80	109276. 20	10	10
2002	185007. 00	17	70881. 80	17278. 00	120480. 40	10	9
2003	221222. 80	20	84118. 60	19746. 00	136576. 30	13	12
2004	254107. 00	15	95969. 70	21468. 30	161415. 40	18	17
2005	298755. 70	18	107278. 80	24031. 70	185998. 90	15	15
2006	345577. 90	16	126028. 10	27072. 62	219028. 50	18	16
2007	403442. 20	17	152560. 10	30375. 20	270704. 00	24	22
2008	475166. 60	18	166217. 13	34218. 96	321229. 50	19	18
2009	610224. 50	28	221445. 80	38247. 00	347934. 90	8	9
2010	725851. 80	19	266621. 54	44628. 17	410354. 10	18	18
2011	851590. 90	17	289847. 70	50748. 46	483392. 80	18	18
2012	974148. 80	14	308664. 23	54659. 77	537329. 00	11	10
2013	1106524. 98	14	337291. 05	58574. 44	588141. 20	9	10
2014	1228374. 81	11	348056. 41	60259. 53	642097. 60	9	8
2015	1392278. 11	13	400953. 44	63216. 58	683390. 50	6	6
2016	1550066. 67	11	486557. 24	68303. 87	737074. 00	8	7
2017	1690235. 31	9	543790. 15	70645. 60	820099. 50	11	10
2018	1826744. 22	8	551685. 91	73208. 40	896915. 60	9	9

资料来源：国家统计局。

表 4-6　　1999~2018 年我国货币增长率　　单位:%

年份	货币和准货币（M2）供应量同比增长率	货币（M1）供应量同比增长率	流通中现金（M0）供应量同比增长率
1999	14. 7	17. 7	20. 1
2000	12. 3	16	8. 9
2001	14. 4	12. 7	7. 1
2002	16. 8	16. 8	10. 1
2003	19. 6	18. 7	14. 3
2004	14. 7	13. 6	8. 7

续表

年份	货币和准货币（M2）供应量同比增长率	货币（M1）供应量同比增长率	流通中现金（M0）供应量同比增长率
2005	17.6	11.8	11.9
2006	16.9	17.5	12.7
2007	16.7	21.1	12.2
2008	17.8	9.1	12.7
2009	28.5	33.2	11.8
2010	19.7	21.2	16.7
2011	13.6	7.9	13.8
2012	13.8	6.5	7.7
2013	13.6	9.3	7.2
2014	12.2	3.2	2.9
2015	13.3	15.2	4.9
2016	11.3	21.4	8.1
2017	8.1	11.8	3.4
2018	8.1	1.5	3.6

资料来源：国家统计局。

货币发行应与国内生产相一致，货币政策为实体经济服务，为了比较实体经济与货币供给之间的关系，将我国2000～2018年M2增长率、GDP增长率和人均GDP增长率进行统计列入表4-7进行对比。由表4-7可见，GDP增长率和人均GDP增长率基本保持一致，2000～2018年间的绝大部分年份，我国货币供给增长率均大于GDP增长率，只有2004年、2006年、2007年、2008年、2017年、2018年M2增长率比GDP增长率略低，宽松的货币政策刺激了社会总需求。2005年我国汇率制度改革政策之前实行的是钉住美元的固定汇率制度，出口增加导致外汇储备增加，为了维持固定汇率制度，央行在外汇市场进行对冲操作，买入外币，卖出本币，增加了市场人民币供给，2005年汇率制度改革以后，M2增长率有所下滑，2009年金融危机期间，为刺激国内疲软的经济，M2增长率出现大幅度增加，从2008年的17.78%增加到2009年的28.42%，之后除2015年之外，货币供给量增长率呈逐年下降趋势，2018年我国M2增长率仅为8.08%。在浮动汇率制度下，人民币汇率取决于市场对货币的需求和国际资本流动状况，同时人民币汇率的自有变动又会反过来影响国际收支平衡和商品进出口。

表 4-7　　2000~2018 年我国 M2、GDP 和人均 GDP 增长率

年份	M2 增长率（%）	GDP 增长率（%）	人均 GDP 增长率（%）
2000	12. 30	10. 85	9. 86
2001	17. 60	10. 31	9. 76
2002	16. 90	10. 25	9. 05
2003	19. 60	13. 36	12. 20
2004	14. 90	18. 19	17. 07
2005	17. 60	15. 23	15. 06
2006	15. 70	17. 76	16. 49
2007	16. 70	23. 59	22. 44
2008	17. 78	18. 66	17. 60
2009	28. 42	8. 31	8. 63
2010	18. 95	17. 94	17. 68
2011	17. 32	17. 80	17. 83
2012	14. 39	11. 16	9. 84
2013	13. 59	9. 46	9. 56
2014	11. 01	9. 17	7. 60
2015	13. 34	6. 43	6. 43
2016	11. 33	7. 86	7. 30
2017	9. 04	11. 26	10. 29
2018	8. 08	9. 37	9. 19

资料来源：根据国家统计局数据计算得来。

七、工资上涨和人民币升值的矛盾

随着我国出口额的增加，国际收支常年呈现顺差，随着劳动供给的减少，劳动力的工资开始出现大规模上涨，人民币升值和工资上涨同时出现。一方面，人民币升值使本国商品价格上升，出口下降，进口增加，有助于国际收支平衡；工资上升助推成本推动型通货膨胀，本国商品的世界价格上涨，减少汇率升值的压力。另一方面，在汇率和工资的调节方面，稳定国内物价而使汇率升值会影响企业的出口，稳定汇率放开物价会造成通货膨胀率持续上

升，影响国内的投资。

在汇率和工资相互联系又相互影响的矛盾下，政府应同时关注和稳定汇率和工资。首先，加大汇率弹性，只有汇率在外在压力的条件下有适当的波动区间，才能稳定经济主体的通货膨胀预期，给工资的上涨提供适当的空间。其次，劳动力工资的调整会间接影响中国对外贸易模式的转变，激励和促使企业由劳动密集型向资本密集型和知识技术密集型转变，推动企业转型和产业升级，加速经济的高质量发展，还可以通过提高企业技术含量增加抗风险能力。工资的上涨加速通货膨胀预期，降低人民币升值预期，减少资本投机商的投机行为，使人民币保持在稳定的水平上有助于实现人民币国际化，进而有助于国际贸易的均衡发展。

八、小结

汇率长期和短期预测方法是不同的。短期而言，汇率波动容易受投机商外汇市场操作的影响，投机商大规模的投机行为引发从众现象，导致汇率变化朝着一致的方向进行，短时间内出现大幅度的波动，而投机商的这种心理行为影响因素复杂，很难预测，因此短时利率波动的规律很难把握。长期汇率受到一国或地区货币政策、通货膨胀和利率的影响，因此关注一国的货币政策可以在一定程度上把握该国长期汇率的变化趋势。汇率波动对长期从事对外投资和贸易的企业意义重大，可以影响企业进出口战略、商品在其他国家的销售状况和企业的投资收益状况。因此，企业应该重点关注本国和合作国家的货币政策、利率状况和通货膨胀率变化。

第四节 模型设定和数据来源

一、模型设定

为考察人民币实际有效汇率波动对职工工资的影响途径，在陈波和贺超群（2013）的基础上，建立以下模型：

$$\ln s_{v,t} = \ln \mathrm{Reer} + \beta_x exshare_{v,t} + \beta_2 \ln tfp_{v,t} + \beta_3 \ln kl_{v,t} + \beta_4 \ln labor + \beta_5 \ln life + \beta_0 + \beta_r + \beta_{ind} + \beta_t + \xi_{v,t} \quad (4.1)$$

其中，下标 v、t 表示企业 v 在时间 t 的取值，$exshare_{v,t}$表示制造业企业的出口密集度，用出口交货值与企业销售产值的比来表示，tfp 表示企业生产率，kl 为企业资本密集度，代表了人均资本占有量，用固定资产净值年平均余额和从业人员数之比来衡量。$labor$ 为企业全部雇佣人员数，用来衡量企业规模以及企业职工人数对工资水平的影响。根据前文的分析，企业在建立初期发放给工人的工资往往较低，将多余的利润用于企业资金周转和融资，在发展后期，融资约束环境宽松，企业会提高工人的工资水平，基于此，用 $life$ 表示企业存活时间，来控制企业生存时间对工资水平的影响。回归方程同时考虑了时间、企业所有制性质、地区差距和行业因素对职工工资的影响，分别用 β_0、β_r、β_{ind}、β_t 表示。其中所有制性质分为国有/集体企业、私营企业和外资企业。地区虚拟变量的选择以企业所在省份进行划分，行业虚拟变量按照国家统计局 GB/T－2 分类方法，选取产业代码的前两位作为产业虚拟变量，来考察企业所在产业的差异对工资水平的影响。

基于前文的分析，分别构造交互项来检验汇率波动通过三种途径对工资水平的影响。其中：

$$W1 = \ln \mathrm{Reer}_{v,t} \times \ln RD \tag{4.2}$$

$$W2 = \ln \mathrm{Reer}_{v,t} \times \ln \mathrm{I} \tag{4.3}$$

$$W3 = \ln \mathrm{Reer}_{v,t} \times Finance \tag{4.4}$$

建立回归方程如下：

$$\begin{aligned} \ln s_{v,t} = {} & \ln \mathrm{Reer} + W1 + \beta_x exshare_{v,t} + \beta_2 \ln tfp_{v,t} + \beta_3 \ln kl_{v,t} + \beta_4 \ln labor \\ & + \beta_5 \ln life + \beta_0 + \beta_r + \beta_{ind} + \beta_t + \xi_{v,t} \end{aligned} \tag{4.5}$$

$$\begin{aligned} \ln s_{v,t} = {} & \ln \mathrm{Reer} + W2 + \beta_x exshare_{v,t} + \beta_2 \ln tfp_{v,t} + \beta_3 \ln kl_{v,t} + \beta_4 \ln labor \\ & + \beta_5 \ln life + \beta_0 + \beta_r + \beta_{ind} + \beta_t + \xi_{v,t} \end{aligned} \tag{4.6}$$

$$\begin{aligned} \ln s_{v,t} = {} & \ln \mathrm{Reer} + W3 + \beta_x exshare_{v,t} + \beta_2 \ln tfp_{v,t} + \beta_3 \ln kl_{v,t} + \beta_4 \ln labor \\ & + \beta_5 \ln life + \beta_0 + \beta_r + \beta_{ind} + \beta_t + \xi_{v,t} \end{aligned} \tag{4.7}$$

在下文的回归中，我们分别考虑了技能工资、非技能工资和平均工资的影响，因此，被解释变量分别用 $lnwage\_h1$、$lnwage\_l1$ 表示以高中及以上学历为标准计算的技能非技能工人的工资；$lnwage\_h2$、$lnwage\_l2$ 分别表示以大专及以上学历为标准计算的技能非技能工人的工资。$\ln s_{v,t}$表示企业技能与非技能工资差距。

二、指标构建

(一) 企业实际有效汇率测算

本书采用算术加权算法计算人民币实际有效汇率，按照百格斯等（Baggs et al.，2009）的计算方法，国家 k 在 t 期的实际有效汇率计算方法为：

$$rer0_{kt} = (E_{k/CNYt}) \times (p_{ct}/p_{kt}) \tag{4.8}$$

其中，$E_{k/CNYt}$表示 t 期人民币汇率与货币 k 的名义汇率（间接标价法），p_{ct}是中国的居民消费价格指数（1999 = 100），p_{kt}是 t 期 k 国的居民消费价格指数（1999 = 100）。然后将每个国家的实际有效汇率折算为以 1999 年为基期的实际有效汇率：

$$rer_{kt} = (rer0_{kt}/rer_{k99}) \times 100 \tag{4.9}$$

最后企业 i 在 t 期的实际有效汇率表示为：

$$\text{Reer}_{it} = \sum^{n} \left(S_{ik} \Big/ \sum^{n} S_{ik} \right) \times rer_{kt} \tag{4.10}$$

$\text{S}_{ik} \Big/ \sum^{n} \text{S}_{ik}$ 表示企业 i 在 t 期与国家 k 的贸易额占其与当期总贸易额的比例。

(二) 全要素生产率的估计

我们通常把总产出中不能用“资本、劳动”等要素投入解释的部分称为“全要素生产率”（TFP），它反映了投入转化为产出的效率，它不仅包含技术进步，而且包含生产的知识、管理、制度和计算误差（鲁晓东和连玉君，2012）。奥利和帕克斯（Olley and Pakes，1996）利用基于一致半参数估计值（consistent semiparametric estimator）方法估计了 TFP。这一方法假定企业根据当前生产率进行投资决策，利用企业当期投资作为生产率冲击的代理变量，同时性偏差问题得以解决。利用 OP 方法可以得出企业层面生产函数的一致性估计，必须以投资与总产出保持单调关系为前提，因此无法估计投资额为零的样本 TFP，从而在进行估计时损失了一部分样本。列文森和彼得林（Levinsohn and Petrin，2003）用中间品投入指标代替投资额，从而扩展了代理变量的选择范围。OP 法和 LP 法都属于半参数处理方法。经过对比，本书选取 LP 方法计算 TFP。根据柯布 - 道格拉斯生产函数：

$$y_{it}=\beta_k k_{it}+\beta_l l_{it}+\beta_m m_{it}+w_{it}+\varepsilon_{it} \tag{4.11}$$

其中，y_{it}、k_{it}、l_{it}和m_{it}分别为企业产出、资本投入、劳动投入和中间品投入。给定k_{it}前提下，m_{it}是w_{it}的单调递增函数，即$m_{it}=m_t(k_{it},\ w_{it})$，其反函数为：

$$w_{it}=h_t(k_{it},m_{it}) \tag{4.12}$$

也就是说，劳动生产率是资本和中间品投入的函数，将（4.12）式代入（4.11）式得：

$$y_{it}=\beta_l l_{it}+\varphi_t(k_{it}+m_{it})+\varepsilon_{it} \tag{4.13}$$

其中，$\varphi_t(k_{it},m_{it})=\beta_t k_{it}+\beta_m m_{it}+h_t(k_{it},\ m_{it})$，首先估计出$\beta_l$和$\varphi_t$，之后将$l_{it}$移到方程左边，在生产率变化服从一阶马尔科夫过程，因此：

$$w_{it}=\mathrm{E}(\omega_{it}|\omega_{it-1})+\xi_{it}=g(\omega_{it})+\xi_{it} \tag{4.14}$$

将式（4.14）代入式（4.11）得到：

$$\begin{aligned}y_{it}-\beta_l l_{it}&=\beta_k k_{it}+\beta_m m_{it}+\omega_{it}+\varepsilon_{it}\\&=\beta_k k_{it}+\beta_m m_{it}+g(\omega_{it-1})+\xi_{it}+\varepsilon_{it}\\&=\beta_k k_{it}+\beta_m m_{it}+g(\varphi_{t-1}-\beta_k k_{it-1}-\beta_m m_{it-1})+\xi_{it}+\varepsilon_{it}\end{aligned} \tag{4.15}$$

其中，$g(\omega_{it-1})$是关于ω_{it-1}的函数，ξ_{it}为$t-1$期和t期之间的信息值，m_{it}是企业在t期的决策变量，可用中间品投入的滞后一期m_{it-1}作为m_{it}的工具变量，用$\varphi_{t-1}-\beta_k k_{it-1}-\beta_m m_{it-1}$表示$g$（$\varphi_{t-1}-\beta_k k_{it-1}-\beta_m m_{it-1}$），通过GMM估计出$\beta_k$和$m_k$的值。

（三）工资水平、研发、投资和融资约束等变量的测算

人民币实际有效汇率波动通过研发、投资和融资约束对职工工资的影响包含三个层次：工人平均工资、技能工人工资和非技能工人工资。

1. 平均工资：本书使用平均工资水平作为实际工资水平，用工业企业数据库中“企业应付工资”与“从业人员数”的商计算得来，为了消除价格水平对工资的影响，企业应付工资使用消费者价格指数进行平减（1999 年为基期）。

2. 技能工资、非技能工资和工资差距：从现有数据中只能得到平均工资水平$\overline{w}$，工资差距$s_{v,t}$和非技能工人工资w_u无法直接获得。但是由平均工资的计算公式可知：

$$\overline{w}=\theta_s w_s+(1-\theta_s)w_u \tag{4.16}$$

其中，θ_s为技能工人的比例，本书使用两种方法对技能和非技能工人进行区分，一种方法是以企业中高中及以上文凭的工人占总工人的比例来衡量技能工人的比例，另一种方法按照大专及以上文凭的工人占总工人的比例来衡量（李平等，2013）。用各省份的农村个人劳动收入作为非技术劳动力的工资 w_u（陈波和贺超，2013）。由式（4.16）可以计算出技能工资，技能工资溢价为：

$$s = (\overline{w}/\theta_s) - (w_u/\theta_s) \tag{4.17}$$

本书将企业内技能工人占比 θ_s 固定为 2004 年的比例，可以避免企业在选择技术与非技术员工时的内生性问题。

3. 企业研发、投资和融资约束

由于数据库中企业研发的数据不全，我们采用企业新产品产值作为研发的代理变量，用长期投资表示企业的投资水平，用利息支出表示企业的融资约束。

三、数据来源

本书使用 2000 ~2007 年中国工业企业数据库和海关数据库的匹配样本进行实证检验，并依据彼沃德等（2013）和戴觅等（2014）的方法，通过三个步骤实现两套数据库中企业的匹配：首先，使用企业名称对两个数据库进行匹配；其次，在原样本中删除已匹配成功的样本，剩余的样本按照企业所在地的邮政编码和企业电话号码后七位进行匹配；最后，在原样本中删除已经匹配成功的样本，剩余样本按照企业所在地的邮政编码和企业联系人进行匹配。工业企业数据库统计全部国有企业及“规模以上”非国有企业，匹配得到样本数 108775 个，数据库中包含企业行业代码、注册登记类型、从业人员总数、固定资产净值、本年应付工资、全部从业人员数等所需数据。我国规模以上企业年出口额从 2000 年的 10.8 亿元上升到 2007 年的 60.4 亿元。2004 年为经济普查年，该报告包含了企业职工的学历构成，即企业员工中研究生及以上、本科、专科、高中、初中及以下工人比例。其他年份企业职工技术构成参照 2004 年比例。

第五节 实证结果

一、三种途径对企业平均工资的影响

对研发、投资和融资约束对企业平均工资的影响进行回归，将结果列入

表4-8。当实际有效汇率升值时，升值通过研发投入对平均工资的影响为-0.004，即企业并没有通过研发提高职工的工资水平。可能的原因是：其一，我国企业研发投入较少，研发周期较长，短期内占用了大部分资金，从而不利于平均工资的增长。其二，我国制造业多为加工贸易，一般贸易比例较少，并且多为模仿创新，缺少自主创新，创新对企业产出的拉动效应还没有显现。研发资金的投入短期内没有起到拉动出口的作用。其三，文中用新产品销售值代替企业研发投入指标，存在滞后性和不准确性。

表4-8　人民币汇率波动影响企业平均工资的途径

变量	(1)	(2)	(3)	(4)	(5)
	lnaverwage	lnaverwage	lnaverwage	lnaverwage	lnaverwage
lnReer	0.018*** (3.943)	0.041*** (4.128)	-0.009*** (-1.903)	0.020*** (4.297)	-0.014 (-1.003)
expshare	-0.033*** (-9.594)	-0.033*** (-5.232)	-0.032*** (-9.381)	-0.034*** (-9.850)	-0.009 (-1.015)
lntfp_lp	0.038*** (16.774)	0.073*** (19.691)	0.041*** (18.133)	0.039*** (17.198)	0.108*** (18.047)
klratio	0.001*** (63.612)	0.001*** (37.954)	0.001*** (59.320)	0.001*** (62.262)	0.001*** (22.927)
lnscale2	0.073*** (35.981)	0.046*** (14.045)	0.059*** (26.829)	0.075*** (36.851)	-0.002 (-0.293)
age	-0.001*** (-6.150)	-0.001*** (-5.627)	-0.001*** (-6.823)	-0.001*** (-6.539)	-0.002*** (-6.049)
W1		-0.004*** (-9.847)			
W2			0.003*** (16.619)		
W3				-0.082*** (-13.562)	
W1.2					0.004*** (5.920)
_cons	8.583*** (62.127)	8.713*** (19.616)	8.711*** (63.040)	8.549*** (61.928)	9.022*** (20.987)
N	108775	33678	108775	108734	16066
R^2	0.245	0.293	0.246	0.246	0.240

注：***、**、*表示分别在1%、5%和10%的显著性水平，( )内为t统计量。

投资显著提高了企业的平均工资水平。基于此，对研发投入的滞后期进行回归发现，研发投资的滞后二期与人民币实际有效汇率的交互项显著提高了企业平均工资水平，影响系数为0.004（回归结果中W1.2表示W1的滞后2期)。由此我们看出，当人民币实际有效汇率升值时，企业采取的研发行为对工人的工资不会起到显著的提升作用，研发投资要经历一定的研发周期才能从技术转化为实际生产力并惠及工人，样本回归显示，从研发到工人平均工资增加需要两年的时间。

相对于研发投入而言，企业投资对工资的拉动作用更加显著快速，影响系数为0.003，并通过了1%的统计水平检验。企业投资设备，扩大规模，形成对劳动力的直接需求，因此职工平均工资水平增长比较显著。在人民币汇率波动时，制造业面临的融资约束严重阻碍了企业工人平均工资的增长。人民币实际有效汇率升值使企业对外面临出口萎缩的难题，国内融资约束难题使企业很难资金周转，无法维持原有的出口规模，也没有资金进行新产品开发，此时，企业一方面降低工人的工资实行融资，另一方面直接缩小规模，解雇员工，以暂时维持企业生存，这种条件下，企业工人的平均工资下降。

二、三种途径对企业技能工人工资的影响

当受到人民币有效汇率升值的冲击时，企业通过研发、投资和融资约束三种途径影响技能工人工资的结果列于表4-9。由第（2）列可以看出，人民币有效汇率升值的当期，研发投入对技能工人工资的影响为-0.003，并且在1%的统计水平显著。这说明，企业通过增加研发投入挤占了工人的工资。在面对外部冲击时，企业短时间内无法进行融资或通过改变生产规模应对危机，只能降低工人工资或者减少雇佣劳动力进行暂时的间接融资。但是一旦新研发的技术成熟，其对生产力的拉动作用就会显现，从第（5）列可以看出，研发滞后两期与实际有效汇率的交互项对技能工人的工资提升效应便会显现，影响系数为0.005，这种对技能工人工资的拉动作用要高于对平均工资的拉动水平（0.003)，说明研发投入的增加对技能劳动的需求更大，在人民币实际有效汇率升值前提下，企业进行研发投入会使技能劳动的边际产出增加更快。

表 4 -9　　人民币汇率波动影响企业技能工人工资的途径

变量	(1)	(2)	(3)	(4)	(5)
	lnwage_agrh1	lnwage_agrh1	lnwage_agrh1	lnwage_agrh1	lnwage_agrh1
lnReer	0. 005 (0. 689)	0. 003 (0. 177)	-0. 008 (-0. 957)	0. 007 (0. 977)	-0. 072 *** (-3. 025)
expshare	0. 097 *** (17. 671)	0. 123 *** (12. 044)	0. 097 *** (17. 735)	0. 096 *** (17. 474)	0. 138 *** (9. 013)
lntfp_lp	0. 022 *** (6. 156)	0. 059 *** (9. 993)	0. 024 *** (6. 533)	0. 024 *** (6. 499)	0. 092 *** (9. 244)
klratio	0. 000 (0. 055)	0. 000 (1. 303)	-0. 000 (-0. 846)	-0. 000 (-0. 901)	-0. 000 (-0. 999)
lnscale2	0. 091 *** (27. 888)	0. 059 *** (11. 239)	0. 084 *** (23. 902)	0. 093 *** (28. 596)	0. 016 *** (1. 817)
age	0. 000 (-0. 734)	-0. 000 (0. 225)	-0. 000 (-0. 926)	-0. 000 (-1. 051)	-0. 000 (-1. 409)
W1		-0. 003 *** (-5. 223)			
W2			0. 001 *** (4. 746)		
W3				-0. 108 *** (-11. 111)	
W1. 2					0. 005 *** (4. 880)
_cons	9. 540 *** (43. 193)	10. 980 *** (15. 437)	9. 598 *** (43. 395)	9. 496 *** (43. 012)	11. 250 *** (15. 746)
N	108775	33678	108775	108734	16066
R^2	0. 096	0. 119	0. 096	0. 097	0. 105

注：***、**、* 表示分别在 1%、5% 和 10% 的显著性水平，(　) 内为 t 统计量。

从表 4 -9 可以看出，人民币实际有效汇率升值通过投资对技能工人工资的影响也显著为正 (0. 001)，而汇率升值通过融资约束对技能工人的影响 (-0. 108)，说明企业投资对技能工人工资的影响幅度相对较低。可能的原因是，企业进行投资，购买设备和原材料多是基于原来的生产技术水平和劳

动力状况进行的改变，是对资源的重组和简单改进，因此对原有非技能水平劳动力的需求数量更多，简单而言，企业购买了设备需要更多工人参加生产，而研发需要技能工人进行匹配，研发的新技术和新成果也需要匹配新的技术人员，同样，融资约束条件下企业投资和研发活动都寸步难行，但是依然对技能工人工资的影响更大，因为技术型工人更难替代，而非技能工人更容易替代。

三、三种途径对企业非技能工人工资的影响

表4-10展示了人民币有效汇率升值时，企业通过研发、投资和融资约束三种途径对非技能工人工资的传递效应。首先，汇率升值使企业研发短期内对非技能工人工资的影响系数是-0.005，可见研发资金对企业利润的占用严重损害了非技能工人的利益，其工资下降幅度最大。长期内，当研发用于企业生产力转化时，非技能工人的工资也获得了显著提高，研发滞后二期与实际有效汇率的交互项对非技能工人工资的影响系数变为0.007，即企业为前期资金占用做了相应补偿。

表4-10 人民币汇率波动影响企业非技能工人工资的途径

变量	(1)	(2)	(3)	(4)	(5)
	lnagrwage	lnagrwage	lnagrwage	lnagrwage	lnagrwage
lnReer	0.036*** (16.593)	0.083*** (24.855)	-0.001 (-0.296)	0.036*** (16.455)	-0.048*** (-13.669)
expshare	-0.024*** (-15.111)	0.005*** (2.467)	-0.023*** (-14.623)	-0.024*** (-15.016)	0.003 (1.367)
lntfp_lp	-0.067*** (-63.362)	-0.026*** (-20.492)	-0.062*** (-58.784)	-0.066*** (-62.499)	-0.017*** (-11.041)
klratio	-0.000 (-12.631)	0.000 (1.159)	-0.000*** (-21.639)	-0.000*** (-12.140)	-0.000 (-0.230)
lnscale2	0.068*** (71.862)	0.039*** (34.542)	0.049*** (48.651)	0.067*** (71.351)	0.003*** (2.643)
age	-0.001*** (-6.726)	-0.001*** (-11.814)	-0.001*** (-8.703)	-0.001*** (-6.576)	-0.002*** (-20.340)

续表

变量	(1)	(2)	(3)	(4)	(5)
	lnagrwage	lnagrwage	lnagrwage	lnagrwage	lnagrwage
W1		-0.005*** (36.933)			
W2			0.004*** (47.540)		
W3				0.145*** (7.772)	
W1.2					0.007*** (43.255)
_cons	7.766*** (121.314)	7.889*** (52.416)	7.935*** (125.042)	7.772*** (121.401)	8.552*** (79.419)
N	108775	33678	108775	108734	16066
R^2	0.856	0.933	0.859	0.856	0.960

注：***、**、*表示分别在1%、5%和10%的显著性水平，（ ）内为t统计量。

企业为应对汇率升值采取的投资行为显著促进了非技能工人工资的提高，影响系数为0.004，企业投资行为扩大了生产规模，改进了资源配置结构，对非技能劳动的需求有所增加。但是融资约束对非技能劳动工资的增加产生了显著的正效应，影响系数为0.145，可能的原因是，企业在资金约束紧张的前提下，面对汇率波动，无法进行资本购进和研发，只能通过价格战应对外部的冲击，于是进行大量生产，产品种类和产品质量得不到提升，只能通过延长工人工作时间来降低成本，因此对技术水平要求不高的非技能劳动的需求增加，或者原有劳动力需求水平上的产出增加，因此非技能劳动的工资是上升的。

四、三种途径对企业工资差距的影响

人民币实际有效汇率升值时，企业通过研发、投资和融资约束三种途径对技能非技能工人工资差距的影响见表4-11。可见，企业面临汇率波动外部冲击时，企业当期研发投入增加会减小技能和非技能工人之间的工资差距，而长期则会扩大技能非技能工人之间的工资差距。

表 4-11 人民币汇率波动影响技能工资差距的途径

变量	(1)	(2)	(3)	(4)	(5)
	lns	lns	lns	lns	lns
lnReer	-0.002 (-0.222)	-0.024 (-1.034)	-0.003 (-0.264)	-0.001 (-0.046)	-0.115*** (-3.270)
expshare	0.160*** (19.716)	0.194*** (12.693)	0.160*** (19.716)	0.159*** (19.592)	0.220*** (9.561)
lntfp_lp	0.009 (1.610)	0.046*** (5.103)	0.009 (1.617)	0.010* (1.818)	0.074*** (4.978)
klratio	-0.001*** (-22.264)	-0.001*** (-11.450)	-0.001*** (-21.868)	-0.001*** (-22.770)	-0.001*** (-8.024)
lnscale2	0.095*** (19.684)	0.066*** (8.247)	0.094*** (18.098)	0.097*** (20.104)	0.027* (2.069)
age	0.003*** (6.596)	0.003*** (5.246)	0.003*** (6.583)	0.003*** (6.401)	0.002** (2.361)
W1		-0.003*** (-3.482)			
W2			0.0001 (0.161)		
W3				-0.097*** (6.778)	
W1.2					0.005*** (3.370)
_cons	8.924*** (27.279)	10850*** (10.158)	8.927*** (27.245)	8.885*** (27.160)	11.140*** (10.419)
N	108775	33678	108775	108734	16066
R^2	0.082	0.096	0.082	0.856	0.092

注：***、**、*表示分别在1%、5%和10%的显著性水平，( ) 内为t统计量。

这是因为，当汇率升值时，为了维持生存，尽可能维持原有的利润，节省资金并减少损失，企业会降低产品价格，增加产量，因此对非技能劳动的需求会增加，或者在原有的劳动力水平上增加工作时间以增加产量。研发发生初期，技术未成熟，因此对技能劳动的需求仅限于研发人才，生产中技能劳动的需求量有限，因此企业高低技能劳动之间的工资差距减小。而到了研发后期，技术成果应用于生产，新技术对技能劳动的需求迅速加大，而对非技能劳动的需求增加不大甚至有所减少，因此，当新的研发成果应用于企业生产时，技能非技能劳动之间的差距扩大效应是显著的。

企业投资通过汇率波动对技能非技能劳动之间的工资差距影响不显著。企业基于原有的技术水平进行投资，技能劳动和非技能劳动之间的配置比例不会发生很大变化，加之我国出口企业中加工贸易比重较大，投资的增加会同时增加对技能非技能劳动的需求。融资约束减小了技能非技能劳动之间的工资差距，原因是在收紧的融资约束限制下，企业资金来源受到限制，只能在原有的基础上扩大生产增加产量，对非技能劳动的需求相对更多，或者非技能劳动工作时间增加从而增加了工资水平。从另一个角度说明，宽松的金融环境有利于企业扩大生产规模，提高技术水平，加大对技能工人的雇佣和工资水平。

第六节　结论和政策建议

一、结论

基于 2000 ~ 2007 年中国工业企业数据库和海关数据库的匹配数据，在测算人民币实际有效汇率的基础上，分别检验了人民币实际有效汇率通过研发、投资和融资约束对企业平均工资水平和技能非技能工资差距的影响。研究发现：（1）短期内研发会挤占企业利润，造成职工平均工资减少；当研发成果投入生产，则会提高企业劳动生产率和职工的平均工资。增加投资和宽松的融资环境会增加企业平均工资水平。（2）汇率升值对技能工人工资的影响和对平均工资的影响类似，通过短期研发降低技能工资水平，长期提高技能工资水平，投资提高技能工资水平，融资约束降低技能工资水平。（3）企业受到汇率波动冲击时，宽松的融资环境反而不利于非技能工人工资水平提高。（4）研发投入短期减小工资差距，长期拉大工资差距，投资对工资差距的影响不显著，宽松的融资环境会拉大工资差距，紧缩的融资环境缩小工资差距。企业增加投资对非技能工人工资的影响更显著，而研发对技能工人的工资影响更显著。

二、政策建议

就投资而言，一方面，人民币实际有效汇率升值通过出口减少、企业利润减少、进口产品竞争加剧等途径对企业投资造成很大的冲击，因此央行在制定汇率政策时，要充分考虑汇率升值对制造业的冲击，适当控制升值幅度。另一方面，人民币有效汇率升值通过进口成本降低增加了产品进口，促进企业投资，随着我国进口规模的逐渐扩大，进口效应对劳动力需求的增加日益显著，政府可以在此基础上积极引导企业行为，使企业扩大生产规模，加快劳动力就业和再培训，减少技能劳动和非技能劳动之间的工资差距。同时，在改革过程中要关注不同所有制企业的投资引导，积极解决这些企业的融资问题，掌握改革和经济结构调整的主动权，避免不同所有制企业在汇率改革过程中的工资水平波动和工资差距过大。

2005 年 7 月 21 日人民币汇率制度改革加速了制造业投资固定资产比例，政府应密切关注不同所有制企业的投资变化，使企业投资与劳动力就业相匹配，充分发挥企业固定资产投资在解决就业和缩小工资差距之间的作用。我国与发达国家之间的差距主要表现在技术差距上，这主要依靠提高自主创新能力来提高。我国制造业企业目前存在压低工人工资，特别是非技能工人工资而获取利润的现象，而不是依靠企业技术创新和技术进步实现利润增长。长期创新不足会影响企业竞争力的提高，不利于我国综合国力的提高。当人民币有效汇率升值时，企业通过增加研发投入提高工人工资水平，减小工资差距。我国国家政策初次分配实施向劳动倾斜的方针，因此政府应适当引导企业走出低成本的误区，保障职工的权利，建立职工工资增长与企业发展适应的工资制度，从而激励企业研发投入和自主创新。另外，为了保障非技能工人工资水平，国家应该对工资水平从总体上进行调控，防止技能非技能工资差距过大，调节收入差距，从而为企业技术创新和技术改进提供动力。

同时，职工工资水平增长不能脱离企业的实际发展水平，过高的工资可能会减少企业利润，减少了企业的进一步研发投入，从而使企业发展阻力加大。在实际生产中，要充分发挥企业研发对工资的拉动作用，以及工资水平对企业研发的激励作用，二者相互促进，相互协调，达到最优状态。我国应加快利率市场改革，加强对中小型出口企业的信用支持，并改变金融资源分配中对企业所有制的歧视，从而推动我国的收入水平提高和收入差距减小。

发展资本市场，为企业融资扩大资金来源，降低私营企业融资门槛，发挥金融市场对改善制造业企业工人工资收入方面的作用，使企业在面临汇率波动冲击时，能够通过资金融通渡过难关。加强社会信用体系建设，提高金融市场资金的配置效率，让资金流向生产率最高、经营最好的企业。对于融资约束对出口企业就业和工资水平，特别是非技能工人工资水平的影响，政府应加大对出口企业的扶持力度。否则在外部需求萎缩和内部融资约束条件下，出口企业将面临更大困境。加强对非国有企业的融资支持，把向低效率国有企业倾斜的资金转向高效率的民营企业，降低民营企业融资门槛，为民营企业吸纳就业、提高工资水平和减少技能非技能工资差距创造条件。

第五章

人民币实际有效汇率对工资的技能溢价效应

第一节　问题的提出

汇率升值使我国制造业面临外部市场萎缩的困境，工资上涨又使其面临内部成本上升的压力，2004 年 1 月开始，广东东莞出现了民工短缺的现象，很快民工荒从珠三角和长三角地区迅速波及环渤海湾地区。我国从劳动力大量廉价供给的人口红利转向“民工荒”。民工荒在一定程度上体现了我国劳动力供给短缺和工资上涨的现状。2000 年我国工业企业工人平均工资、技能工资、非技能工资和技能非技能工资溢价分别为：12869.4 元、43102.68 元、1669.296 元、30233.28 元，到 2007 年，相应的工资水平为 21619.58 元、73694.3 元、3334.716 元、52074.72 元，年平均增长率分别为 7.84%，8.13%，10.42%，8.26%；汇率升值和工资上涨使得企业生产成本急剧上升，我国是出口大国，作为经济增长的三驾马车之一，出口担负着拉动国民经济的重任，在工人工资上涨和汇率上升对企业的冲击下，企业为了生存会调整对生产成本的使用，资本和劳工，技能劳动和非技能劳动之间的替代就显得格外重要。从技术创新视角而言，为了维持生存，企业会增加研发和技能人才的投入，以期通过提高劳动生产率和资本利用率来提高生产效率并促进产业升级，这种决策势必引起对技能劳动的需求增加和对非技能劳动需求的减少。

陈波、贺超群（2013）假设技能工人与非技能工人工资差距取决于两者所获得的与异质性企业利润挂钩的绩效工资，通过研究技能与非技能工人间的工资差距发现，贸易自由化使企业利润上升，如果技能工人具有更高讨价还价能力，会使其绩效工资上升而拉大与非技能工人的工资差距。安华与孙

（Anwar and Sun，2012）通过衡量异质性企业间的工资差距，对本国2000年、2003年和2006年企业数据进行实证研究发现，出口会增加技能工人和非技能工人的工资溢价，这种测量方法没有涉及企业内部技能工人和非技能工人的工资差距。霍夫曼（Hoffmann，2004）通过经验研究发现，发达国家的工资和汇率弹性呈正相关，而发展中国家汇率稳定则有利于工资上涨。米斯拉和斯皮林伯格（Mishra and Spilimbergo，2009）进一步研究了内外劳动力市场一体化对汇率波动和工资水平的关系发现，劳动力自由流动程度越高的国家，工资变化对汇率波动的反应弹性越大，即劳动力流动障碍越小，汇率对工资影响的传导机制越完全。但是施纳布尔和齐格勒（Schnabl and Ziegler，2011）对东欧国家的实证检验证明，实行固定汇率制度的国家，工人的工资增长更快。

人民币汇率波动对企业员工工资水平以及技能和非技能工人之间的工资差距造成了显著影响，同时对成本推动型通货膨胀压力下，央行采取怎样的货币、汇率政策有积极的意义。已有文献证实汇率波动对企业就业和工资水平具有差异性影响，但汇率波动对企业内部工资结构和技能非技能工资差距的冲击，目前研究相对缺乏。基于此，本书尝试解决以下几个问题：（1）人民币实际有效汇率波动如何通过进口途径和出口途径影响企业职工工资？（2）实际有效汇率波动影响企业技能工资差距的动态特征如何？（3）人民币实际有效汇率波动对工资差距的影响是否因企业性质和贸易方式的不同而不同？（4）人民币实际有效汇率波动对工资水平和工资差距的影响表现出怎样的动态特征？（5）人民币实际有效汇率波动如何影响企业的投资和出口行为？

人民币实际有效汇率通过影响进出口产品的相对价格影响企业成本和利润，进而影响企业对劳动要素的需求和工人工资。基于中国工业企业数据库和海关数据库的匹配样本，就人民币实际有效汇率对微观企业工资水平和工资差距的影响进行实证检验发现：（1）人民币实际有效汇率升值使企业技能和非技能劳动的工资水平都有所提高，但对技能劳动的工资水平拉动幅度更大，技能非技能劳动的工资差距持续拉大。（2）人民币实际有效汇率主要通过出口途径对企业工资水平和工资差距产生影响。（3）人民币汇率升值促进了企业投资和出口的增加，对研发的作用效果不显著。

第二节　模型设定、变量选取和数据说明

一、模型设定

在前人研究的基础上，构建以下计量模型考察实际有效汇率波动对企业工资水平和工资结构的影响。

$$\Delta y_{it} = \alpha_0 + \alpha_1 \Delta R_t^X XS_{i,t} + \alpha_2 XS_{i,t} + \alpha_3 \Delta R_t^X + \alpha_4 \Delta R_t^I IS_{ij,t} + \alpha_5 IS_{i,t} + \alpha_6 \Delta R_t^I + X_{it}\beta + \theta_j + \theta_t + u_{it} \quad (5.1)$$

回归使用所有变量的一阶差分形式。i、t 分别表示企业和时间，Δy_{it}表示企业工资变化量。ΔR_t 表示实际有效汇率变化，R_t^X 表示出口实际有效汇率，考量了由于企业因出口国家不同，汇率波动对本国工资的影响。R_t^I 表示进口实际有效汇率，考量了由于中间品投入来源国差异，汇率波动对本国工资的影响。$XS_{ij,t-1}$为企业出口占收入的份额，其取值范围为［0，1］，代表了企业在收入方面对工资变化的影响。$IS_{ij,t-1}$为进口中间产品在所有投入支出中的比例，表示企业在成本方面对工资变化的影响。θ_j 为行业固定效应，表示就业的行业趋势，在技能劳动就业回归中，这一趋势代表了行业技能结构固定差别。θ_t 表示时间趋势项，表示重大事件对企业的共同冲击，如价格、需求、利率、财政政策。u_{it}为外生的随机干扰项。X_{ijt}为控制变量，主要包括三个变量，其中，国外 GDP 增长率 *expdpg*，用来表示企业外部需求的变化；企业收入 *inco* 和利润 *profit*，用来表述企业的产出和盈利状况。出口实际有效汇率与出口占比的交叉项 $\Delta R_t^X XS_{i,t-1}$表示实际有效汇率通过出口途径影响企业工资结构。进口实际有效汇率与中间品进口占比的交叉项 $\Delta R_t^I IS_{ij,t-1}$表示实际有效汇率通过中间品进口途径影响企业工资结构。在此基础上计算出口实际有效汇率弹性和进口实际有效汇率弹性分别为：

$$\varepsilon_{R^x} = \alpha_1 XS_{it} + \alpha_3 \quad (5.2)$$

$$\varepsilon_{R^I} = \alpha_4 IS_{it} + \alpha_6 \quad (5.3)$$

其中，ε_{R^x}为出口实际有效汇率弹性，表示实际有效汇率每变化1%，企业工资通过出口途径引起的变化程度；ε_{R^i}为进口实际有效汇率弹性，表示实际有效汇率每变化1%，企业工资通过中间品进口途径引起的变化程度。通过数据统计得出 XS_{it}均值为0.07，IS_{it}均值为0.03，将回归系数代入式（5.2）和

式（5.3）可以计算出实际有效汇率弹性和进口实际有效汇率弹性。

实际有效汇率的变化是由于贸易的地理位置、主要贸易对象国家的汇率与本国相对汇率的变化引起的。在样本的不同期内，汇率波动幅度有所差异。方程的右侧既考虑了企业收益（出口占总收入的比重）的变化，又考虑了企业成本（中间品进口占进口成本的比例）的变化。交叉项表示汇率波动既能通过影响企业的成本（成本价格导致成本替代）进而影响其对技能劳动和非技能劳动的需求，又会通过影响企业产量结构（企业倾向生产高质量产品）的变化进而影响其在劳动成本结构方面的选择。

二、指标测度

（一）人民币实际有效汇率的测度

本书采用算术加权算法计算人民币实际有效汇率，按照百格斯等（2009）的计算方法，国家 k 在 t 期的实际有效汇率计算方法为：

$$rer0_{kt} = (E_{k/CNYt}) \times (p_{ct}/p_{kt}) \tag{5.4}$$

其中，$E_{k/CNYt}$表示 t 期人民币汇率与货币 k 的名义汇率（间接标价法）。p_{ct}是中国的居民消费价格指数（1999 = 100），p_{kt}是 t 期 k 国的居民消费价格指数（1999 = 100）。然后将每个国家的实际有效汇率折算为以 1999 年为基期的实际有效汇率：

$$rer_{kt} = (rer0_{kt}/rer_{k99}) \times 100 \tag{5.5}$$

最后企业 i 在 t 期的实际有效汇率表示为：

$$\text{Reer}_{it} = \sum^{n}\left(S_{ik}\Big/\sum^{n}S_{ik}\right) \times rer_{kt} \tag{5.6}$$

$\text{S}_{ik}\Big/\sum^{n}\text{S}_{ik}$ 表示企业 i 在 t 期与国家 k 的贸易额占其与当期总贸易额的比例。

进口实际有效汇率：

$im\text{Reer}_{it} = \sum^{n}\left(\text{I}_{ik}\Big/\sum^{n}\text{I}_{ik}\right) \times rer_{kt}$，$\text{I}_{ik}\Big/\sum^{n}\text{I}_{ik}$ 表示企业 i 在 t 期从国家 k 的中间品进口额占其与当期总进口额的比例。

$ex\text{Reer}_{it} = \sum^{n}\left(X_{ik}\Big/\sum^{n}X_{ik}\right) \times rer_{kt}$，$X_{ik}\Big/\sum^{n}X_{ik}$ 表示企业 i 在 t 期向国家 k 的出口额占其与当期总出口额的比例。

（二）平均工资水平的测度

本书使用平均工资水平作为实际工资水平，用工业企业数据库中“企业应付工资”与“从业人员数”的商计算得来，为了消除价格水平对工资的影响，企业应付工资使用消费者价格指数进行平减（1999 年为基期）。

（三）工资差距的测度

从现有数据中只能得到平均工资水平 $\overline{w}$，工资差距 $s_{v,t}$ 和非技能工人工资 w_u 无法直接获得。但是由平均工资的计算公式可知：

$$\overline{w}=\theta_s w_s+(1-\theta_s)w_u \tag{5.7}$$

其中 θ_s 为技能工人的比例，本书使用两种方法对技能和非技能工人进行区分，一种方法是以企业中高中及以上文凭的工人占总工人的比例来衡量技能工人的比例，另一种方法按照大专及以上文凭的工人占总工人的比例来衡量（李平等，2013）。用各省份的农村个人劳动收入作为非技术劳动力的工资 w_u（陈波和贺超，2013）。由此可以计算技能工资溢价：

$$s=(\overline{w}/\theta_s)-(w_u/\theta_s) \tag{5.8}$$

本书将企业内技能工人占比 θ_s 固定为 2004 年的比例，可以避免企业在选择技术与非技术员工时的内生性问题。

三、数据来源

本书使用 2000～2007 年中国工业企业数据库和海关数据库的匹配样本进行实证检验，并依据彼沃德等（2013）和戴觅等（2014）的方法，通过三个步骤实现两套数据库中企业的匹配：首先，使用企业名称对两个数据库进行匹配；其次，在原样本中删除已匹配成功的样本，剩余的样本按照企业所在地的邮政编码和企业电话号码后七位进行匹配；最后，在原样本中删除已经匹配成功的样本，剩余样本按照企业所在地的邮政编码和企业联系人进行匹配。之后对匹配成功的样本，进行几点处理：（1）剔除企业平均工资、销售额为零值或负值的样本；（2）剔除企业代码不能一一对应的样本，删除企业商品价格、贸易量或贸易额为零或负的样本；（3）剔除总资产小于固定资产净值、总资产小于流动资产，累计折旧小于当期折旧的样本，因为这些企业记账不符合会计准则；（4）剔除企业人数小于 8 的企业，因为如果企业职工人数小于 8，那么企业缺乏有效会计系统；（5）剔除中间投入品金额、固定资产净值年平均余额、实收资本、固定资产以及工业增加值为零值或负值的样本；（6）去除重复企业样本。

第三节 估计结果

一、人民币汇率波动对工资的影响

首先检验汇率波动对企业技能非技能工人工资水平和工资差距进行检验，将回归结果列入表5-1。其中lnwage_agrh1表示以高中及以上学历为标准进行分类的技能工人工资水平，lnwage_agrh2表示以大专及以上学历为标准进行分类的技能工人工资水平，lnagrwage、lns分别表示非技能工人工资水平和技能非技能工人的工资差距。汇率波动对工人工资的影响可以通过出口汇率弹性 ε_{Rx}、进口汇率弹性 ε_{Ri} 表现出来。

表5-1 人民币汇率波动对技能非技能工资水平的影响

变量	(1)	(2)	(3)	(4)
	lnwage_agrh1	lnwage_agrh2	lnagrwage	lns
exRxs	0.716*** (4.220)	0.718*** (3.987)	0.020*** (22.508)	0.463* (1.799)
imRis	-0.063* (-1.691)	-0.060 (-1.499)	-0.130*** (-12.931)	-0.063 (-1.105)
dlnexReer	0.039*** (3.237)	0.039*** (3.058)	0.022*** (6.960)	0.051*** (2.791)
dlnimReer	-0.009*** (-6.331)	-0.009*** (-5.907)	-0.009*** (-23.863)	-0.008*** (-3.760)
xs	0.425*** (13.659)	0.436*** (13.201)	-0.038*** (-4.535)	-0.161*** (-4.751)
is	0.003 (0.123)	0.006 (0.263)	-0.068*** (-11.354)	0.675*** (14.281)
dexgdpg	-0.041 (-0.285)	-0.043 (-0.277)	0.326*** (8.403)	-0.165 (-0.749)

续表

变量	(1)	(2)	(3)	(4)
	lnwage_agrh1	lnwage_agrh2	lnagrwage	lns
profit	0.031 *** (4.023)	0.033 *** (3.984)	-0.001 (-0.260)	0.065 *** (22.203)
inco	0.100 *** (51.635)	0.105 *** (50.837)	0.012 *** (23.415)	0.032 *** (2.699)
ε_{Rx}	0.089 ***	0.089 ***	0.024 ***	0.083 ***
ε_{Ri}	-0.011 ***	-0.011 ***	-0.013 ***	-0.010 ***
_cons	9.893 *** (60.707)	9.766 *** (56.435)	8.146 *** (187.029)	9.771 *** (39.477)
地区效应	YES	YES	YES	YES
行业效应	YES	YES	YES	YES
N	98780	98780	98780	98780
R^2	0.091	0.077	0.872	0.070

注：***、**、*表示分别在1%、5%和10%的显著性水平，( )内为t统计量。

以第（1）列为例，人民币实际有效汇率每升值1%，技能工人的工资会通过出口收益收缩途径上升0.089%，而通过进口成本下降途径下降0.011%；由第（3）列可以看出，人民币实际有效汇率每升值1%，非技能工人的工资会通过出口收益收缩途径上升0.024%，而通过进口成本下降途径下降0.013%。总体而言，不论对技能劳动还是非技能劳动而言，出口收益下降效应占主导，远大于进口成本下降对工资水平造成的影响。原因是我国是出口大国，出口在我国经济中的作用和对劳动力就业的作用举足轻重。进口中间品数量比较少，进口占企业总投入比例小，对劳动力就业的冲击相对较弱。

汇率波动对技能劳动和非技能劳动的工资差距也有类似的影响，由第（4）列可以看出，人民币实际有效汇率每升值1%，工资差距通过出口收益收缩途径上升0.083%，而通过进口成本下降途径下降0.010%。可见，当面临人民币汇率升值时，技能和非技能工人工资同时上升，但是技能非技能的工资差距来源于技能工人工资增长迅速而非技能工资增长迟缓，从而导致技能非技能工资差距减小。

二、人民币汇率波动对工资差距的异质性影响

（一）企业所有制异质性

在区分企业类型时，国有资本/实收资本≥0.5或国有控股企业为国有企业。就工资差距而言，汇率波动对国有企业工资差距影响较小，而对私营和外资企业工资差距影响较大（见表5－2）。但是对外资企业的冲击更加显著。汇率每升值1%，通过出口收益减少效应增加外资企业的工资差距0.094%。汇率升值对外资企业工资差距影响更显著，主要原因可能是外资企业市场化程度比较高，对市场信息反应迅速，因此汇率信号对劳动力市场结构变化的传导效应比较完全。当实际有效汇率升值时，企业生产要素调整经过很短的时间就能完成，并实现利润最大化的新规模和产品生产结构。实际有效汇率升值依然主要通过出口利润减小途径影响外资企业内部技能工资差距。

表5－2　人民币汇率波动对国有、私营、外资企业工资差距的影响

变量	国有企业	私营企业	外资企业
exRxs	－0.688 (－0.646)	0.799 (1.014)	0.356 (1.208)
imRis	0.085 (0.775)	0.844* (1.902)	－0.132* (－1.922)
xs	0.971*** (4.779)	1.653*** (9.264)	0.540*** (10.341)
is	0.008 (0.041)	－1.079*** (－5.173)	－0.136*** (－3.747)
dlnexReer	0.033 (0.851)	0.024 (0.659)	0.069*** (2.687)
dlnimReer	－0.003 (－0.623)	－0.006 (－1.407)	－0.013*** (－4.223)
dexgdpg	0.228 (0.441)	－1.586*** (－2.793)	－0.169 (－0.626)
profit	0.006 (0.509)	0.146 (1.439)	0.128*** (4.463)

续表

变量	国有企业	私营企业	外资企业
inco	0.100*** (14.487)	0.079*** (9.918)	0.057*** (15.602)
ε_{Rx}	-0.015	0.080	0.094***
ε_{Ri}	-0.000	0.020*	-0.017***
_cons	9.378*** (35.847)	7.798*** (16.310)	9.929*** (14.600)
N	12573	16008	69460
R^2	0.115	0.082	0.070

（二）汇率波动对纺织、服装、皮革行业的影响

我国出口中纺织、服装和皮革类产品占据了主要地位，以 2006 年为例，全国纺织品服装进出口额达到 1620.6 亿美元，同比增长 22.6%，占全国货物贸易总额的 9.2%。鉴于纺织、服装、皮革在我国进出口贸易和国民经济中的重要地位，本书单独把纺织、服装和皮革行业样本进行检验。本书纺织、服装和皮革行业样本总共 21732 个，两位行业代码分别是 17、18 和 19。汇率波动对三种行业工资和技能非技能工资差距的影响进行回归结果见表 5-3。由回归结果可知，汇率波动对纺织、服装、皮革业工资水平和工资差距的影响更加显著，由于这三大行业出口比例较高，属于劳动密集型产业，当实际有效汇率升值时，出口国家订单销量的下降直接冲击着这些企业的生存。

表 5-3　人民币汇率波动对纺织、服装和皮革企业工人工资水平和工资差距的影响

变量	(1)	(2)	(3)
	技能工资	非技能工资	工资差距
exRxs	-0.344 (-1.051)	0.667*** (8.446)	-0.060 (-1.396)
imRis	-0.099 (-0.729)	-0.358*** (-11.008)	0.053 (0.258)
xs	0.896*** (12.000)	-0.111*** (-6.153)	1.137*** (10.551)
is	0.066 (1.311)	-0.030** (-2.506)	0.105 (1.449)

续表

变量	(1)	(2)	(3)
	技能工资	非技能工资	工资差距
dlnexReer	0.170*** (4.778)	0.093*** (10.901)	0.160*** (3.130)
dlnimReer	-0.009*** (-2.633)	-0.009*** (-11.264)	-0.009* (-1.825)
dexgdpg	0.115 (0.366)	0.317*** (4.196)	0.0115 (0.025)
profit	-0.009 (-0.621)	0.005 (1.275)	-0.017 (0.777)
inco	0.092*** (16.988)	0.012*** (9.275)	0.088*** (11.247)
ε_{Rx}	0.146***	0.140***	0.156***
ε_{Ri}	-0.012***	-0.020***	-0.007*
_cons	9.248*** (119.256)	8.205*** (439.054)	8.485*** (75.774)
N	21732	21732	21732
R^2	0.097	0.852	0.072

从汇率升值对就业和工资的出口弹性来看，实际有效汇率每升值1%，技能工人工资上升0.146%，而非技能工人工资上升0.140%，工资差距持续拉大0.156%。同时，汇率波动通过进口成本减小途径缩小工资差距幅度比较小（0.007%），无法抵消升值对其造成的冲击。原因是我国进口比例相对比较低，进口国家少，汇率波动的影响范围和强度较小。因此成本减少远远无法抵消企业出口收益下降造成的损失。由此，汇率对我国纺织服装皮革行业工资结构的影响主要是通过影响外部需求进而影响劳动力市场实现的。

（三）企业贸易方式异质性

根据企业贸易方式的不同分为一般贸易和加工外贸企业。全样本中从事一般贸易的企业约占2/3，加工外贸企业约1/3。由表5-4可以看出，实际有效汇率每升值1%，一般外贸企业因出口收益下降导致技能工人工资上升0.066%，非技能工人工资上升0.082%，因进口成本下降导致技能工人工资下降0.006%，非技能工人工资下降0.006%。技能非技能工人工资差距减小，非技能工人工资上升幅度高于技能工人。对于一般外贸企业而言，市场对非技能劳动的相对需求依然是旺盛的。由于汇率波动，通过成本降低效应提高了工人工资，减少技能工资差距。

表5-4 人民币汇率波动对一般外贸企业工资水平和工资差距的影响

变量	(1)	(2)	(3)
	技能工资	非技能工资	工资差距
exRxs	0.557** (2.357)	0.975*** (15.699)	0.045 (0.223)
imRis	-0.006 (-0.076)	-0.049** (-2.378)	-0.102* (-1.729)
xs	0.784*** (14.657)	0.080*** (5.678)	-0.027 (-0.579)
is	0.216*** (3.431)	-0.138*** (-8.389)	0.0287 (0.569)
dlnexReer	0.027** (1.970)	0.014*** (3.961)	-0.004 (-0.352)
dlnimReer	-0.006*** (-3.772)	-0.005*** (-13.576)	0.0002 (0.179)
dexgdpg	-0.216 (-1.172)	-0.107** (-2.211)	0.047 (0.240)
profit	0.028*** (2.993)	-0.001 (-0.587)	-0.009 (-1.191)
inco	0.109*** (44.191)	0.014*** (21.365)	0.0154*** (7.023)
ε_{Rx}	0.066**	0.082***	-0.001
ε_{Ri}	-0.006***	-0.006***	-0.003*
_cons	9.675*** (57.040)	8.097*** (181.693)	-0.0482 (-0.290)
R^2	0.107	0.896	0.004
N	65866	65866	44094

对于加工外贸企业而言，与一般外贸企业的就业和技能工资差距变化趋势不同。由表5-5可以看出，实际有效汇率每升值1%，技能劳动平均工资上升0.162%，非技能劳动平均工资上升0.145%，而技能非技能工资差距拉

大了0.149%。同样，汇率升值通过降低进口成本增加了对劳动的需求，从而增加了企业劳动力就业，降低工人工资水平，并减小了技能工资差距。但是这一成本缩小效应依然占辅助地位，无法扭转出口受挫带来的工资差距的拉大和技能工人相对需求增加的趋势。

表5-5　人民币汇率波动对加工外贸企业工资水平和工资差距的影响

变量	(1)	(2)	(3)
	技能工资	非技能工资	工资差距
exRxs	0.789*** (3.055)	0.948*** (13.711)	0.669* (1.655)
imRis	-0.053 (-1.196)	-0.094*** (-7.901)	-0.047 (-0.666)
xs	0.238*** (5.929)	-0.061*** (-5.682)	0.382*** (6.085)
is	0.036 (1.406)	-0.016** (-2.395)	-0.048 (-1.200)
dlnexReer	0.107*** (3.669)	0.078*** (10.044)	0.102** (2.243)
dlnimReer	-0.034*** (-8.132)	-0.037*** (-32.354)	-0.035*** (-5.364)
dexgdpg	0.230 (0.975)	0.937*** (14.796)	0.0717 (0.194)
profit	0.034** (2.506)	-0.002 (-0.665)	0.034 (1.620)
inco	0.092*** (27.993)	0.014*** (15.715)	0.034*** (6.621)
ε_{Rx}	0.162***	0.145***	0.149**
ε_{Ri}	-0.036***	-0.039***	-0.037***
_cons	11.060*** (19.979)	8.333*** (56.215)	11.420*** (13.176)
N	32914	32914	32914

通过对比发现，汇率波动对加工外贸企业就业和工资的影响弹性均大于一般外贸企业，且一般外贸企业技能非技能工资差距减小，加工外贸企业工资差距加大。这是因为加工贸易直接与国外市场对接，当面临人民币汇率升值时，国外厂商很容易将生产加工业务转移到劳动力成本更加廉价的其他国家进行生产，这些国外企业会时时关注汇率波动对其生产成本的影响并及时调整生产方式，以应对成本变化带来的冲击。因此，加工外贸企业对汇率波动反应更直接，更快速，汇率升值时，这些企业因外部需求减少而面临的停产和利润缩水情况也更加严重。

第六章

人民币实际有效汇率对工资的动态效应

第一节　汇率变动与通货膨胀之间的关系

2005年汇率制度改革政策实施以来，人民币升值趋势明显，而我国经济快速发展，GDP增速居高不下增加了汇率升值的预期。在国际资本市场上，由于人民币升值预期明朗，大量国际游资涌入，推动了股市高涨，同时部分资本流入房地产市场，使房地产泡沫高涨。在原有贸易顺差、外汇储备增加的情况下，外资的大量涌入使金融市场供求关系更加紧张，国内货币供给增加，物价上涨迅速，同时劳动力成本上升，经济存在通货膨胀风险。图6-1是近20年中国的消费者价格指数走势图，城市居民消费价格指数和农村居民

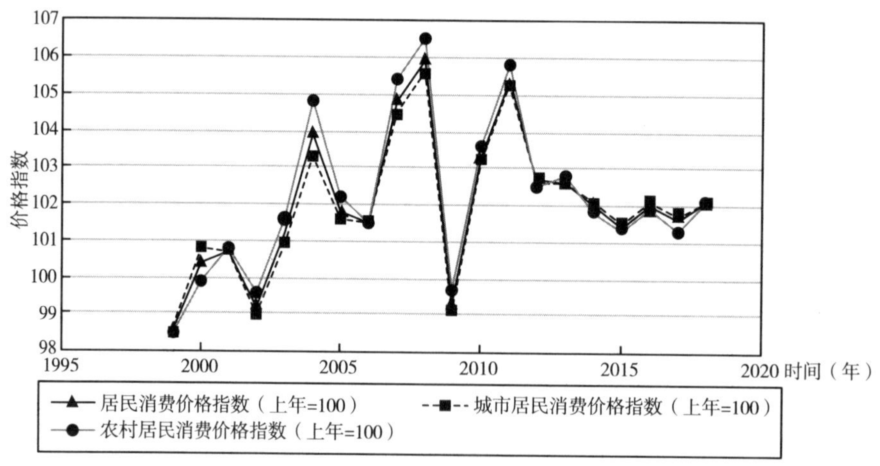

图6-1　居民消费价格指数

消费价格指数走势基本一致，其中1999年、2002年和2009年居民CPI下降(分别为98.6、99.2和99.3)，其他年份均有不同程度的通货膨胀。2005年汇率制度改革之后，我国CPI指数持续走高，2006年、2007年、2008年我国CPI分别为101.5、104.8、105.9，2009年，由于金融危机的影响，通货膨胀率有所下降。

从图6－2可以看出，工业生产者出厂价格指数（上年＝100）、工业生产者购进价格指数（上年＝100）、固定资产投资价格指数（上年＝100）变化幅度相对较小。以工业生产者出厂价格指数为例，1999～2018年间有9年出现价格紧缩，分别是2001年、2002年、2003年、2004年、2005年，2008年、2015年、2016年和2018年，其余年份出现了不同程度的上涨。2005年汇率制度改革后，2006年工业生产者出厂价格指数为106，2007年达到105.5，2008年金融危机后，这一指数持续上涨，2009～2014年分别为106.9、103.1、103、106.1、102.3。从现实情况来看，不论是生产层面还是消费层面，汇率制度改革后我国的通货膨胀率都有所上升。在人民币汇率制度改革之前，虽然也在不断升值，市场对人民币升值预期明朗，但是由于国家实行资本管制，外部游资很难进入我国资本市场进行套利，所以国内生产和出口没有受到显著影响。随着汇率制度改革的实施和金融市场逐步放开，在人民币升值预期推动下，境外大量资本金进入我国，从而推动了股票和商品房价格的大幅度上涨。

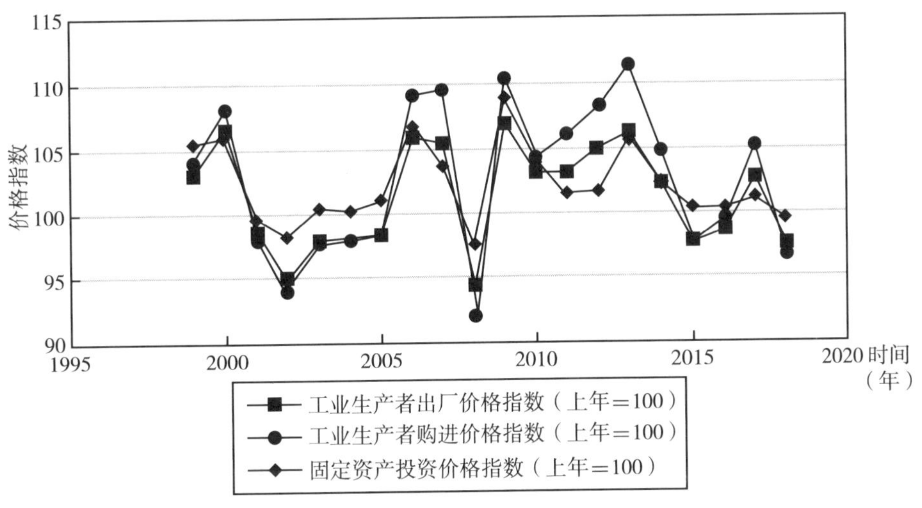

图6－2 生产者价格指数

在我国，虽然股票价格和商品房价格不计入 CPI，但是其价格上涨会推动相关产业和行业同步上涨，特别是日常必需品价格反应比较敏感。从 2007 年 5 月开始持续到 2007 年 8 月，以猪肉为代表的农产品价格持续上涨，上涨速度分别达到 3.4%、4.4%、5.6% 和 6.5%，超过了 3% 的正常增长速度，农产品价格的持续上涨增加了居民日常消费，从而推动了生产成本上升，企业生产成本增加，利润减少，商品价格上升，产品竞争力下降，在国际市场上商品的出口减少。汇率升值导致从生产层面到消费层面价格的持续上涨。因此人民币汇率升值带来的通货膨胀问题会给国民经济发展带来严重的影响，如何应对汇率变动带来的通货膨胀问题是维持国内经济稳定发展的关键。

在企业的生产成本中，工资是重要的组成部分，将 2000～2018 年我国城镇居民的工资状况进行统计，见图 6－3。2000 年城镇单位就业人员年平均工资为 9333 元，2018 年这一数值增加到 82461 元，比原来增加了 7.84 倍。2005 年（汇率制度改革之年），城镇单位就业人员年平均工资为 18200 元，汇率制度改革之后，这一数值持续增加，2006 年、2007 年、2008 年城镇单位就业人员年平均工资分别为 20856 元、24721 元、28898 元，年增长率分别为 14.6%、18.5% 和 16.9%，工资的增长大大超过了社会平均通货膨胀率，由此可见，工人工资上涨拉动的生产成本上涨和消费品价格上涨是社会总通货膨胀的重要推动力。将 2000～2018 年城镇单位就业人员平均货币工资指数（上年＝100）绘制成图 6－4 可见，2007 年城镇单位就业人员平均货币工资指数最高，达到了 118.5，除 2014 年和 2016 年以外，其余年份城镇单位就业

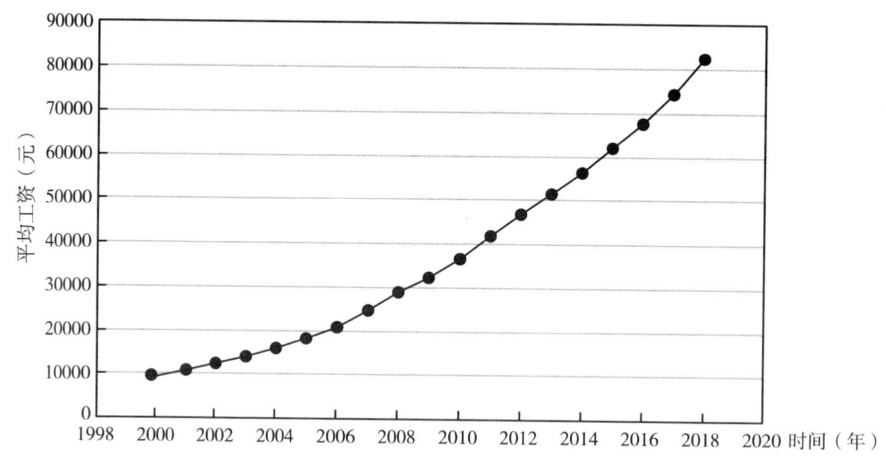

图 6－3　城镇单位就业人员年平均工资（元）

资料来源：国家统计局。

人员平均货币工资指数均超过 110.0。2005 年，我国城镇单位就业人员平均货币工资指数为 114.3，2006 年、2007 年、2008 年这一指数分别达到 114.6、118.5 和 116.9，2012 年以后，城镇单位就业人员平均货币工资指数基本维持在 110 水平。由于我国居民消费者指数的计算没有包括股票价格和房地产价格，因此在一定程度不能完全反映社会的通货膨胀水平，而城镇单位就业人员平均货币工资包括了不同行业工资的增长状况，更能反映生产层面价格增长状况。

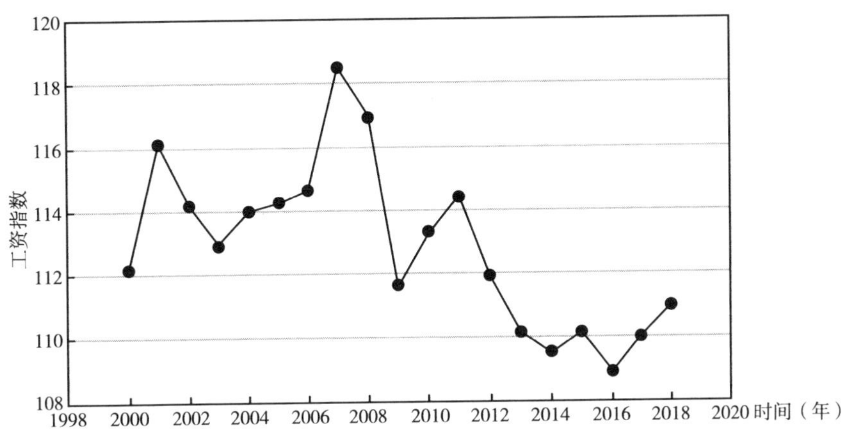

图 6-4　城镇单位就业人员平均货币工资指数（上年 =100）

资料来源：国家统计局。

第二节　人民币汇率与通货膨胀关系解析

国内通货膨胀意味着人民币对内是贬值的，而在外汇市场上，人民币是升值的，这意味着，在金融市场上人民币的价值存在内外不一致的矛盾，原因是人民币与通货膨胀存在密不可分的关系（吴邵兰，2008）。

一、购买力平价

货币的购买力统一是绝对购买力平价理论的基础，而相对购买力平价理论认为，汇率不仅与两国的购买力有关，而且与两国的物价指数即通货膨胀率有关。$E/(1+i)=E'/(1+i')$，i 和 i′分别代表两个国家的通货膨胀率，根据相对购买力平价理论，如果本国通货膨胀率超过外国的通货膨胀率，那么本币贬值。但是现实情况却和相对购买力平价理论相悖。易钢（1998）研究发现，1980～1996年间的大多数年份，我国国内通货膨胀高丁美国，人民币反而升值，我国通货膨胀低于美国，人民币反而贬值，这就意味着，高通货膨胀伴随着人民币升值，低通货膨胀反而伴随着人民币贬值，这与相对购买力平价理论截然相反。相对购买力平价理论基于一价定律解释了汇率和通货膨胀之间的关系，其前提是没有贸易障碍和贸易壁垒。实际情况下，汇率变动不仅受到通货膨胀的影响，而且受到其他生产要素和贸易条件的制约，因此表面看来，并不与相对购买力平价理论相符，也不能把相对购买力平价理论作为预测汇率走势的唯一依据，汇率决定是各种金融要素和贸易要素综合作用的结果。

二、国际收支学说中汇率波动与通货膨胀之间的关系

国际收支学说以国际收支均衡为目标解释汇率的波动，汇率显示了外汇市场上不同国家货币的供求关系和价格。货币本身的价格对货币的需求量有直接影响，不同货币之间供求关系的均衡状态即形成了稳定汇率。国际收支一般受本国产出水平、外国产出水平、本国价格水平、外国价格水平、本国利率、外国利率、本国货币的汇率、外国货币预期汇率的影响，均衡汇率受到国际收支均衡的影响，该理论认为物价水平与汇率和国际收支之间存在密切关系。但是该理论的前提是，汇率是由货币供求关系决定的，而且是可以自由浮动的，这一假设与实行规定汇率制度国家的情况不太相符。

三、费雪方程

费雪方程的核心思想是经济体的通货膨胀是由货币供给决定的。我们可以由费雪方程式导出该结论。MV = PT，M为经济体的货币供给，是一个外生变量，由国家的货币政策决定；V指货币的流通速度，由消费者的消费习惯决定，一般为常数，P是经济体的价格指数，T为商品交易量，与产出水平密切相关，在产出水平一定的条件下，T基本保持稳定，T和V稳定的前提下，P只与货币供给量有关，经济体中货币数量大于商品数量，过多的货币追求过少的商品，就会造成通货膨胀，国内通货膨胀造成商品价格优势消

失，出口商品价格上升，国际市场对商品需求下降，兑换本币需求下降，本币贬值。由费雪方程式可以推论出通货膨胀和汇率之间的关系，但是依然无法解释人民币汇率对外升值和对内贬值的现象。

第三节 实证检验结果

前文分析了汇率波动对企业工资水平的整体影响，但是无法看出汇率波动影响工资水平和工资差距的动态趋势以及不同年份的波动状况。因此，本部分通过对各个年份汇率波动对企业的影响进行回归，并分别计算实际有效汇率波动通过出口收益效应影响企业工资的出口弹性系数，以及实际有效汇率波动通过进口成本效应影响企业工资的进口弹性系数，并制成相应的图表。表6-1为人民币汇率波动影响平均工资的时间趋势，表6-2为人民币汇率波动影响技能工人工资的时间趋势，表6-3为人民币汇率波动影响工资差距的弹性系数。

表6-1 人民币汇率波动影响平均工资的时间趋势

变量	2001年	2002年	2003年	2004年	2005年	2006年	2007年
exRxs	0.048 (0.101)	1.512** (2.216)	-1.333*** (-2.917)	-0.061 (-0.143)	0.699** (2.114)	0.735** (2.069)	0.066 (0.424)
imRis	0.287 (0.864)	0.059 (0.233)	-0.073 (-1.448)	-0.044 (-0.235)	0.173 (1.114)	0.109 (0.854)	0.106*** (3.467)
xs	-0.062 (-0.954)	-0.093 (-1.420)	-0.141** (-2.017)	-0.039 (-0.882)	-0.061 (-1.246)	-0.085 (-1.541)	-0.083 (-1.554)
is	0.198*** (2.668)	0.136*** (2.752)	0.162*** (3.569)	0.167*** (4.827)	0.206*** (6.346)	0.148*** (5.641)	0.327*** (6.411)
dlnexReer	0.105* (1.875)	0.0276 (0.626)	0.0408 (1.294)	0.0589** (2.110)	0.0206 (1.062)	0.00332 (0.171)	-0.00701 (-0.666)
dlnimReer	-0.002 (-0.377)	-0.001 (-0.338)	-0.004 (-1.180)	-0.002 (-0.641)	-0.001 (-0.588)	-0.001 (-0.277)	0.001 (0.430)
dexgdpg	-0.522 (-1.242)	-0.900** (-2.243)	0.425 (1.265)	0.999*** (3.756)	-0.403 (-1.645)	0.262 (0.923)	1.036*** (3.458)

续表

变量	2001年	2002年	2003年	2004年	2005年	2006年	2007年
profit	0.001 (0.049)	0.163 *** (8.341)	0.098 *** (3.819)	0.014 * (1.658)	0.024 ** (2.553)	0.052 *** (2.738)	0.058 *** (2.975)
inco	0.122 *** (21.726)	0.109 *** (23.808)	0.101 *** (26.132)	0.106 *** (33.855)	0.104 *** (42.460)	0.105 *** (40.570)	0.131 *** (46.660)
ε_{Rx}	0.108 *	0.133 **	-0.053 ***	0.055 ***	0.070 ***	0.055 ***	-0.002
ε_{Ri}	0.007	0.001	-0.006	-0.003	0.004	0.003	0.004
_cons	8.163 *** (22.050)	8.547 *** (24.036)	8.600 *** (34.150)	8.647 *** (32.394)	8.938 *** (33.879)	9.418 *** (29.552)	9.007 *** (47.066)
N	5980	8366	10518	14010	22069	20077	17760
R^2	0.289	0.286	0.288	0.286	0.243	0.245	0.258

表6-2　人民币汇率波动影响技能工人工资时间趋势

变量	2001年	2002年	2003年	2004年	2005年	2006年	2007年
exRxs	1.881 *** (2.594)	0.509 (0.485)	-3.030 *** (-4.233)	-3.156 *** (-4.600)	-0.023 (-0.044)	0.409 (0.719)	0.033 (0.133)
imRis	0.214 (0.425)	0.045 (0.115)	0.0622 (0.789)	0.368 (1.220)	-0.234 (-0.943)	0.104 (0.508)	0.059 (1.195)
xs	-0.094 (-0.942)	0.429 *** (4.239)	0.417 *** (3.817)	0.328 *** (4.667)	0.572 *** (7.299)	0.655 *** (7.439)	0.558 *** (6.482)
is	0.163 (1.444)	0.0004 (0.006)	0.040 (0.569)	0.094 * (1.698)	0.028 (0.547)	0.046 (1.090)	0.006 (0.073)
dlnexReer	-0.001 (-0.013)	0.009 (0.131)	-0.030 (-0.601)	0.173 *** (3.856)	-0.010 (-0.322)	0.034 (1.077)	0.018 (1.033)
dlnimReer	-0.001 (-0.143)	0.001 (0.196)	-0.003 (-0.702)	-0.001 (-0.128)	0.0002 (0.064)	-0.001 (-0.289)	-0.0002 (-0.074)
dexgdpg	1.298 ** (2.037)	-1.176 * (-1.905)	-0.557 (-1.057)	-0.044 (-0.103)	-0.474 (-1.213)	-0.164 (-0.362)	0.308 (0.634)
profit	0.002 (0.150)	0.167 *** (5.540)	0.089 ** (2.216)	0.010 (0.720)	0.012 (0.802)	0.091 *** (2.979)	0.049 (1.539)

续表

变量	2001 年	2002 年	2003 年	2004 年	2005 年	2006 年	2007 年
inco	0.093 *** (10.968)	0.082 *** (11.600)	0.076 *** (12.435)	0.080 *** (15.951)	0.089 *** (22.808)	0.089 *** (21.452)	0.116 *** (25.429)
ε_{Rx}	0.131 ***	0.045	-0.242 ***	-0.048 ***	-0.012	0.062	0.020
ε_{Ri}	0.005	0.002	-0.001	0.010	-0.007	0.002	0.002
_cons	9.396 *** (16.725)	9.736 *** (17.794)	9.722 *** (24.635)	9.911 *** (23.156)	10.370 *** (24.657)	11.140 *** (21.793)	10.070 *** (32.430)
N	5980	8366	10518	14010	22069	20077	17760
R^2	0.127	0.121	0.117	0.105	0.083	0.088	0.090

表 6-3　人民币汇率波动对工资差距的弹性趋势

变量	2001 年	2002 年	2003 年	2004 年	2005 年	2006 年	2007 年
exRxs	2.223 ** (2.011)	-0.370 (-0.229)	-3.344 *** (-3.047)	-5.583 *** (-5.266)	-0.412 (-0.504)	0.023 (0.026)	0.113 (0.295)
imRis	0.167 (0.218)	-0.199 (-0.333)	0.122 (1.013)	0.625 (1.342)	-0.175 (-0.455)	-0.114 (-0.360)	0.001 (0.015)
xs	-0.144 (-0.954)	0.662 *** (4.267)	0.735 *** (4.385)	0.475 *** (4.382)	0.906 *** (7.464)	1.114 *** (8.176)	0.889 *** (6.788)
is	0.117 (0.679)	-0.140 (-1.193)	-0.094 (-0.867)	-0.034 (-0.397)	-0.215 *** (-2.680)	-0.091 (-1.396)	-0.392 *** (-3.115)
dlnexReer	-0.074 (-0.571)	0.008 (0.074)	-0.125 * (-1.646)	0.265 *** (3.828)	-0.072 (-1.503)	0.037 (0.760)	0.060 ** (2.312)
dlnimReer	0.001 (0.103)	0.006 (0.736)	-0.004 (-0.576)	0.002 (0.271)	-0.001 (-0.180)	-0.001 (-0.120)	0.003 (0.662)
dexgdpg	2.814 *** (2.896)	-1.439 (-1.519)	-1.565 * (-1.937)	-1.200 * (-1.822)	0.062 (0.101)	-0.362 (-0.514)	-0.776 (-1.050)
profit	0.002 (0.068)	0.170 *** (3.681)	0.092 (1.497)	0.002 (0.083)	0.013 (0.540)	0.115 ** (2.438)	0.0342 (0.710)
inco	0.052 *** (4.012)	0.044 *** (4.098)	0.035 *** (3.736)	0.040 *** (5.162)	0.060 *** (9.818)	0.057 *** (8.846)	0.084 *** (12.208)

续表

变量	2001 年	2002 年	2003 年	2004 年	2005 年	2006 年	2007 年
ε_{Rx}	0.081***	-0.018	-0.359***	-0.126***	-0.101	0.038	0.068**
ε_{Ri}	0.006	0.0003	-0.001	0.020	-0.006	-0.004	0.003
_cons	9.371*** (10.941)	9.639*** (11.484)	9.603*** (15.877)	9.906*** (14.979)	10.30*** (15.798)	11.18*** (14.130)	9.893*** (20.950)
N	5980	8366	10518	14010	22069	20077	17760
R^2	0.089	0.087	0.088	0.081	0.067	0.074	0.072

将汇率波动对平均工资水平、技能工资水平和工资差距的进出口弹性系数分别绘制成图 6-5、图 6-6 和图 6-7。

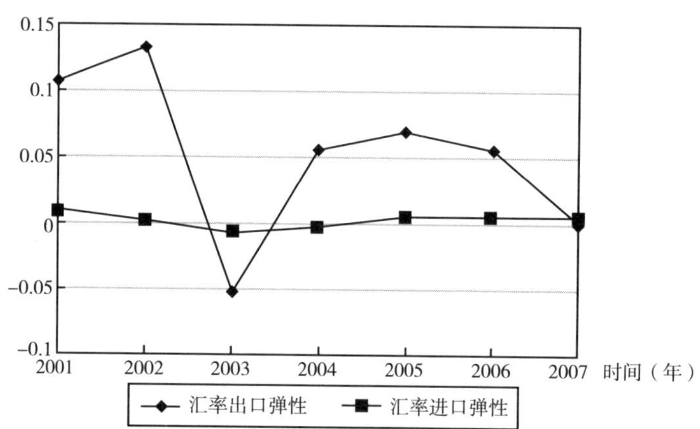

图 6-5 人民币汇率波动对平均工资的弹性

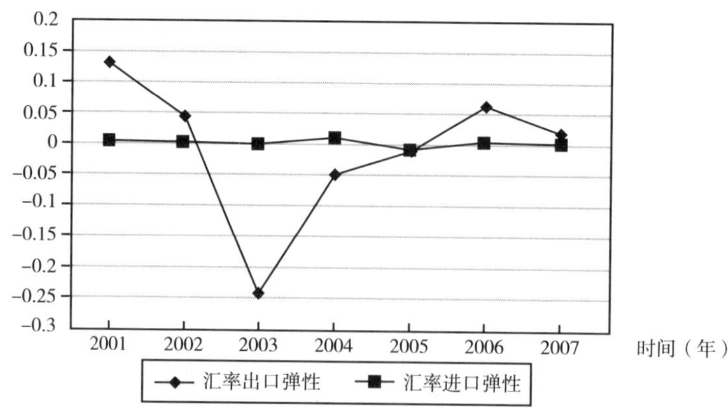

图 6-6 人民币汇率波动对技能工人工资弹性

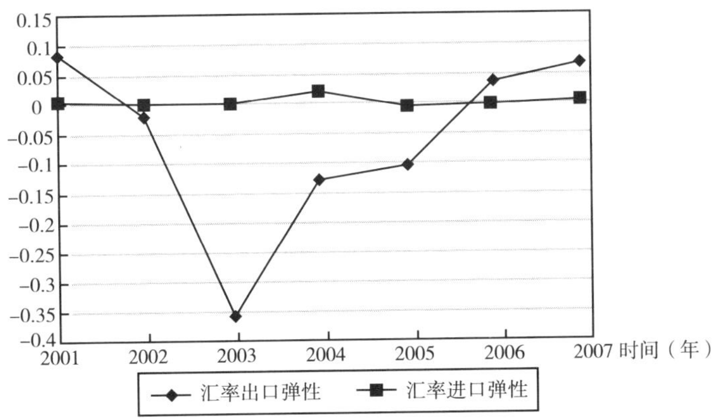

图 6-7 人民币汇率波动对工资差距弹性

由图 6-5 可见，总体而言，由于我国进口占比较低，实际有效汇率波动通过进口成本效应影响企业就业和工资的进口弹性系数数值较小且波动不大。实际有效汇率波动通过出口收益效应影响企业就业和工资的出口弹性系数并不是稳定在平均水平上而是出现了显著的波动。汇率波动对技能工人工资和平均工资影响的出口弹性系数均在 2003 年有显著的下降趋势，并分别在 2006 年、2005 年达到顶点，之后便呈现下降趋势。

汇率波动对技能工人工资的出口弹性系数多在零水平线以上，说明汇率升值拉大了技能非技能工人的工资差距。从图 6-6 可以看出，这种工资差距的拉大效应也是起于 2003 年，汇率升值对工资差距的出口弹性系数便持续上升。直到 2005 年，这种出口弹性系数穿越了零水平线，开始拉大对工资差距的影响。图 6-7 验证了这一现象，也恰恰是在 2005 年我国宣布开始实行参考一篮子货币有管理的浮动汇率制度，人民币汇率大幅度持续升值，汇率均价从 2004 年的 827.68 升值至 2005 年的 819.17。在一定程度上来讲，我国企业工资对汇率波动的反应比较迅速，劳动力价格对汇率波动弹性较大。

第四节 结论和政策建议

本章利用 2000～2007 年工业企业数据和海关数据进行匹配，通过测算微观企业层面的人民币实际有效汇率，考察了人民币实际有效汇率波动对企业内部技能和非技能工人工资水平和工资差距的影响。通过汇率波动对技能工资、平均工资和工资差距的进出口弹性系数进行动态观察发现，汇率波动对技能工人工资和平均工资影响的出口弹性系数均在2003年有显著的下降趋势，并分别在2006年、2005年达到顶点，之后便呈现下降趋势。

基于以上研究，提出以下政策建议以作参考：首先，人民币升值使得国内工资收入水平上升，进口增加，进一步减小顺差，说明汇率对国际收支调整的收入效应是不能忽视的。其次，汇率升值显著提高了企业内部的平均工资水平，但是加剧了技能劳动和非技能劳动的工资差距，即技能劳动的工资提高水平远远超出了非技能劳动，使强者更强。因此，在汇率改革的同时要加大非技能劳动者的培训和管理。汇率波动对企业工资水平和工资差距的影响因企业生产率、所有制和规模的不同显示出显著的差异性，因此，汇率改革不仅要考虑汇率冲击对进出口企业整体的影响，更应当对劳动生产率较低、规模较小的私营企业予以政策支持。

第七章

制造企业应对汇率风险的对策探析

第一节 人民币汇率变动如何影响制造企业出口战略

改革开放以来，中国外贸出口增长率保持在10%以上，2009年，我国出口额跃居全球首位。随着出口商品的增加，外汇储备同步增加，在此背景下，人民币汇率制度和人民币汇率对企业出口决策的影响越来越受关注。对于人民币汇率变化和经常账户平衡之间的关系，现有的研究结果分成两种类型，一种观点认为人民币升值有助于达到经常账户平衡，而另一种观点认为，人民币升值与经常账户平衡关系不大。这些研究都是从产业、行业的视角去分析，而没有从企业和产品更新换代的视角考察人民币汇率对企业出口决策的影响。经典研究（Melitz，2003；Berman，2012；Rodriguez，2011）认为，在细分行业，人民币汇率变动影响制造企业成本和对原材料的需求，那么不同企业对于出口决策的调整是有差异的。因此，从更加微观的视角研究汇率变动对企业出口造成的影响，能够更好地理解汇率变动对生产的行业和产业层面带来的影响。

对于贸易开放政策和企业出口之间的关系，现有研究结果也不一致。一部分学者研究发现，如果一个国家实行贸易开放政策，与其他国家之间的贸易往来将逐步消除贸易壁垒，因此本国可以面对更多市场，出口商品的种类会增加（Feenstra and Ma，2008）。鲍德温与顾（Baldwin and Gu，2009）通过对加拿大从美国进口商品的数据进行分析发现，加拿大对美国实行贸易开放政策和降低关税时，不同企业根据企业规模不同，其出口决策行为是不同的，其中内销企业和小型出口企业生产的产品种类会减少，而大型出口企业则会增加产品的种类。对于不同国家的企业而言，其面临贸易自由化的决策调整策略也是不相同的，其中，印度企业显示出明显的惰性，即贸易自由化导致外部经济环境冲击时，企业也不会较大调整生产（Goldberg et al.，2008），原因是印度政府对本国企业行为的管制比较严格，政府的干预措施影响了资源及时有效配置。另一些学者认为，国家贸易政策开放导致的自由化虽然增加了国际市场对商品的需求，同时也增加了全球企业的竞争，那么对于一些实力较弱的中小型企业，它们可能在激烈的竞争中无法保全自己，因此企业会自动减小规模并减少出口产品的种类（Bernard et al.，2011；Eckel and Neary，2010；Mayer，2011）。

汇率变动也是贸易开放的结果之一。汇率变动会对一国的进出口造成直接冲击，同时会影响出口企业的要素调整和生产决策过程。早期关于汇率变动影响企业出口的文献主要是从宏观层面计算汇率变动的出口弹性（Thorbecke and Smith，2010；Chatterjee et al.，2013）。最近学者们开始关注汇率变动对企业出口决策和结构调整的影响（Berman et al.，2012）。当本国货币贬值时，全球需求增加会刺激更多厂家开始从事出口业务，但是不同生产能力的企业选择的策略是不同的，生产率高的企业会首先提高产品价格而不是增加产量，而生产能力低的企业会选择首先提高产量然后提高价格。我国学者于淼杰和王雅琦（2015）通过研究人民币实际有效汇率对企业出口决策的影响发现，名义汇率升值使企业出口种类减少，但是出口产品结构中核心产品比重上升。实际有效汇率变化对企业出口决策的影响受企业性质的影响，当人民币实际有效汇率升值时，生产率较高的企业会选择减小生产规模，集中资源生产具有优势的核心产品。

第二节 实证检验

在前文研究的基础上，继续讨论汇率波动对企业行为的影响。假设汇率波动对每个企业而言是外生变量（Ekholm，2012），因此汇率可以通过企业的成本变量中间品投入占比和产出变量出口占总产量的比值这两种渠道影响企业行为，这两种渠道通过交互项来体现，分别是 $\Delta R_t^I IS_{ij,t}$ 和 $\Delta R_t^X XS_{i,t}$。汇率波动不仅通过价格传导机制影响企业的利润和要素配置，而且会进一步影响企业下一步的投资、研发投入和出口行为。表 7－1 分别显示了汇率波动对企业投资、投资占比、研发投入和出口行为的影响。

表 7－1 人民币汇率波动对企业行为的影响

变量	(1)	(2)	(3)	(4)
	lnI1	Ipro	lnnewproduct	lnexport
exRxs	4.083*** (13.424)	8.774** (2.297)	－15.540*** (－20.138)	－3.386*** (－12.596)
imRis	－0.688*** (－8.615)	－1.818 (－1.433)	－0.108 (－0.495)	0.156** (2.215)
xs	0.066 (1.005)	0.009 (0.009)	1.039*** (8.624)	10.07*** (172.749)
is	0.258*** (5.412)	－1.005 (－1.329)	0.048 (0.534)	－1.969*** (－46.766)
dexgdpg	－4.513*** (－14.507)	－3.773 (－0.764)	21.370*** (40.339)	－0.651** (－2.369)
profit	－0.230*** (－13.963)	0.0729 (0.279)	0.0212 (0.910)	－0.0166 (－1.143)
inco	0.891*** (214.429)	－0.467*** (－7.074)	0.430*** (64.750)	0.837*** (227.948)
_cons	－0.028 (－0.081)	7.733 (1.396)	4.823*** (6.775)	－0.350 (－1.133)
N	98777	98735	26286	98780
R^2	0.371	0.001	0.222	0.646

引起企业对技能劳动需求相对变化的原因之一是投资。一方面，汇率通过影响出口收益减少效应增加投资，当汇率上升，出口减少，企业便通过增加投资生产质量更高、符合市场需求的产品。另一方面，进口成本的下降减少了企业投资，但这种负向作用（－0.688）远远小于出口收益对企业投资行为的影响（4.083）。假设资本和技能是互补的（Parro，2013），那么企业资本水平增加会增加对技能劳动的需求。将企业投资水平换为企业投资占比 Ipro 进行回归，结果依旧稳健。

研发创新通过改进原有技术使企业具备适应市场需求变化的能力，是企业增加竞争力和扩大市场占有率的重要举措。笔者认为，汇率升值会通过降低出口使企业转向研发新产品来寻求生存发展之路。通过表 7－1 中的第（3）列可以看到，汇率波动对企业研发行为的影响显著为负。可能的原因有：一方面，由于研发数据不完整，本书使用企业每年的新产品销售额作为研发的代理变量造成了误差；另一方面，从我国出口的产品结构来讲，我国出口产品多数为资源、劳动密集型产品，存在数量价格优势而缺少质量技术优势。

随着人民币升值，产品优势很快消失，从某种程度上来说，汇率升值促进了我国制造业从资源、劳动密集型向资本技术密集型企业的转变，因此样本中的许多企业开始倒闭，转向其他行业或者注册成新的公司，企业退出使得无法连续观测其研发投入行为，加之从研发到生成新产品的周期比较长，因此新产品销售收入的记录无法正确反映企业的研发投入行为。

第三节　结论和政策建议

本部分利用2000～2007年工业企业数据和海关数据进行匹配，通过测算微观企业层面的人民币实际有效汇率，考察了人民币实际有效汇率波动对企业内部技能和非技能工人工资水平和工资差距的影响。研究发现：（1）人民币汇率升值显著提高了技能工人和非技能工人的工资水平，但是技能工人的工资水平增加幅度远大于非技能工人工资水平的增加幅度，这进一步加大了技能非技能工资的差距。（2）通过检验汇率波动对企业行为的影响发现，人民币有效汇率升值使企业增加投资，减少出口。

基于以上研究，提出以下政策建议以作参考：（1）当人民币实际有效汇率升值时，企业内部技能非技能劳动工资上涨幅度是不同的，技能劳动工资上涨更快，如果政府在升值时出台宽松的货币政策，如降低利率，则会使非技能劳动者的收入状况雪上加霜。相反，政府应当实施有利于民生的货币政策，为低收入人群提供基本的生活保障。（2）人民币汇率升值使得国有企业内部收入差距更小，民营企业和外资企业内部收入差距相对较大。这进一步改变了现阶段不同企业间的工资差距和分配现状，在人民币持续升值前提下，政府进行适当干预能够改善收入差距持续扩大的局面。（3）人民币升值使国内非技能工人的工资水平上升幅度相对较小，非技能劳动在国外赚取更多的佣金，使国内出口务工人员急剧增加。（4）汇率升值显著提高了企业内部的平均工资水平，但是加剧了技能劳动和非技能劳动的工资差距，即技能劳动的工资提高水平远远超出了非技能劳动，使强者更强，因此在汇率改革的同时要加大非技能劳动者的培训和管理。汇率波动对企业工资水平和工资差距的影响因企业生产率、所有制和规模的不同显示出显著的差异性，因此，汇率改革不仅要考虑汇率冲击对进出口企业整体的影响，更应当对劳动生产率较低、规模较小的私营企业予以政策支持。

第八章

人民币汇率制度改革进程分析

第一节 引 言

改革开放以来，人民币汇率政策随着经济发展形式的变化发生了多次改革，由固定汇率制度逐步转向市场决定的有管理的浮动汇率制度，人民币通过国际化在国际市场上发挥着越来越重要的作用，许多国家在国际贸易中开始使用人民币进行交易，国家经济的强大使人民币在国际货币体系中的地位越来越高。

作为汇率体系的关键要素，一个国家的汇率对这个国家的对外经贸活动和金融活动影响深远，而一个国家对金融制度的选择是根据本国的具体国情决定的。总体而言，我国金融市场还不够完善，要想充分发挥金融市场对实体经济的推动作用，需要与时俱进，根据现实问题和现实状况逐步有效推进人民币汇率制度改革。同时，我国汇率制度改革对国际金融市场和国际资本流动影响深远。改革开放以来，我国金融市场的主要特征表现为，投资和贸易规模增长迅速，与周边国家之间的联系越来越重要。

总体而言，我国的汇率制度经历了四个阶段，分别是双重汇率制度、单一的有管理的浮动汇率制度、钉住一篮子货币的汇率制度和参考一篮子货币的浮动汇率制。从汇率改革进程而言，我国汇率制度逐步从政府管控到市场化机制，汇率制度趋于灵活。就现阶段的汇率制度而言，参考一篮子货币的浮动汇率制度，即人民币汇率指数的计算是根据其对一篮子货币指数加权得到的，这种汇率制度的优势在于，一方面可以摆脱对美元汇率的单一依赖关系，另一方面使汇率以名义有效汇率稳定为目标进行调整，调整机制更加灵活有效。

第二节　我国汇率制度改革进程

一、双重汇率制度

1978～1993 年，我国实行的是双重汇率制度，改革开放初期，国际资本流动影响汇率产生的汇率波动给我国经济增长和出口带来极大的风险。国际资本流动偶然性较大，很难预测，其中最根本的因素是资本相对收益率。如果外币收益率高，那么本币就会转换为外币资产流入外国，如果本币收益率高，国际资本流入。当资本大量流入或者流出时，外汇储备就会发生波动，如资本外流，本币需要兑换成外币，外汇储备减少，本币贬值，实际收入减少。如果资本内流，国内货币供给增加，通货膨胀增加，同时本币升值，影响商品和劳务出口。因此，资本的频繁流动会造成汇率和外汇储备震荡，从而对国内出口和经济增长造成影响，如果资本账户和经常账户使用不同的汇率制度，就可以解决上述问题。双重汇率制度，即商业汇率使用固定汇率制度，资本市场汇率使用浮动汇率制度。一方面，固定国内商业汇率制度使国内生产和出口不受外界资本流动的影响，当国外资本收益率升高，国内居民把本币资产转换成外币流出时，对外币需求增加，对本币需求减少，本币有贬值压力，外币有升值压力，但是这并不影响国内的商业汇率，国内生产和出口保持稳定；另一方面，在双重汇率制度下，央行对外汇储备的调整更加灵活，比如因资产偏好引起的资本外流增加导致外币升值、本币贬值，从而使外汇需求下降，不会造成外汇储备下降。因此，当时经济发展背景下的双重汇率保证了经济能在一个稳定的金融环境下发展，同时又保证了资本市场和外汇储备的稳定。

二、钉住汇率制度

1994 年，国家进行汇率制度改革，我国实行钉住汇率制度。汇率不再由官方决定，而是由银行决定，这样，金融市场汇率统一，由货币的相对供给和需求决定。在钉住汇率制度下，我国实际上是钉住美元汇率，国际收支的变化直接影响储备货币余额，如果出现国际收支财政赤字或者盈余，那么就用本国货币来抵消。但是随着国际贸易规模的增大，钉住汇率制度逐渐显现出一些弊端。(1) 20 世纪以来，我国的贸易和资本流入出现双顺差。原因之一在于美元贬值预期强烈，人民币由于钉住美元也面临贬值，和中国每年超过 10% 的经济增长率相比，人民币在一定程度上被低估，人民币贬值促进出口进一步增加，造成顺差增加。另一个原因是人民币升值预期引发大量资本流入，我国资本账户出现顺差。在国际贸易中，贸易伙伴国以此为由频繁发起贸易战。(2) 常年贸易顺差使我国外汇储备快速增长，2004 年我国外汇储备比 2003 年增加 50%，因此国内的货币供给量增加，加大了通货膨胀压力。国内经济也发生了相应变化，具体表现在投资增加，盲目建设等，为了控制国内市场货币猛增，需要央行发行证券回笼资金，这种操作其实减弱了国内货币政策对经济的调节作用。(3) 投机资本大量流入。随着出口连年顺差，我国经济保持稳定增长，人民币升值预期明显，国际资本大量流入中国，影响了我国金融市场的稳定性，为维护国内经济和金融市场的稳定，需要对原有的钉住汇率制度进行改革。

三、浮动汇率制度

中国加入世贸组织为我国经济增长和对外贸易带来了新的机遇，我国有劳动力成本优势，出口商品在价格上具有优势，同时政府对出口企业提供补贴，降低了企业成本。实体经济的发展和国际资本流入使人民币升值预期明显，人民币不再钉住美元，2005 年开始，通过汇率制度改革实行参考一篮子货币、有管理的浮动汇率制，人民币汇率决定制度又进一步走向了市场化。浮动汇率改革后的三年，人民币对美元升值 21%，即便如此，我国贸易顺差依然保持增长态势。2008 年金融危机期间，为了保护国内经济健康发展，收窄了人民币汇率的波动幅度。在国际金融大规模震荡的背景下，许多国家货币的汇率对美元大幅度贬值，但是人民币币值保持基本稳定。随着国内经济的发展和对外贸易形式的变化，我国也在不断加强汇率制度改革，通过增加汇率变化的弹性以适应金融市场发展的需求。

四、进一步完善中间价报价机制

2015 年，为适应金融市场发展的要求，我国进一步进行汇率市场改革，调整中间价报价机制，汇率依然是参考一篮子货币价格计算出，但是人民币中间价要参考上一日收盘汇率，央行每个工作日公布国外货币对人民币的收盘价，以此作为下一个工作日外币对人民币的中间价。也就是说，汇率中间价也是由市场供求决定的。

2018 年，随着全球贸易摩擦愈演愈烈，美国对我国出口商品关税层层加强，国家之间的竞争日趋激烈，造成美元快速升值，人民币贬值，央行通过“逆周期”操作来抵消市场对人民币贬值的预期。随着人民币市场化改革的推进，汇率能够更有效地体现国际货币市场的相对供求关系，从而更加深刻地体现出国际贸易和国际经济的发展状况。现阶段，我国经济增长进入新常态，经济增速放缓，美国金融危机后通过量化宽松政策使经济走向正轨，市场对人民币贬值预期较大，因此长期以来人民币升值的趋势开始发生改变，在此背景下，汇率双向浮动（升值和贬值）有助于在变幻莫测的经济环境下稳定币值，同时有助于推动人民币国际化的进程。

第三节　我国汇率制度改革的特点

一、由管制走向市场化

改革开放初期，我国经济水平比较落后，国内经济的发展需要稳定的金融环境，因此国家严格管制汇率，通过双重汇率制度保持出口市场和资本市场的健康发展。随着全球一体化进程，我国经济形式发生了一定变化，此时汇率制度由双重汇率制度合并成单一汇率，实行钉住美元的固定汇率制度，固定汇率制度在一定程度上为我国经济的健康发展提供了稳定的外部环境。2005 年我国开始实行参考一篮子货币的有管理的浮动汇率制度，并且汇率中间价的决定也逐步走向市场化，汇率的市场化程度进一步加深。从汇率制度改革的路线来看，汇率决定机制逐步转向市场化，汇率更加体现国际金融市场货币的供求关系。随着汇率改革措施的一步步推进，我国的出口规模逐渐增加，贸易顺差持续增长，国际金融市场对人民币需求增加使人民币面临升值压力，同时大量国际资本流入使国内货币供给增加，通货膨胀压力较大，2016 年进行做市商制度改革，使人民币汇率决定更加市场化。

二、汇率弹性进一步增加

汇率弹性在一定程度上可以用汇率波动的幅度来衡量。在经济发展初期，稳定的外部金融环境对于生产主体的生产经营活动至关重要，企业生产规模较小，风险防御措施还不健全，进行外汇市场风险防御的成本较高，汇率市场的微小变化可能就会给企业带来致命的冲击。因此，此时汇率弹性不宜过大，避免世界金融市场波动对国内经济造成损失。随着中国经济的持续发展，金融体系的健全，企业进行生产和国际贸易的风险防范机制日益健全，汇率弹性增加给企业带来的风险可以被有效化解。因此，当国内经济形势好转、风险防御体系日益健全时，我国的汇率制度逐步由缺乏弹性转向富有弹性。从外汇储备的视角而言，改革开放初期，国家外汇储备较少，如果出现汇率大幅度波动，国家缺少充足的外汇储备来应对风险、稳定汇率，因此初期使用固定汇率制度有助于稳定国内经济环境和金融环境。随着经济实力的增长和风险应对能力的加强，国家对汇率的管制逐渐放开，通过1994年固定汇率制度改革、2005年浮动汇率制度改革、2015年中间价决定机制改革，汇率的弹性逐渐增加，也越来越适合国际金融市场的要求。

三、人民币国际化程度增加

我国与全球百多个国家有经贸往来，出口量全球第一，人民币在国际市场的影响力越来越大，我国对外贸易日益增长的过程实际也是人民币国际化进程不断深化的过程。我国的外汇储备主要是美元，国际金融形势动态使美元贬值，那么我国外汇储备也会缩水。如果人民币一直钉住美元汇率，外汇储备就会受美元汇率波动的影响，因此人民币汇率制度逐渐由钉住美元转为浮动汇率制度，实行参考一篮子货币的浮动汇率制度就会减少美元汇率波动对人民币汇率和外汇储备带来的影响，并可以进一步推进人民币充当阶段货币。中国于2016年10月1日加入特别提款权（SDR）。SDR也叫“纸黄金”，是一种特殊的货币，SDR的价值由美元、欧元、人民币、英镑、日元五种货币共同决定，每个国家SDR的数量由该国向国际货币基金组织（IMF）认缴的数量决定，SDR可以用来偿还IMF债务，维持国际收支均衡，还可以充当国际货币储备。人民币在一篮子货币中的比重为10.92%。人民币加入SDR是其国际化的重要进程，极大提升了人民币在国际货币体系中的地位和作用。新常态背景下，我国经济增长速度放缓，“一带一路”倡议为人民币结算范围的扩大带来新的机遇。

第四节　我国2005年汇率制度改革解析

一、2005年人民币汇率制度改革

2005年7月21日，我国实行以市场供求为基础、参考一篮子货币进行调节、有管理的浮动汇率制度。一篮子货币是选择主要贸易地区国家的货币，并赋予不同货币一定的比重，如果其中一种货币汇率发生变化，会通过货币加权影响人民币汇率，因此，人民币汇率的变动就根据一篮子货币的变动情况控制在适当的范围内。如果人民币和一篮子货币的变化完全一致，那么就是钉住一篮子货币的汇率制度，如果以一篮子货币汇率作为参考，全面考虑人民币和其他国家汇率的波动状况，不以一篮子货币作为唯一标准，就是参考一篮子货币的汇率制度。

根据我国的对外贸易合作伙伴国状况，人民币参考的一篮子货币包括11个国家和地区的货币，分别是美国、欧盟、新加坡、韩国、日本、俄罗斯、英国、澳大利亚、马来西亚、加拿大和泰国。其中每个国家和地区货币汇率的变化都会通过一篮子货币影响人民币的汇率水平，但是这11个国家和地区的货币对人民币汇率的影响水平程度是不同的。美国、欧盟、日本和韩国货币汇率的变化对人民币汇率的影响最大。在确定人民币参考的一篮子货币时，我国考虑的主要因素是对外贸易主要伙伴国，其次是债务、投资和转移项目。

现有的三种汇率制度对不同国家的适用条件是不同的，主要和国内的经济发展水平和金融市场的完善程度相关。发达国家一般使用浮动汇率制度，对外贸易范围较广、开放度较高的国家一般采用有管理的浮动汇率制度，也有一些发展中国家选择使用固定汇率制度，为国内经济发展创造稳定的外部金融环境。一方面，我国的金融市场体系还不健全，面对外部的金融风险抵御能力有限，金融开放度不高，现阶段实行浮动汇率制度还存在一定的风险。另一方面，我国对外开放程度较高，生产效率和经济增长率不断提升，人民币升值预期明朗，固定汇率制度不能反映外汇市场上货币的供求关系，如果仅仅增加人民币的波动范围，可能会导致人民币在短时间内迅速升值，造成出口下降和金融市场的风险增加。我国在出口增加，经济快速增长，但是金融体系仍需完善的背景下采用参考一篮子货币的汇率制度比较符合现在的经济发展状况。一方面，人民币汇率通过对外币汇率浮动增加了弹性，从而为

更加浮动的汇率制度提供了平稳的过渡，并为汇率波动风险的防范积累一定的经验。另一方面，人民币汇率是参考一篮子货币的加权平均汇率，防止一种货币汇率剧烈震荡对人民币汇率造成影响，增强了人民币汇率的稳定性，从整体上减弱了外部经济金融风险对我国实体经济带来的冲击。另外，从对外贸易发展视角来看，我国进行贸易往来的国家遍布全球各地，实行参考一篮子货币的汇率制度能够综合考虑不同国家货币汇率对人民币汇率的影响，通过国际市场汇率调节来调整对贸易伙伴国的汇率政策。

参考一篮子货币的汇率制度下，人民币汇率与一篮子货币能保持基本稳定，就单一汇率而言，人民币汇率也会出现较大幅度的波动，比如，近期由于中美贸易摩擦，人民币汇率波动幅度较大。人民币对美元汇率波动会直接影响企业的出口和投资行为，企业需要加强汇率风险防范意识，运用外汇风险防范措施，来应对突发的汇率波动冲击。同时，汇率波动弹性的增加要求国内更加完备的金融市场，同时对金融产品的开发提出更高的监管要求，只有在各个细节做好产品监管和运行，才能预防系统性金融风险的发生。

二、人民币汇率制度改革的时机选择

人民币汇率制度改革是我国市场经济发展的必然，也是实体经济发展对金融体系的要求，其最终目的是发挥市场供求在价格决定机制中的作用，使汇率的决定更加清晰地反映市场对货币的选择状况，是我国宏观经济调控的重要方面，虽然短期内可能会遇到意想不到的困难，但是对于经济和金融的长期发展，有不可估量的作用。我国实施人民币汇率制度改革的原因之一在于，改革开放赢得了国内经济快速稳定发展，同时外贸发展对外汇市场开放提出了更高的要求，我国外汇市场越来越成熟，市场体制也逐步走向健全，这些条件为汇率形成更加有效的机制提供了必要的条件。原因之二在于，出口导向经济条件下，我国的外汇储备增速明显，如果实行固定汇率制度，那么国内应发行更多的票据对冲多余的外汇，从而造成国内通货膨胀率上升。原因之三在于，随着美国经济复苏，美元升值预期明显，此时放弃固定汇率制度，采取有管理的浮动汇率制度是一个良机。实行人民币汇率制度改革从整体上保持了人民币在新的国际发展环境下的稳定，从而对于国内金融系统完善和外贸稳定增长发挥了重要作用。

三、汇率制度改革后我国汇率制度的特点

我国实行汇率制度改革后，人民币汇率参考一篮子货币汇率的变化值，对一篮子货币汇率的加权，使人民币汇率在一定范围内浮动，与以往不同的是现行汇率制度是参照一篮子货币，而不是钉住美元，央行可以综合参照国内和国际市场发展状况，以及国际金融市场变化对国内经济的影响程度，在考虑货币供求关系的基础上，计算人民币相对一篮子货币的变动指数，从而管理人民币汇率的浮动范围。也就是说，人民币汇率不是钉住一篮子货币并随一篮子货币的浮动而浮动。根据一篮子货币计算出的汇率指数仅仅是人民币汇率中间价的参考，并参照确定汇率的浮动范围。目前央行确定的人民币和美元浮动范围为前一工作日人民币汇率收盘价的千分之三，其他货币汇率浮动限制在百分之一点五，具体的浮动范围会根据金融市场的变化及时调整。

篮子货币权重的计算方法主要是借鉴新加坡的经验。只有增加央行对货币调控的主动性，提高对汇率干预的灵活性，同时也能够减少市场主体和投机主体对人民币汇率走向的预测，才能防止大规模的投机活动引起的金融市场动荡，保护金融市场的稳定和国内实体经济环境。为了维持汇率制度改革的顺利推进，央行也在完善相关配套措施，如扩大外汇交易市场的交易范围，通过银行间外汇交易增加货币配置的灵活性和多样性，能够在一定程度上分担央行外汇占款的压力，体现汇率市场的供需变化趋势，调节市场预期。通过完善货币体系和汇率实现机制以及配套机制的加强，进一步推进人民币的市场化和国际化改革。

第九章

人民币实际有效汇率的政策效应

第一节 问题的提出

改革开放以来，我国工业化进程加速，出口导向外贸政策下制造业得到迅速发展。但是受到2008年全球金融危机的影响，我国制造业出口迅速下滑，工人失业严重，相伴随的不是工资水平下降，而是平均工资水平的提升。虽然制造业生产率水平大幅度提高带动了就业增加，同时对人民币升值造成压力。2005年，我国实行参考一篮子货币有管理的浮动汇率制度以来，人民币汇率持续升值，人民币对美元汇率年平均价由2005年的8.19升值至2016年4月的6.46，升值幅度达21.12%。我国就业水平下降和工资水平上涨一方面受到全球经济环境的影响，另一方面，人民币汇率升值也是造成企业内部劳动结构和工资结构变化的重要原因。因此，研究我国出台的汇率政策对工资水平和工资差异的影响，具有重要的现实意义。

早期对汇率制度的选择问题的研究主要关注工资刚性和劳动力自由流动。固定汇率受到推崇的原因是一些实行固定汇率制度的国家在经历外在金融冲击时能够保持货币政策稳定性；钉住汇率能够提供货币政策的可信度和承诺（姜波克，2001），但是阻碍了货币政策实行其他目标；浮动汇率制度认为，货币当局能够制定出其他更好的货币政策来稳定经济。固定汇率制度容易导致汇率失调，增加了对贸易和资本管制，当面临投机冲击时容易崩溃。我国选择有管理的浮动汇率制度，在一定程度上兼顾了货币政策的可操作性和资本流动性。

现有文献多从宏观视角研究汇率波动对工资的影响。法里亚和莱昂·莱德斯玛（Faria and Leon-Ledesma，2005）通过构建汇率和就业的长期均衡模型发现，美元升值显著降低了劳动力就业水平。克鲁格和萨默斯（Krueger and Summers，1987）通过研究行业间工资差距的成因发现，所有制垄断、经济性垄断和企业经营性质是造成行业间工资差距的主要因素。坎帕和戈德堡（2001）通过考察美国汇率波动对就业和工资的影响发现，资本密集度是影响行业就业和工资弹性的重要因素。罗楚亮和李实（2007）通过研究我国行业工资差距的主要原因发现，企业垄断力量在工资和补贴中的作用比其盈利能力更重要。张原和陈建奇（2008）认为，人力资本有利于行业工资水平的提高。张德远（2008）研究发现，汇率波动通过资源分配、生产方式和生产效率影响就业和工资水平，汇率波动一方面能改变劳动力和资本技术等要素的替代关系，另一方面通过改变产品需求价格弹性影响劳动力价格。

现有文献多从宏观视角考察汇率波动对劳动力市场的冲击以及这种冲击发生的途径，但是无法从微观层面解释我国汇率政策对企业内部工资水平和工资结构的影响。汇率波动对劳动力市场的冲击有别于汇率政策，二者对企业职工工资的影响原因和结果并不相同。汇率升值源于汇率市场波动导致对不同国家货币需求的相对变化，进而影响企业进出口行为。汇率政策变化是国家宏观层面的政策措施，致力于国际资本流动、汇率政策和国内财政货币政策之间的平衡。汇率政策既会促进也会阻碍人民币汇率升值。本部分将研究对象分为处理组（外贸企业）和对照组（内销企业），基于最邻近匹配方法为处理组找到合适的对照组，基于此运用倍差法对模型进行估计，主要解决以下两个问题：（1）从微观企业视角考察宏观汇率政策对工资水平造成的影响。（2）不仅考察了企业内部的平均工资水平，而且考察了汇率政策调整下技能和非技能工资结构的变化。（3）我国有管理的浮动汇率制度对工资的影响更侧重“有管理”还是更侧重“浮动”？在此过程中政府扮演了什么样的角色？

第二节　模型构建及变量说明

一、模型构建

本章主要研究汇率政策的实施对外贸企业和内销企业工资影响的差异性，首先构建二元虚拟变量 $imex_{it}=\{0,1\}$，当企业 i 为外贸企业，$imex$ 值取 1，

当企业 i 为内销企业时，$imex$ 取值为 0。同时构造二元时间虚拟变量 $time_t=\{0,1\}$，在汇率制度改革政策实施之前，即 2005 年以前，$time_t=0$，汇率制度改革政策实施之后 $time_t=1$。Y_{it} 为本部分重点关注的结果变量，包括平均工资水平、技能工人工资、非技能工人工资和工资差距等。简便起见，此处以技能工人与非技能工人的工资溢价作为结果变量进行模型构造。汇率制度改革对外贸企业内部技能溢价的实际影响用公式表示为：

$$\lambda = E(\lambda_i \mid imex=1) = E(\Delta Y_{it}^1 \mid imex=1) - E(\Delta Y_{it}^0 \mid imex=1) \tag{9.1}$$

在式（9.1）中，$E(\Delta Y_{it}^0 \mid imex=1)$ 表示外贸企业如果没有贸易行为的情况下，企业内部技能溢价的变化，这是一种“反事实”。为了实现 λ 的估计，我们采用最近邻匹配法（nearest neighbor matching），在合理选择匹配变量的基础上，通过为外贸企业（处理组）寻找特征变量相近的内销企业（控制组）。本书选取影响企业内部技能溢价的变量作为特征变量，包括：全要素生产率（tfp）来表示企业的技术水平，分别用 LP 方法和 OP 方法进行计算比较；资本密集度（kl）来衡量企业单位劳动所匹配的资本数量，用企业固定资产与企业职工数量的比值取对数衡量，企业固定资产用每年的固定资产价格指数作平减；企业规模（$size$），用企业职工数量取对数衡量；企业年龄（age），用当年年份减去企业开业年份来表示，企业年龄衡量了企业经验、资本积累年限和企业的生存能力；企业出口密集度（$exshare_{v,t}$）衡量企业出口能力和规模的大小，用企业出口缴货值除以企业年销售额；企业利润率（$profit$）代表企业的盈利能力，用企业利润与销售额比值衡量。在此基础上，采用 logit 模型进行估计：

$$p(imex=1) = \Phi(size_{i,t-1}, age_{i,t-1}, exshare_{i,t-1}, profit_{i,t-1}) \tag{9.2}$$

由此可以得出概率预测值 $\hat{p}$，在此，分别用 $\hat{p}_i \hat{p}_j$ 表示外贸企业和内销企业组的概率预测值，即处理组和对照组的倾向得分，最近邻匹配原理为：

$$\Theta(i) = \min_j \| \hat{p}_i - \hat{p}_j \|, j \in (imex=0) \tag{9.3}$$

$\Theta(i)$ 表示与外贸企业（处理组）相对应的内销企业（对照组）集合，对于一个处理组 i，有且只有一个处理组 j 落在集合 $\Theta(i)$ 内。通过最近邻匹配，我们即可得到与外贸企业相匹配的内销企业集合 $\Theta(i)$，这些集合的平均技能溢价变化量 $E(\Delta Y_{it}^0 \mid imex=0,\ i\in\Theta(i))$ 可以较好地替代 $E(\Delta Y_{it}^0 \mid imex=1,\ i\in\Theta(i))$，由此可以得出：

$$\lambda = E(\lambda_i \mid imex = 1) = E(\Delta Y_{it}^1 \mid imex = 1) - E(\Delta Y_{it}^0 \mid imex = 1, i \in \Theta(i)) \tag{9.4}$$

在此基础上，得出本书实证需要的表达式：

$$Y_{it} = \alpha_0 + \alpha_1 imex + \alpha_2 time + \delta imex \times time + \varepsilon_{it} \tag{9.5}$$

式（9.5）中，交叉项 $imex \times time$ 的系数 δ 刻画了相对于内销企业而言，外贸企业对企业技能工资溢价的影响。如果估计结果 $\hat{\delta} > 0$，那么国家进行汇率制度改革后，外贸企业内部的技能溢价增长幅度大于内销企业，即汇率制度改革政策使得进出口企业技能工资溢价比内销企业更大。为了保证估计方程的合理性，我们在方程右侧加入相应的控制变量，如企业全要素生产率，企业规模、年龄、利润率、资本密集度等特征，并对行业特征（v_j）和省份特征（v_k）进行控制。最终的回归方程为：

$$\begin{aligned} Y_{it} = {} & \alpha_0 + \alpha_1 imex + \alpha_2 time + \delta imex \times time + size_{it} \\ & + age_{it} + profit_{it} + kl_{it} + v_j + v_k + \varepsilon_{it} \end{aligned} \tag{9.6}$$

二、数据来源

本章使用 2000 ~ 2007 年中国工业企业数据库和海关数据库的匹配样本进行实证检验。中国工业企业数据库涵盖了全部国有企业和规模以上（主营业务收入超过 500 万元的）非国有企业，2004 年为经济普查年，该报告包含了企业职工的学历构成，即企业员工中研究生及以上、本科、专科、高中、初中及以下工人比例，根据企业工资支出与工人比例计算平均工资，根据企业技能工人结构计算技能工资。其他年份企业职工技术构成参照 2004 年比例。

选择 2005 年及以后外贸企业作为处理组，2000 ~ 2007 年内销企业作为对照组。选择 2005 年之后的外贸企业作为处理组是因为我国在 2005 年 7 月开始实行参考一篮子货币有管理的浮动汇率制度，以此作为标准观察我国实行的汇率政策对外贸企业工资水平和工资差距的影响。同时依照惯例，对书中所用主要变量的缺失值和异常值进行处理（蒋冠宏等，2013）。

第三节 统计性描述

一、企业数量和变量均值统计

将书中使用的样本数按照是否有出口行为分为外贸企业和内销企业，其中，外贸企业分为单纯进口企业、单纯出口企业和进出口企业。将回归用到的样本数量进行统计列入表9－1。其中内销企业数量较多，占64.84%，外贸企业占35.16%。

表9－1 样本对照组和处理组企业数量

企业类型	样本数（个）	比重（%）	累计比（%）
内销企业	270363	64.84	64.84
外贸企业	146608	35.16	100.00
总数	416971	100.00	

资料来源：中国工业企业数据库和海关数据库。

将样本中相关变量的均值列入表9－2。这些变量包括技能非技能工资差距（*lns*）、职工平均工资水平（*lnaverwage*）、技能工人工资水平（*lnwage_h*1和*lnwage_h*1）和非技能工人工资水平（*lnagrwage*和*lnhyminwage*）。在计算技能工资时，采用两种标准，第一种标准以高中及以上学历的工人作为技能工人计算就业和工资水平（陈波和贺超群，2013），第二种标准以大专及以上学历的工人作为技能工人计算就业和工资水平（李平等，2013）。表中末位数字1表示以第一种标准计算，末位数字2表示以第二种标准计算。由表9－2可见，对于外贸企业而言，不论是工资水平还是工资差距，其均值都高于内销企业，以工资差距为例，外贸企业工资差距为9.89，内销企业为9.56。外贸企业的技能工资为10.58，内销企业只有10.26。将样本变量的中位数进行了统计，并将统计结果列入表9－3。就中位数而言，外贸企业工资水平和工资差距都高于内销企业，与变量均值的统计结果相似。

表 9-2　　样本变量均值统计

企业类型	lns	lnaverwage	lnwage_h1	lnwage_h2	lnagrwage	lnhyminwage
内销企业	9.56	9.36	10.26	10.20	7.31	4.42
外贸企业	9.89	9.60	10.58	10.52	7.70	4.30
所有企业	9.68	9.45	10.37	10.31	7.45	4.38

资料来源：根据中国工业企业数据库和海关数据库数据计算得出。

表 9-3　　内销企业和外贸企业中位数统计

企业类型	lns	lnaverwage	lnwage_h1	lnwage_h2	lnagrwage	lnhyminwage
内销企业	9.59	9.35	10.22	10.17	7.31	4.69
外贸企业	9.93	9.57	10.54	10.49	7.80	4.69
所有企业	9.70	9.42	10.33	10.28	7.53	4.69

资料来源：根据中国工业企业数据库和海关数据库数据计算得出。

二、不同所有制企业数量统计

根据企业所有制不同将样本分为国有企业、集体企业、私营企业、外商独资企业、中外合资企业、中外合作企业。对样本中不同所有制企业的数目进行统计，列入表 9-4。

表 9-4　　样本不同企业类型数量

企业类型	数量（个）	比例（%）	累计比例（%）
国有企业	10585	7.12	7.12
集体企业	9242	6.21	13.33
其他	25	0.02	13.35
私营企业	26725	17.97	31.32
外商独资企业	54621	36.73	68.05
中外合资企业	40795	27.43	95.48
中外合作企业	6726	4.52	100.00
总样本	148719	100.00	

资料来源：中国工业企业数据库和海关数据库。

样本中外商独资企业比例最大，占所有样本的 36.73%，其次是中外合资企业，占所有样本的 27.43%，国有企业仅占样本的 7.12%，集体企业占

6.21%。我国的企业结构中，外资企业（外商独资企业、中外合资企业和中外合作企业）占比最高（68.68%），其次是私营企业（17.97%），国有和集体企业占比最少为13.33%。在此基础上，检验国家汇率制度改革政策对不同所有制性质企业工资水平的影响。

三、变量时间趋势统计

为了观察样本使用变量的时间趋势，将变量每年的中位数进行统计列入表9－5。以工资差距为例，高低技能之间的工资差距中位数2000年为9.38，之后逐年增加，到2007年达到10.04。除以行业最低工资表示的非技能工资水平外，企业技能、非技能和平均工资水平整体上都呈现逐年上升的趋势。

表9－5　　样本变量分年份中位数统计

年份	lns	lnaverwage	lnwage_h1	lnwage_h2	lnagrwage
2000	9.38	9.13	10.03	9.98	6.92
2001	9.44	9.17	10.08	10.03	7.32
2002	9.49	9.22	10.12	10.07	7.45
2003	9.55	9.28	10.18	10.13	7.21
2004	9.63	9.34	10.25	10.20	7.68
2005	9.73	9.43	10.36	10.30	7.85
2006	9.88	9.58	10.5	10.45	7.97
2007	10.04	9.76	10.66	10.61	8.07
总样本	9.70	9.42	10.33	10.28	7.53

资料来源：中国工业企业数据库和海关数据库。

第四节　实证结果

一、汇率制度改革对职工工资水平的影响

（一）匹配平衡检验

倾向得分匹配估计的准确性需满足“数据平衡”条件，即匹配后处理组企业和对照组企业在匹配变量上无显著差异，处理组和控制组的均值接近。

如果二者存在显著差异，则表明匹配方法或匹配变量选取不当。因此，首先进行数据平衡性检验。一般使用配对后处理组企业和控制组企业基于匹配变量的标准偏差（*standard bias*）进行匹配平衡性检验，即：

$$\frac{\bar{x}_{treat}-\bar{x}_{control}}{\sqrt{(s_{x,treat}^{2}+s_{x,control}^{2})/2} \tag{9.7}$$

其中，$s_{x,treat}^{2}$ 与 $s_{x,control}^{2}$ 分别为处理组和控制组变量 x 的样本偏差。偏差越小，则匹配效果越优。一般要求标准化偏差小于10%时，匹配效果较好，PSM估计结果可靠。采用上式对匹配变量计算标准偏差，同时对处理组企业和对照组企业匹配变量均值进行 t 检验，判断二者是否存在显著差异，进一步验证匹配效果，检验结果如表9－6。由最后一列 t 值可知，处理组企业与对照组企业在全要素生产率（*tfp_lp*）、资本密集度（*klratio*）、企业规模（*lnscale2*）、企业年龄（*age*）、赫芬达尔指数（*lnhhi*）、企业性质（*soe*）和融资约束（*finance*）方面均不存在显著差异。由各个匹配变量的标准差计算结果可知，各匹配变量配对后偏差绝对值均小于10%，将匹配变量匹配前后标准误绘制成图9－1。处理组和控制组之间所选择的特征变量无显著差异，因此本书匹配变量和匹配方法选择合适，即通过匹配为处理组企业找到了合适的对照组企业，配对估计结果可信。

表9－6　匹配平衡检验

变量	样本	均值		偏差		t检验	
		外贸企业	内销企业	偏差（%）	偏差减少（%）	t值	p>|t|
lntfp_lp	配对前	7.048	6.605	41.200	98.500	126.140	0.000
	配对后	7.048	7.041	0.600		1.680	0.093
klratio	配对前	94.840	94.034	0.500	62.900	1.610	0.107
	配对后	94.840	94.543	0.200		0.550	0.580
lnscale2	配对前	10.920	10.225	54.800	97.000	168.470	0.000
	配对后	10.920	10.895	1.700		4.550	0.000
age	配对前	9.225	12.452	−30.700	91.000	−89.560	0.000
	配对后	9.225	8.934	2.800		9.340	0.000
lnhhi	配对前	6.260	6.084	18.900	87.000	56.650	0.000
	配对后	6.260	6.283	−2.500		−6.730	0.000

续表

变量	样本	均值		偏差		t检验	
		外贸企业	内销企业	偏差（%）	偏差减少（%）	t值	p>|t|
soe	配对前	0.018	0.154	-50.100	98.400	-139.550	0.000
	配对后	0.018	0.016	0.800		4.500	0.000
finace	配对前	0.025	0.027	-4.200	75.000	-12.960	0.000
	配对后	0.025	0.026	-1.100		-3.040	0.002

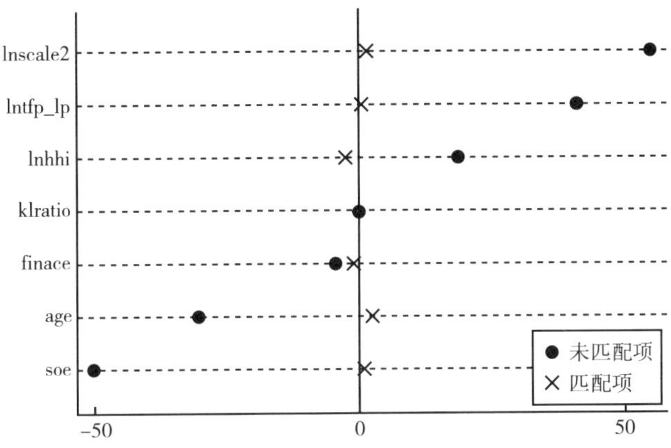

图9-1 变量匹配前后标准误

在配对方法上，我们使用马氏配对法，并采用阿巴迪和伊本斯（Abadie and Imbens，2006）提出的异方稳健标准误。马氏距离配对的基本思想是：对于任意 $i \in \{D_{it}=1\}$ 与 $j \in \{D_{it}=0\}$，i 与 j 距离为 d_{ij}，$d_{ij}=(U_i-U_j)^T \times C^{-1} \times (U_i-U_j)$。其中，$U_i$ 和 U_j 分别是 i、j 的匹配变量值，C为对照组各个匹配变量值的协方差矩阵。因此，对于处理组观测值，i 只有具有最小 d_{ij} 值的一个或者几个对照组观测值被选为新的对照组。在匹配比例的选择上，需要权衡估计系数的无偏性和有效性，1∶1配对减少了系数的有偏性，但降低了系数的有效性，较大比例配对增加了系数的有效性，却同时增加了系数的有偏性，综合考虑利弊，最终确定配对比例为1∶4。

（二）汇率制度改革对外贸企业职工工资的政策效应估计

表9-7展示了汇率制度改革对外贸企业工资水平政策效应的PSM-DID估计结果。第（1）列展示了汇率制度改革对外贸企业平均工资水平的政策效应，由回归结果可知，变量dt的回归系数显著为正，说明随着时间的推

移，处理组企业平均工资水平的增长显著高于控制组企业。变量 du 的估计系数显著为正，初始年份处理组企业平均工资水平显著高于控制组企业。本书最关注的是交叉项 dut 的回归系数，它刻画了汇率制度改革政策对外贸企业的影响，其估计系数为 -0.013，且在1%统计性水平上显著，说明汇率制度改革政策降低了外贸企业的平均工资水平。

表9-7第（2）列展示的结果为汇率制度改革政策对技能工人工资（lnwage_agrh1）的影响，其中技能工人是以高中学历为技能划分标准，高中及以上学历为技能工人，高中学历以下为非技能工人。汇率改革对技能工人工资的影响系数为 -0.019；以大专及以上学历为技能工人、大专学历以下为非技能工人为划分标准，汇率制度改革对技能劳动工资的影响系数为 -0.020（见第（3）列），由此可见，汇率制度改革降低了技能工人的工资水平，并且学历越高，降低幅度越大。本书对非技能工人的衡量也采用了两种方法，一种是以农村居民平均工资作为非技能工人工资（lnagrwage），另一种是以行业企业最低工资作为非技能工人工资（lnhyminwage）。

表9-7　　我国汇率制度改革对职工工资水平的影响

变量	(1)	(2)	(3)	(4)	(5)
	lnaverwage	lnwage_agrh1	lnwage_agrh2	lnagrwage	lnhyminwage
dt	0.301*** (138.769)	0.307*** (92.896)	0.305*** (86.890)	0.375*** (647.161)	2.143*** (338.476)
du	0.140*** (49.040)	0.097*** (22.182)	0.107*** (23.028)	-0.013*** (-16.987)	-0.195*** (-23.354)
dut	-0.013*** (-3.827)	-0.019*** (-3.749)	-0.020*** (-3.737)	0.001 (0.704)	0.136*** (14.155)
expshare	-0.062*** (-21.757)	0.113*** (26.093)	0.114*** (24.697)	-0.004*** (-5.446)	-0.013 (-1.526)
lntfp_lp	0.072*** (56.808)	0.064*** (33.120)	0.070*** (33.859)	-0.015*** (-45.231)	-0.144*** (-38.930)
klratio	0.001*** (99.321)	0.0001*** (9.802)	0.0001*** (11.293)	-0.000*** (-7.705)	-0.0001*** (-3.288)

续表

变量	(1)	(2)	(3)	(4)	(5)
	lnaverwage	lnwage_agrh1	lnwage_agrh2	lnagrwage	lnhyminwage
lnscale2	0.053 *** (45.493)	0.059 *** (33.289)	0.060 *** (31.760)	0.017 *** (53.971)	0.109 *** (31.973)
age	-0.001 *** (-6.678)	0.001 *** (5.318)	0.001 *** (4.881)	-0.001 *** (-21.130)	-0.007 *** (-24.673)
_cons	8.721 *** (642.490)	9.866 *** (476.796)	9.733 *** (442.258)	8.075 *** (2227.325)	4.058 *** (102.331)
地区固定效应	YES	YES	YES	YES	YES
行业固定效应	YES	YES	YES	YES	YES
N	336240	336240	336240	336240	336240
R^2	0.341	0.174	0.1152	0.967	0.476

第（4）列和第（5）回归结果可以看出，汇率制度改革政策提高了非技能工人工资水平，系数分别为0.001和0.136，其中对行业最低工资的提高作用更显著。通过控制变量的系数可以得出，企业全要素生产率的估计系数显著为正，说明企业技术水平越高，内部产生的工资差距越大，因此技能工人能在技术进步中收益更大，而非技能工人的工资水平是相对下降的。资本密集度估计系数显著为正，说明企业资本密度增加伴随着对高科技产品投入增多，从而产生对技能劳动更高的需求（毛其淋和许家云，2014）。通过对控制变量系数比较发现，企业规模、经营年限和利润越高，其内部的技能工资溢价越大。随着汇率的升高，相对技能工人而言，外贸企业非技能工人的工资获得更大程度的增长。

二、汇率制度改革对外贸企业职工工资差距的政策效应估计

在前文分析的基础上，检验汇率制度改革政策对企业内部工资差距的影响，将结果列入表9－8，其中，为了保证回归结果的稳健性，将控制变量依次加入方程进行回归。从表9－8可见，汇率制度改革对企业内部工资差距的影响显著为负，即我国的汇率政策显著缩小了高低技能工人之间的工资差距。

表 9 - 8　　汇率制度改革对职工工资差距的影响

变量	(1)	(2)	(3)	(4)	(5)
	lns	lns	lns	lns	lns
dt	0. 348 *** (68. 876)	0. 339 *** (67. 303)	0. 343 *** (68. 073)	0. 329 *** (64. 640)	0. 331 *** (64. 863)
du	0. 153 *** (23. 567)	0. 115 *** (17. 673)	0. 128 *** (19. 603)	0. 118 *** (17. 975)	0. 119 *** (18. 155)
dut	-0. 037 *** (-4. 774)	-0. 025 *** (-3. 238)	-0. 031 *** (-4. 024)	-0. 032 *** (-4. 085)	-0. 033 *** (-4. 243)
expshare	0. 313 *** (49. 248)	0. 336 *** (52. 872)	0. 317 *** (49. 383)	0. 320 *** (49. 913)	0. 323 *** (50. 332)
lntfp_lp		0. 088 *** (47. 727)	0. 093 *** (50. 140)	0. 055 *** (18. 637)	0. 058 *** (19. 521)
klratio			-0. 0003 *** (-21. 743)	-0. 0003 *** (-25. 064)	-0. 0003 *** (-24. 443)
lnscale2				0. 045 *** (17. 152)	0. 041 *** (15. 316)
age					0. 002 *** (9. 171)
_cons	9. 424 *** (2566. 790)	8. 830 *** (680. 062)	8. 819 *** (679. 152)	8. 620 *** (495. 433)	8. 624 *** (495. 564)
N	336240	336240	336240	336240	336240
R^2	0. 043	0. 049	0. 051	0. 052	0. 052

以第（5）列回归结果为例，汇率制度改革政策实施后，外贸企业的工资差距减小 0. 033，另外，企业出口占比、全要素生产率、企业规模和生产年限均提高了技能工人和非技能工人之间的工资差距。工资差距减小的原因是汇率政策降低了技能工人的工资水平，同时提高了非技能工人的工资水平。

使技能非技能工人工资差距减小的渠道有：（1）实施以市场供求为基础，参考一篮子货币有管理的浮动汇率制度使外贸企业资金流发生变化，由高技术行业流入低技术行业，增加对非技能劳动的需求，降低对技能劳动的需求，从而增加非技能工人的工资，降低技能工人的工资。我国实施国有企业改革以来，市场的竞争能力逐渐增加，垄断企业规模大，国有企业占比较大，且技术水平相对较高，为适应国家政策调整，垄断企业会首先调整生产结构，并且为了缩小收入差距，企业会提高低收入者的工资水平，降低高收入者工资水平。为应对汇率升值带来的影响，需活跃市场，增加竞争，随着市场竞争程度增加，竞争行业发展迅速，而短期内形成的竞争行业技术水平相对较低，导致非技能劳动的需求增加。（2）实施以市场供求为基础，参考一篮子货币有管理的浮动汇率制度使外贸企业技术发展轨迹发生变化，新技术的发展和成熟逐渐增加对技能研发人员的需求，但是一旦原有的技术普及应用到生产中，提高了劳动生产率，当这些技术的掌握简单化时，产品需要批量化生产，便需要更多的非技能劳动和现有的机器设备相结合，因此非技能劳动者的工资会有所上升。（3）我国加工外贸企业占比较大，国家汇率政策影响下会造成原有外贸企业的退出和新外贸企业的加入，适合市场需求的新加工外贸企业加入会增加对非技能劳动的需求，从而增加非技能劳动的平均工资水平。

另外，由回归中控制变量的系数可以得出，企业出口占比、全要素生产率、企业规模和生存年限与技能非技能工人工资差距呈显著正相关关系，而资本密集度与企业技能非技能工人工资差距呈显著负相关关系，即外贸企业出口占比越大、全要素生产率越高、规模越大、生存年限越长，企业技能非技能工人工资差距越大，而资本密集度越高，则技能非技能工人工资差距越小。

三、汇率制度改革对外贸企业职工工资差距的政策效应稳健性检验

为了验证估计结果的稳健性，我们在分别控制地区固定效应和行业固定效应的基础上对方程进行回归，结果列入表9－9。从表9－9可见，dt和du的系数显著为正，说明随着时间的推移，企业技能非技能工人之间的工资差距逐渐增大，初始年份处理组企业比控制组企业的工资差距大，而dut的系数显著为负。以第（1）列回归结果为例，实施以市场供求为基础，参考一篮子货币有管理的浮动汇率制度降低了外贸企业的工资差距，政策实施后，外贸企业的工资差距减小了0.03%。

表 9-9　　汇率制度改革对职工工资差距的影响

变量	(1)	(2)	(3)
	lns	lns	lns
dt	0.317*** (63.213)	0.323*** (63.969)	0.313*** (63.144)
du	0.033*** (5.078)	0.118*** (17.926)	0.051*** (7.739)
dut	-0.030*** (-3.973)	-0.029*** (-3.762)	-0.027*** (-3.609)
expshare	0.281*** (43.779)	0.246*** (37.628)	0.213*** (32.777)
lntfp_lp	0.050*** (16.968)	0.059*** (20.179)	0.055*** (19.072)
klratio	-0.0004*** (-28.676)	-0.0002*** (-16.639)	-0.0003*** (-23.661)
lnscale2	0.061*** (22.831)	0.045*** (16.784)	0.059*** (22.034)
age	0.004*** (16.985)	0.002*** (8.876)	0.003*** (15.974)
地区固定效应	YES	NO	YES
行业固定效应	NO	YES	YES
_cons	8.486*** (422.161)	9.238*** (314.248)	9.295*** (298.936)
N	336240	336240	336240
R^2	0.087	0.077	0.110

四、汇率制度改革对外贸企业职工就业的政策效应估计

将被解释变量变为企业就业水平，技能就业和非技能就业进行回归，检验结果列入表 9-10。dt 系数显著为负，说明随着时间的推移，企业总体就业水平、技能就业和非技能就业都有显著下降的趋势，而 du 的系数显著为

正，说明初始年份处理组企业比控制组企业整体就业以及技能非技能就业水平都高，这与现有的研究结论一致，即出口增加了不同技能水平劳动力需求，增加了就业（盛斌和牛蕊，2009；魏浩，2013）。随着全球贸易自由化浪潮，外贸企业吸纳了来自农业的剩余劳动力，增加了对非技能劳动的需求（杨玉华，2008）。同时，企业参与国际贸易逐渐改变了其内部人力资本需求结构和职工配置。陈昊和刘骞文（2014）通过检验出口规模对就业的影响发现，出口规模增加显著提高了外贸企业的就业水平。

表 9 – 10　　汇率制度改革对职工就业的影响

变量	(1)	(2)	(3)
	lnlabor	lnlabor_h1	lnlabor_l1
dt	–0. 304 *** (–99. 230)	–0. 317 *** (–83. 932)	–0. 294 *** (–76. 827)
du	0. 093 *** (23. 067)	0. 162 *** (32. 539)	0. 034 *** (6. 762)
dut	0. 069 *** (14. 809)	0. 072 *** (12. 597)	0. 062 *** (10. 695)
expshare	0. 231 *** (57. 501)	0. 042 *** (8. 458)	0. 324 *** (64. 448)
lntfp_lp	–0. 169 *** (–94. 119)	–0. 150 *** (–68. 210)	–0. 183 *** (–81. 940)
klratio	–0. 001 *** (–156. 115)	–0. 001 *** (–69. 818)	–0. 002 *** (–165. 558)
lnscale2	0. 703 *** (427. 035)	0. 701 *** (346. 301)	0. 699 *** (339. 693)
age	0. 016 *** (122. 572)	0. 014 *** (89. 792)	0. 018 *** (113. 353)
_cons	–0. 556 *** (–28. 950)	–1. 986 *** (–84. 048)	–0. 901 *** (–37. 546)
N	336240	336240	336240
R^2	0. 591	0. 496	0. 490

汇率制度改革对企业就业的影响显著为正，其中对企业平均就业、技能就业和非技能就业影响的弹性系数分别为0069、0.072和0.062，说明我国有管理的浮动汇率制度提高了外贸企业的平均就业水平和技能非技能就业水平。同时，出口占比、企业规模和企业生存年限也对就业水平产生了显著影响。回归中，全要素生产率（*tfp_lp*）对企业就业水平影响不显著的原因可能是大部分私营企业生产率水平高，但是其出口成本较大，无法实现规模扩张，导致吸纳劳动力的能力较低，而国有垄断企业生产率水平较低，由于能够享受较高出口补贴使其成本下降，其吸纳劳动力的能力较高。

对不同性别企业劳动力的就业情况进行检验，包括男性就业（*lnlabor_m*）、女性就业（*lnlabor_f*）、男性技能就业（*lnlabor_mh*1）、男性非技能就业（*lnlabor_ml*1）、女性技能就业（*lnlabor_fh*1）和女性非技能就业（*lnlabor_fl*1），将结果列入表9－11。dt系数显著为正，说明随着时间推移，外贸企业就业状况显著下降，原因是人民币汇率升值使得出口量急剧下降，减少了外贸企业对劳动力的需求。就du系数而言，对于男性非技能劳动就业水平，初始年份处理组企业比控制组企业就业水平低，而对于男性就业、女性就业、男性技能就业、男性非技能就业、女性技能就业和女性非技能就业水平，初始年份处理组企业均高于控制组企业。有管理的浮动汇率制度对不同性别劳动力就业的影响均显著为正，且通过了1%的统计性水平检验。以第（1）列为例，汇率制度改革政策对外贸企业男性就业的影响系数为0.074，即汇率制度改革政策使外贸企业男性平均就业水平上升了0.074%。

表9－11　汇率制度改革对职工就业结构的影响

变量	(1)	(2)	(3)	(4)	(5)	(6)
	lnlabor_m	lnlabor_f	lnlabor_mh1	lnlabor_ml1	lnlabor_fh1	lnlabor_fl1
dt	−0.322*** (−98.457)	−0.289*** (−69.519)	−0.324*** (−79.801)	−0.312*** (−61.852)	−0.296*** (−65.735)	−0.288*** (−54.808)
du	0.033*** (7.723)	0.177*** (32.214)	0.108*** (20.077)	−0.060*** (−8.934)	0.226*** (37.953)	0.126*** (18.138)
dut	0.074*** (14.800)	0.072*** (11.325)	0.078*** (12.648)	0.062*** (8.112)	0.070*** (10.296)	0.068*** (8.456)
expshare	0.031*** (7.259)	0.412*** (75.491)	−0.135*** (−25.222)	0.203*** (30.616)	0.172*** (29.131)	0.536*** (77.639)

续表

变量	(1)	(2)	(3)	(4)	(5)	(6)
	lnlabor_m	lnlabor_f	lnlabor_mh1	lnlabor_ml1	lnlabor_fh1	lnlabor_fl1
lntfp_lp	-0.164*** (-85.970)	-0.179*** (-73.874)	-0.144*** (-60.721)	-0.200*** (-67.944)	-0.157*** (-59.697)	-0.200*** (-65.096)
klratio	-0.001*** (-108.069)	-0.002*** (-149.393)	-0.0003*** (-33.973)	-0.002*** (-124.434)	-0.001*** (-82.701)	-0.002*** (-152.485)
lnscale2	0.716*** (407.078)	0.681*** (304.775)	0.720*** (329.507)	0.702*** (258.911)	0.672*** (278.184)	0.683*** (241.714)
age	0.016*** (115.375)	0.019*** (106.311)	0.015*** (87.507)	0.019*** (88.424)	0.017*** (88.485)	0.022*** (100.021)
_cons	-0.873*** (-42.584)	-2.352*** (-90.284)	-2.363*** (-92.774)	-1.095*** (-34.651)	-3.380*** (-119.916)	-2.965*** (-89.977)
N	336240	336240	336240	336240	336240	336240
R^2	0.567	0.505	0.494	0.352	0.423	0.425

值得一提的是，汇率制度改革政策促进了女性就业水平提高。对于女性职工来讲，除了与男性职工一样重视企业基本工资待遇外，更重视企业提供的额外福利（陈昊和刘骞，2014）。如果企业提供的婚假、产假较长，就会对女性就业者产生更大吸引力。同样，企业由于诸如此类的原因，不愿意雇用女性劳动力。对于进出口外贸企业而言，随着贸易规模扩大和补贴增加，企业交易成本下降，加之劳动力短缺等因素，会更倾向雇用女性劳动者。从这个角度而言，我国实行有管理的浮动汇率制度对劳动力市场的影响侧重在“有管理”上，国家并没有放任汇率波动而导致企业负担加重，而是通过汇率政策间接调节了劳动力市场的就业水平。

第五节 结论和政策建议

一、结论

以2005年7月21日我国开始实行以市场供求为基础、参考一篮子货币进行调节、有管理的浮动汇率制度为背景，利用中国工业企业数据库和海关数据库的匹配数据，考察了汇率制度改革政策对外贸企业工资水平和工资差距的影响。为了准确估计汇率制度改革政策对外贸企业工人工资的影响，首先采用最邻近配对方法为外贸企业（处理组）选出与之匹配的内销企业（控制组），在此基础上使用 DID 模型进行估计。结果表明，汇率制度改革政策降低了制造业企业的平均工资水平，减小了高低技能之间的工资差距，原因是汇率制度改革政策降低了技能工人的工资水平，而提高了非技能工人的工资水平。同时，汇率制度改革政策促进了外贸企业技能非技能劳动和不同性别就业水平的提高，但是降低了男性非技能工人的就业水平。

汇率政策和实际有效汇率升值的区别在于：实际有效汇率升值是由汇率市场决定的，是本币相对于外币的实际价格发生变化。汇率政策主要分为两种：固定汇率制度和浮动汇率制度。汇率政策与实际有效汇率的关系是控制与被控制的关系。由本部分回归可以看出，我国实行以市场供求为基础，参考一篮子货币有管理的浮动汇率制度主要是控制了实际有效汇率的升值，而不是加速实际有效汇率升值。在回归检验中也出现了截然不同的结果，即实际有效汇率增加了平均工资、技能非技能工资水平和工资差距；而汇率制度改革政策的实施却降低了平均工资、技能工人工资水平和工资差距，提高了非技能工人的工资水平。因此我国的汇率制度改革体现了汇率持续升值的制约，充分发挥了宏观调控降低工资差距的作用，但是阻碍了平均工资水平和技能工人工资的提高。汇率制度改革政策对劳动力市场的影响侧重“有管理”。

二、政策建议

首先，企业应充分采取新技术，雇佣相对廉价的非技能劳动，如此可以降低企业生产成本。我国汇率制度缺乏弹性制约了平均工资水平的提升，增加汇率弹性水平和渐进式升值可使币值逐渐回到均衡水平，从而避免币值不稳定对就业和工资水平造成的动荡。其次，企业应加快内部人事招聘制度改革，使高低技能分配与企业资本和技术相匹配，避免劳动力就业和市场竞争脱节。再次，企业在提高人力资本水平的前提下要重视人力资本结构调整，避免因人力资本未充分利用或者收入分配不合理导致高低技能之间的收入分配差距过大。最后，垄断性行业应引入竞争机制，增加行业之间的竞争，防止因竞争不足导致的行业间工资差距过大。为了防止汇率波动对技能工资溢价的影响，企业应该采取相应的培训措施完善职工培训体系，通过培训使更多非技能劳动和女性劳动者获得专业技能和进一步深造，以提高非技能工人和女性职工在就业市场上的谈判能力和竞争力。

随着汇率制度改革推进，有管理的浮动汇率制度避免了汇率波动幅度过大对劳动力市场的冲击，我国非技能劳动会从中受益，技能工人工资受损，工资差距减小。政府应加大企业招聘平台建设，降低劳动者的搜寻成本和员工匹配成本，并杜绝劳动力市场的性别歧视。本部分的不足之处在于，将研究重点放在了汇率制度改革政策对外贸企业工人工资水平和工资差距的影响上，忽视了其他政策对工资水平的影响；由于数据限制，选用2004年企业职工技能结构作为标准，忽视了劳动力的技能结构随时间的动态变化对工资的影响，从而对外贸企业工资水平和工资差距的个体差异和全面性造成误差。

三元悖论对开放经济条件下，一国内部均衡和外部均衡之间的冲突做了深刻诠释，即在开放经济资本自由流动的前提下，固定汇率制度和货币政策独立性两大宏观经济目标不能同时实现的矛盾。经济全球化和一体化推动全球资本自由流动，在此前提下，面对国内经济增速回落、出口乏力、投资缺乏动力的状态，我国采取相机抉择的稳健货币政策和有管理的浮动汇率制度具有重要现实意义。为预防货币攻击风险，保证国民经济持续健康发展，应该积极采取防范措施。

首先，在符合国内经济发展的基础上建立更加富有弹性的汇率政策，汇率制度改革要与金融改革和经济发展水平保持一致。一方面可以保证国内货币政策的自由性和有效性，另一方面可以防范投机性货币攻击，这与宏观经济条件下政府提出的“汇市要立足于提高货币政策自主性、发挥国际收支自动调节机制，在保持汇率基本稳定的同时，逐步形成以市场供求为基础、双向浮动、有弹性的汇率运行机制”一致。

其次，加强金融监管，建立预防投机性货币攻击的预警机制。健全的金融法律法规是金融体制健康运行的前提和基础，能有效预防和应对金融风险。现阶段我国金融机构的风险管理能力普遍比较薄弱，缺乏灵活有效的汇率风险规避和管理工具。金融监管不力是造成投机性货币攻击的重要条件，这些监管缺陷和漏洞使得攻击发生时，金融体系不堪一击，因此，加强金融体系的抗风险能力是当务之急。值得一提的是，互联网金融行业的发展使得监管任务更加复杂，金融体系的安全稳健运行需要监管体系、法律制度和市场规则有效结合起来，兼顾安全性、盈利性和流动性在金融机构经营中的动态平衡。同时，及时监控国际市场上的资本流动状况，对风险资本的流入流出进行及时预警和干预。

最后，积极引导预期。政策导向和社会舆论会形成货币升值或贬值预期的重要因素，进而影响央行干预市场的能力，投机者对资本进行操作，通过羊群效应引导其他投资者，增强投机者的力量。对于投机性货币攻击，应积极引导市场和民众正确的预期，增强大众对经济发展的信心，稳定国内经济。同时，积极研究投机者的投机冲击模式，以便在遭遇冲击时能够从容应对。

第十章

人民币汇率波动对企业工人就业的影响

第一节　问题的提出

汇率波动通过影响进出口产品的价格来影响企业规模和投资决策，进而影响国内就业。现有研究认为，贬值增加就业（Campa and Goldberg，1998），升值减少就业（Klein，2003）。趋势性实际有效汇率会影响工作岗位的重新配置，而周期性实际有效汇率会破坏现有的工作岗位，汇率升值贬值对企业就业的影响随着国家和行业开放程度扩大而增加。从汇率稳定性而言，汇率波动越剧烈，越不利于就业的增加。伯吉斯和克内特（Burgess and Knetter，1998）研究发现，法国和德国工业向长期稳态调整速度缓慢，其受汇率波动的影响不显著，而美国、英国、日本、加拿大和意大利工业调整进程较快，其国内就业受到汇率波动的冲击较大。贝尔克和格罗斯（Belke and Gros，2002）却认为，汇率波动对企业就业的影响主要并不是通过贸易途径实现的，企业生产面临沉没成本，其投资和劳动力配置需要事先规划统筹，汇率波动改变了企业的投资和劳动需求，企业更改决策需要付出巨大的成本。

爱德华兹（Edwards，1989）研究了汇率波动对发展中国家就业的影响发现，贬值导致了产出和实际工资水平下降，主要原因有：（1）贬值通过影响价格产生负实际余额效应，导致需求和产出下降；（2）汇率贬值使收入由边际储蓄率低的人群转移到边际储蓄率高的人群，导致储蓄增加，消费减少，产出减少；（3）发展中国家的进出口价格弹性低，贸易余额发生恶化，引发需求不足和经济萧条；（4）贬值提高了中间品价格，供给曲线向左移动，降低了总产出。万解秋和徐涛（2004）通过研究关于人民币汇率波动对我国就业影响发现，人民币实际汇率升值导致就业减少，而贬值在一定时期内可增加就业。范言慧和宋旺（2005）研究发现，实际汇率贬值促进就业，实际汇率的变动将通过出口价格、出口份额变动、进口成本等途径影响企业的劳动需求。

研究汇率波动对就业的影响具有重要的现实意义。现阶段，我国经济增速放缓，就业压力加大，同时随着世界经济变化，人民币汇率波动日益频繁。当面临汇率波动时，不仅要关注其对国际收支的影响，而且要关注其对国内就业造成的影响。汇率波动会影响企业的投资决策，进而影响其劳动力需求。现有的研究多集中于从国家和行业等宏观层面考察汇率波动和汇率水平对就业的影响，但是没有关注汇率波动对就业结构的影响机制和结果。人民币实际有效汇率升值对技能非技能劳动的就业影响是否相同？人民币汇率升值会产生对非技能劳动的替代吗？不同类型和所有制企业所受汇率波动的冲击相同吗？本书在研究技能非技能工人就业水平和就业差距的同时检验了不同技能水平工人的就业状况，目的是将就业作为汇率波动影响劳动力市场均衡的传导途径，重点仍然是探讨微观企业的就业结构问题。本部分的结构安排如下：首先是模型设定、变量选取和数据说明，其次汇报了实证检验的结果，再次是异质性检验，最后是结论和政策建议。

第二节 文献综述

汇率是开放经济条件下政策调整的重要工具，是我国货币政策传导的媒介。2005 年我国实行汇率制度改革政策以来，人民币汇率波动对商品价格和企业进出口行为的影响更加显著。现阶段，中美贸易摩擦对人民币汇率带来一定压力，而汇率的变动幅度和频率将通过价格传导和企业行为间接影响国内就业水平。人民币汇率波动对于汇率和就业之间的关系，现有学者从理论和实证方面已经做了充分的研究，通过梳理汇率与就业的整体关系、汇率—就业效应的影响因素、汇率变动影响就业的机制和国别比较四个方面的研究，总结理论研究的发展趋势，以期为未来汇率就业关系的研究提供参考。

关于汇率和就业关系的研究，国内外学者更多的是通过理论和实证研究汇率贬值或者升值对就业的影响，大部分学者的研究结果表明：汇率升值不利于就业或者汇率贬值有利于就业。如戈德堡与特雷西（1999）、古尔欣加斯（Gourinchas，1998，1999）、哈塔（Hatemi，2006）等人的研究表明汇率升值不利于就业；俞乔（1999）发现贬值有利于制造业就业；丁剑平和鄂永健（2005）发现实际汇率贬值会增加贸易部门就业，但会减少非贸易部门就业；曾莹（2006）发现人民币升值会抑制大多数行业就业增长。关于汇率影响就业的传导渠道，国内外学者做了一些有意义的理论研究，但实证研究相对较少。如坎帕和戈德堡（2001）认为汇率变动主要通过进口渗透、出口拉动和投入替代三种渠道影响劳动力需求；哈尔蒂旺格（Haltiwanger，2004）的研究表明实际汇率升值通过资源的重新配置促进就业的增长；弗伦克尔（Frenkel，2004）总结出实际汇率影响就业的三个渠道：宏观进出口渠道、经济增长渠道和劳动密集度渠道；华（Hua，2007）则认为汇率主要是通过技术渠道、出口需求渠道和效率渠道这三个渠道影响就业的。我国学者虽然没有进行传导渠道的测算，但也从理论上进行了一些分析，如范言慧和宋旺（2005）认为，实际汇率的变动通过出口价格、出口份额变动、进口成本和汇率预期等途径影响企业的劳动需求；张德远（2008）指出人民币汇率变动可通过四种传导机制影响就业：在短期内主要是贸易传导机制发生作用；在较长期内，资源分配传导机制起主要作用；在长期内，生产方式和效率传导机制起着重要作用，文中利用各行业的统计数据论证各传导渠道的存在性。可以看出，国内对于汇率影响就业的传导渠道研究，主要限于文字描述或一般的数据分析，尚未进行实证测算。为此，本部分拟通过计量方法实证检验我国汇率影响就业的各种传递渠道的作用程度，为当前我国汇率政策的实施提供相应的决策依据。

一、汇率对就业的整体影响

现有学者对汇率变动与就业之间的关系研究主要集中在企业、行业和产业三个层面。整体而言，汇率变动通过影响企业岗位的配置而影响就业水平，具体表现为现有工作岗位被破坏，与汇率变动趋势相关的工作岗位会产生。随着一国对外开放程度扩大，汇率变动对就业的影响变动更加深入，汇率变动越频繁越不利于就业保持稳定。对于企业而言，货币贬值可以使相同面值的外国货币兑换更多本币，购买更多本国商品，因此贬值增加国外市场对商品的需求，从而促进就业，货币升值则以相反的路径减少就业。对于行业而言，人民币汇率贬值有助于劳动密集行业就业增加，升值则有助于技术和资本密集型行业就业（徐伟呈和范爱军，2017）。从产业层面而言，人民币汇率升值导致我国制造业就业率下降（范言慧和宋旺，2005，Hua，2007）。鄂永健和丁剑平（2006）通过考察人民币汇率同就业之间的关系发现，人民币汇率与就业之间的关系与消费的跨期替代弹性有关，只有跨期替代弹性较小时，人民币贬值才可以促进就业，但是，随着消费者风险规避的下降，汇率持续贬值只能短期促进就业，而不能从根本上解决社会失业问题。关于汇率导致制造业岗位减少的原因，研究发现，人民币汇率升值提高了劳动力的使用效率，从而使企业资本密集度增加，而对劳动的需求减少。

二、汇率—就业效应的影响因素研究

企业应对汇率冲击调整劳动力结构受各种外在因素的影响。努奇（2010）认为，企业会通过调整工人工资来应对汇率波动带来的冲击，且在计算汇率的就业弹性时考虑了企业垄断和进口要素的影响。在新新贸易理论的基础上，梅利兹（2003）利用一般均衡分析方法研究对汇率就业弹性的影响因素发现，一个国家的对外开放程度、生产率和劳动市场粘性对汇率就业弹性影响显著。在劳动力市场中，技能劳动和非技能劳动的调整成本越高，企业越不愿意进行劳动力重新配置，汇率的就业弹性越低（Berman，2014）。在生产率较低，贸易依存度较高，劳动力调整容易的市场条件下，企业面临汇率波动时就业的调整越大。

三、汇率变动影响就业的机制研究

当人民币汇率变化时，消费品和原材料的进口价格发生变化，厂商会针对成本变化调整生产规模和投资方向，进一步传导至企业劳动力的雇佣需求（刘军，2015）。从需求层面而言，人民币汇率升值使进口商品相对便宜，国内市场对商品的需求减少，同时，国外市场对国内商品的需求也因为人民币升值而减少，造成企业出口额下降，生产动力缺乏导致就业率下降。从供给层面而言，人民币升值使进口原材料成本下降，企业生产成本降低，资本和劳动的替代更简单，进而影响劳动的需求结构（李怀定，2007）。人民币汇率变动通过生产资源重新配置、改变原有生产方式和生产效率进而影响企业对雇佣劳动的选择，同时通过改变现有的要素替代关系影响产品的价格弹性。

总体而言，汇率变动影响就业的机制主要表现在四个方面：（1）汇率变动直接影响价格，从而产生实际余额效应，间接影响生产的供给和需求层面进而对就业产生影响。（2）人民币贬值对收入不同的人群产生不同的影响，使收入从边际储蓄率较低的人群转移到边际储蓄率较高的人群，全社会储蓄增加，消费下降，从而使社会需求减少，不利于生产扩大。（3）不同国家的商品价格弹性不同，当汇率变动时，不同国家的实际贸易余额效应区别显著，因此汇率变动对国内商品的需求和就业影响也存在差异。（4）人民币升值使中间品价格下降，供给曲线右移，社会总产出增加，如果人民币贬值，社会总产出就会减少。宋红军（2013）研究发现，汇率变动并不能通过贸易影响就业，由于企业的投资和生产是在汇率变动之前规划好的，如果因为汇率变动改变投资方向和劳动力结构，那么企业将面临巨大的沉没成本。

四、汇率变动影响就业的国别比较

就国别而言，工业化程度不同的国家，汇率的就业弹性表现出不同的特征。最早关于汇率波动和就业关系的研究对象是发达国家。其中，布兰森和洛夫（Branson and Love，1987）通过研究汇率变动对美国和日本就业的影响发现，美元汇率发生变化会显著影响美国的就业，就行业而言，耐用品生产部门受影响更加显著。同样，日元汇率变动对日本国内耐用品部门也具有显著影响。雷文加（Revenga，1992）基于美国国内竞争加剧的背景，研究了汇率变动和就业率之间的关系发现，美元升值使美国就业率下降 4.5% ~ 7.5%，平均工资减少 2%。

丁剑平和王璐（2006）研究了人民币汇率、日元汇率对第三产业劳动力就业的影响，结果发现，在日本，日元实际有效汇率升值使第三产业就业率上升，而在中国，人民币实际有效汇率升值没有使第三产业就业率出现显著变化。工业调整速度慢的国家，如德国和法国，国内就业对汇率变动的反应不敏感，而工业调整速度较快的国家，如英国和美国，国内就业对汇率冲击的反应比较快。发展中国家就业对汇率变化的反应也很敏感。

五、文献评述

现有研究分别从国家、行业、异质性企业层面解释汇率—就业效应的影响因素、汇率变动对就业水平影响以及传导机制，不足之处在于：首先，综合分析就业针对汇率的调整过程，但并未体现微观企业进行要素调整对汇率冲击的反应程度；其次，没有关注企业内部异质性劳动就业对汇率变动的不同反应；对于出口企业而言，企业所有制类型、出口业务类型、竞争机制同样影响汇率对就业的冲击程度。最后，没有刻画出汇率变动对企业工人就业影响的动态特征，以及汇率如何改变微观企业的生产行为。未来的研究应关注汇率变动对微观企业不同技能水平劳动力就业的静态和动态影响，以期为企业面对汇率变动调整策略和国家的汇率政策提供参考。

第三节　汇率变动影响就业的作用机制

总体而言，汇率变动会通过三种机制影响一国的就业水平。

一、价格机制

当国际市场汇率发生变化时，商品相对价格首先发生变化，一国商品的进口和出口总额也会发生变化。当人民币升值时，单位商品会花费更多数量的外币，以外币标价的出口商品价格上升，出口需求下降，以外币计价的进口商品价格下降，单位人民币能买到更多的外国商品，外国商品相对价格下降，本国进口增加。如果人民币贬值，将出现相反的情况。如果人民币升值导致出口额减少，那么出口企业产量下降，或者出现货物积压，劳动力雇佣数量减少，从而引起失业。当人民币贬值时，出口需求增加，企业订单增加，需要雇佣更多的劳动力，失业率下降。当然，汇率变动对劳动力市场的影响并不会立刻显现出来，原因是进出口生产的订单会提前下好，企业本年度生产的商品订单绝大部分是几个月前或者一年前预定的，汇率波动引起的劳动力市场变化有一定的滞后效应。同时，汇率波动对企业造成的影响与商品的替代弹性相关，如果进口商短时间内难以找到合适的替代品，那么汇率变动对这部分商品的出口影响并不大，出口商会承担汇率波动带来的损失，如果出口商品的替代弹性大，进口商很容易找到价格更优惠的替代品，这种商品的出口商就会遭受严重的损失。一般劳动密集型商品比较容易替代，资本密集型和技术密集型商品不容易被替代。

二、投资途径

人民币升值会从以下几个方面影响外商直接投资（FDI）。首先，人民币升值使以外币表示的国内商品和劳务价格上升，增加了投资的成本，如果外商能够找到比我国成本更加有优势的国家或地区进行投资，那么就会进行产业转移，寻求更高的回报率，减少对我国的投资规模。其次，人民币升值使外币折算的人民币资产缩水，投资的回报率下降，从而降低投资规模。最后，汇率变动对我国的对外直接投资也会造成一定的影响，人民币升值使国内出口商品的相对价格上升，企业就会进行生产战略调整，将国内产业转移到其他成本较低的国家和地区进行生产，产业的整体转移使国内的失业率上升。外资撤退和本国资本流出使国内市场受到巨大的冲击，因为 FDI 企业多数是劳动密集型企业，来中国投资一定程度上是产品生产进入标准化阶段，我国廉价的劳动力资源能够降低成本，因此外资的流出对国内就业水平产生深刻的影响。同时，外资进入通过技术扩散拉动我国技术进步，撤资会使国内新兴产业投入不足而影响就业。

三、国内产业结构调整

根据李嘉图的比较优势理论，我国在国际贸易中的优势在于廉价的劳动力，如果汇率升值使出口下降，外国直接投资转移，对外直接投资增加，那么我国的劳动力结构和产业结构就会发生相应的改变（王刚贞和张卓成，2013），原来的劳动密集型产业逐渐萎缩，新兴产业没有崛起，劳动力供需不匹配，符合新兴产业结构的劳动力培训还需要经过较长时间的过渡。就不同产业就业而言，受人民币汇率的影响也是不同的。2018 年我国第一产业占 GDP 比重约为 7.19%，我国农副产品出口比例较小，且农业生产市场化水平较低，农民的比例较稳定，因此汇率的变化对第一产业就业影响不大。我国制造业出口占比较高，第二产业和第三产业占 GDP 比重较大，汇率的变动会对第二产业和第三产业的就业产生比较大的影响。

在出口贸易中，我国加工贸易占比较高，加工贸易产品附加值比较低，属于劳动密集型产业[①]，汇率变动会严重影响这些行业的就业水平。同时，随着我国产业结构的调整和改善，服务贸易占比逐渐增加，我国2018年服务贸易占比为52.16%，服务贸易的进出口规模也逐渐增大，汇率变化也会影响服务业就业水平。与美国的产业结构相比，2018年，美国第一产业占比为0.8%，第二产业占比为18.6%，第三产业占比为80.6%，由此可见，美国服务业占主导地位，行业产品多为资本密集型和技术密集型，中国制造业占主导地位，行业产品多为劳动密集型，汇率变动更大程度上影响中国制造业的就业水平和美国的服务行业就业水平。从近20年我国三大产业的分布状况可以看出，整体而言，我国第一产业和第二产业占比逐年降低，1998年我国第一产业和第二产业占比分别为17.97%和49.21%，到2018年，这一数值分别变成了4.4%和38.9%。第三产业比重逐年增加，由1998年的32.81%增加到2018年的56.5%。随着产业结构的调整和第三产业进出口占比增长，汇率波动对我国第三产业的影响也越来越严重。

图10-1为1999~2018年中国的就业状况，1999年我国就业人数为71400万人，2004年汇率制度改革之前，我国的就业人数为74300万人，2005年我国实行汇率制度改革，由图10-1可见，就业人数平稳中有上升，2018年，我国的就业人数达到77600万人。将国家统计局公布的1999~2018年我国三大产业就业占比状况统计列入表10-1，并展示在图10-2中，总体而言，1999~2018年，第一产业和第三产业占比变化显著，第一产业占比逐年下降，1999年我国第一产业工人就业占比下降趋势显著，由1999~2002年的50%下降到2018年的26%，第二产业以制造业为主，第二产业就业人数占比比较稳定，1999年，我国第二产业占比为23%，2012~2014年，第二产业就业人数占比最高，达到30%，之后有下降趋势，2018年第二产业就业人数占比为28%，近几年第二产业就业人数占比基本保持稳定。就业和生

① 根据《中国统计年鉴》的行业分类标准，劳动密集型产业分为：煤炭开采和洗选业；黑色金属矿采选业；有色金属矿采选业；非金属矿及其他矿采选业；农副食品加工业和食品制造业；饮料制造业；纺织业；纺织服装、鞋、帽制造业；皮革、毛皮、羽毛（绒）及其制品业；木材加工及木、竹、藤、棕、草制品业；家具制造业；印刷业和记录媒介的复制；文教体育用品制造业；橡胶制品业；塑料制品业；非金属矿物制品业；金属制品业；工艺品及其他制造业。

其他行业包括：石油和天然气开采业；烟草制品业；造纸及纸制品业；石油加工、炼焦及核燃料加工业；化学原料及化学制品制造业；医药制造业；化学纤维制造业；黑色金属冶炼及压延加工业；有色金属冶炼及压延加工业；通用设备制造业；专用设备制造业；交通运输设备制造业；电气机械及器材制造业；通信设备、计算机及其他电子设备制造业；仪器仪表及文化、办公用机械制造业；电力、热力的生产和供应业；燃气生产和供应业。

产综合对比来看（见表10－1与表10－2），2018年我国第一产业产值占GDP的4.4%，而第一产业吸收了26%的就业，第二产业产值占GDP的38.9%，吸收了28%的就业，第三产业产值占GDP的56.7%，吸收了46%的就业，这说明我国农业从业人口相对较多，生产率水平较低，产业和就业的匹配有待优化。

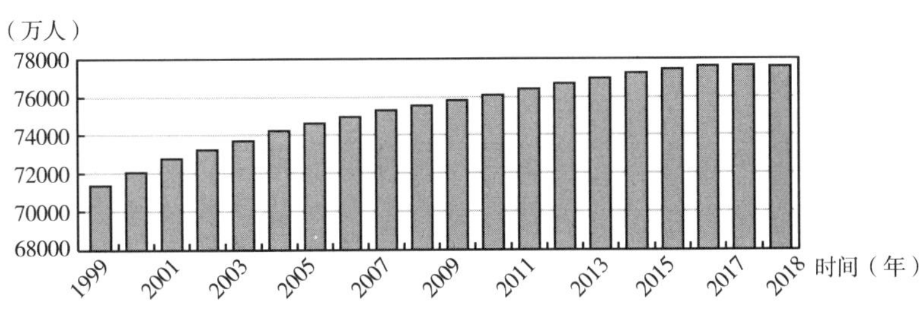

图10－1　1999～2018年中国的就业状况

资料来源：国家统计局。

表10－1　1999～2018年我国三大产业的就业状况

年份	第一产业（万人）	第一产业占比（%）	第二产业（万人）	第二产业占比（%）	第三产业（万人）	第三产业占比（%）
1999	35768.4	50.1	16420.6	23.0	19205.0	26.9
2000	36042.5	50.0	16219.1	22.5	19823.4	27.5
2001	36398.5	50.0	16233.7	22.3	20164.8	27.7
2002	36640.0	50.0	15681.9	21.4	20958.1	28.6
2003	36204.4	49.1	15927.0	21.6	21604.6	29.9
2004	34829.8	46.9	16709.4	22.5	22724.8	30.6
2005	33441.9	44.8	17766.0	23.8	23439.2	31.4
2006	31940.6	42.6	18894.5	25.2	24142.9	32.2
2007	30731.0	40.8	20186.0	26.8	24404.0	32.4
2008	29923.3	39.6	20553.4	27.2	25087.2	33.2
2009	28890.5	38.1	21080.2	27.8	25857.3	34.1
2010	27930.5	36.7	21842.1	28.7	26332.3	34.6
2011	26594.2	34.8	22543.9	29.5	27281.9	35.7
2012	25773.0	33.6	23241.0	30.3	27690.0	36.1

续表

年份	第一产业（万人）	第一产业占比（%）	第二产业（万人）	第二产业占比（%）	第三产业（力人）	第三产业占比（%）
2013	24171.0	31.4	23170.0	30.1	29636.0	38.5
2014	22790.0	29.5	23099.0	29.9	31364.0	40.6
2015	21919.0	28.3	22693.0	29.3	32839.0	42.4
2016	21496.0	27.7	22350.0	28.8	33757.0	43.5
2017	20944.0	27.0	21824.0	28.1	34872.0	44.9
2018	20257.7	26.1	21390.5	27.6	35937.8	46.3

注：全国就业人员1999年及以后的数据根据劳动力调查、人口普查推算；2001年及以后数据根据第六次人口普查数据重新修订。城镇单位数据不含私营单位数据。2012年行业采用新的分类标准，与前期不可比。

资料来源：国家统计局。

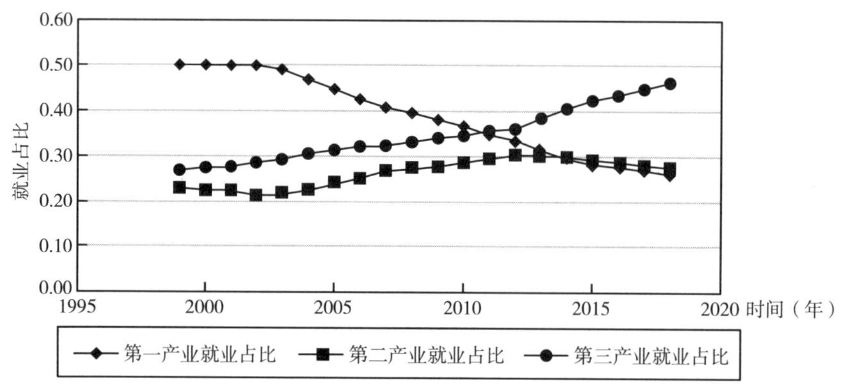

图10－2　1999～2018年我国三大产业就业占比

资料来源：国家统计局。

表10－2　　中国近20年来三大产业GDP占比状况

年份	GDP（亿元）	第一产业占比（%）	第二产业占比（%）	第三产业占比（%）
1998	79553	17.97	49.21	32.82
1999	82054	17.32	49.73	32.95
2000	99215	15.06	49.92	39.02
2001	95933	15.23	51.15	33.62

续表

年份	GDP（亿元）	第一产业占比（%）	第二产业占比（%）	第三产业占比（%）
2002	102398	14. 49	51. 74	33. 77
2003	116694	14. 78	52. 94	32. 28
2004	136515	15. 20	53. 02	31. 78
2005	182321	12. 40	47. 30	40. 30
2006	209407	11. 80	48. 70	39. 50
2007	246619	11. 70	49. 20	39. 10
2008	300670	11. 30	48. 60	40. 10
2009	335353	10. 60	46. 80	42. 60
2010	397983	10. 20	46. 80	43. 00
2011	471564	10. 10	46. 80	43. 10
2012	519322	10. 10	45. 30	44. 60
2013	568845	10. 00	43. 90	46. 10
2014	636463	9. 20	42. 60	48. 20
2015	676708	9. 00	40. 50	50. 50
2016	744127	8. 60	39. 80	51. 60
2017	827122	7. 90	40. 50	51. 60
2018	900309	4. 40	38. 90	56. 70

改革开放以来，随着贸易规模增大，国内对劳动力需求越来越多，二元经济条件下农村有大量富余劳动力，大量农民工进城打工参与制造业生产，由于我国劳动力价格低廉，所以出口商品具有价格优势。从产品生命周期理论的视角来看，我国当时比较适合生产产品生命周期进入标准化阶段的产品，此时产品不需要过多的研发和资本投入，成本是其竞争力最重要的组成部分，标准化生产的商品为劳动密集型产品，一般由发达国家引入发展中国家进行生产，引入的方式是外资引入。与此相适应的是，我国具有劳动力成本比较优势，因此在全球标准化商品的生产上，我国在相当长的一段时间内发挥了重要作用。但是根据李嘉图的比较优势理论，长期从事劳动密集型商品生产会陷入比较优势陷阱，长期将资源投入劳动密集型商品的生产会使得经济体在追赶全球领先技术标准方面面临被动。随着农村劳动力的减少，我国的人口红利逐渐消失，劳动力成本优势不复存在，劳动力成本上升，外资开始转

移到东南亚其他发展中国家，本国的企业也开始寻找劳动力更加低廉的国家进行生产，在这种形式下，国内研发投入和技术创新显得更加重要，技术创新成为未来经济增长和经济追赶的核心要素，同时创新驱动下我的产业结构和劳动力结构都需要同步调整才能达到劳动力市场供需的匹配。

根据2019年11月20日发布的《第四次全国经济普查公告》，2018年末，第二、第三产业法人单位2178.9万个，从业人员3.8亿。2013～2018年，我国第二产业就业人数下降2005万人，第三产业就业人数增加4726.2万人。与第二次经济普查结果相比，第二产业法人单位数量下降10.4%，第三产业上升28.9%，随着供给侧结构改革政策的实施，我国的产业分化越来越显著，第三产业在吸收国内就业方面发挥着越来越重要的作用。从投资趋势来看，2019年1～10月份，我国固定资产投资同比增速放缓。在此基础上，将1999～2018年我国城镇登记失业人数和失业率进行汇总展示在图10－3和图10－4中。总体看来，1999～2018年我国城镇登记失业人数有所上升，1999年我国年城镇登记失业人数为575万人，2005年（汇率制度改革年份），我国城镇登记失业人数为839万人，汇率制度改革后，2006年、2007年我国的城镇登记失业人数分别为847万人和830万人，2017年和2018年这一数值增加到972万人和974万人。从城镇登记失业率来看，1999～2002年，我国失业率不断上升，从3.1%到4.3%，之后稍有下降到4.2%。汇率制度改革年份，我国城镇登记失业率为4.2%，汇率制度改革后我国失业率有所下降，2006年、2007年分别为4.1%和4%。2017年和2018年我国城镇登记失业率分别为3.9%和3.8%。

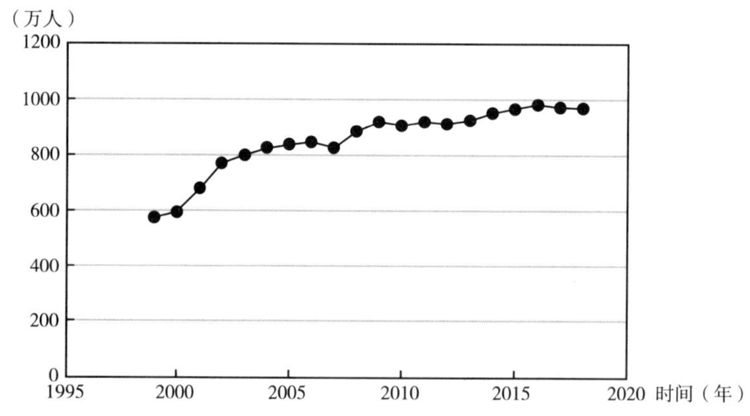

图10－3　1999～2018年我国城镇登记失业人数

资料来源：国家统计局。

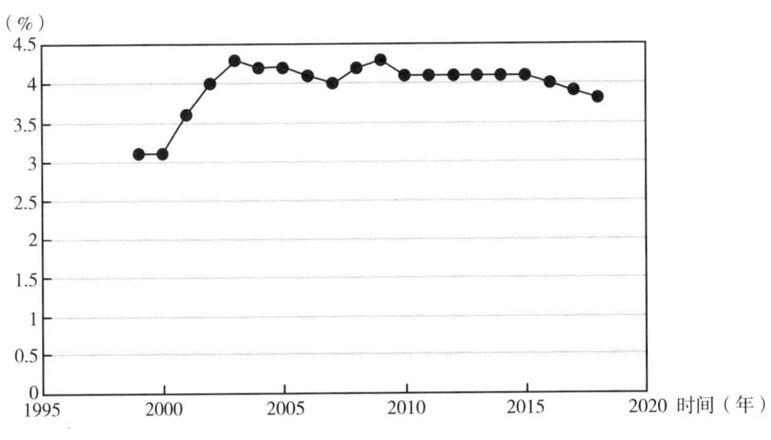

图 10－4　1999～2018 年我国城镇登记失业率

资料来源：国家统计局。

将 2003～2017 年我国的制造业和房地产就业状况进行单独分析（见图 10－5），2003～2013 年我国的制造业城镇就业呈持续上升趋势，从 2003 年的 2980.5 万人到 2013 年 5257.9 万人，增加了 76.4%。从 2013 年起，我国城镇制造业就业开始持续下降，2016 年、2017 年城镇制造业就业人数分别为 4893.8 万人和 4635.5 万人。2005 年汇率制度改革前后，城镇制造业就业水平都保持在持续增长状态，2004 年、2005 年、2006 年就业率分别为 3050.8 万人、3210.9 万人和 3351.6 万人。与制造业相比，城镇房地产业就

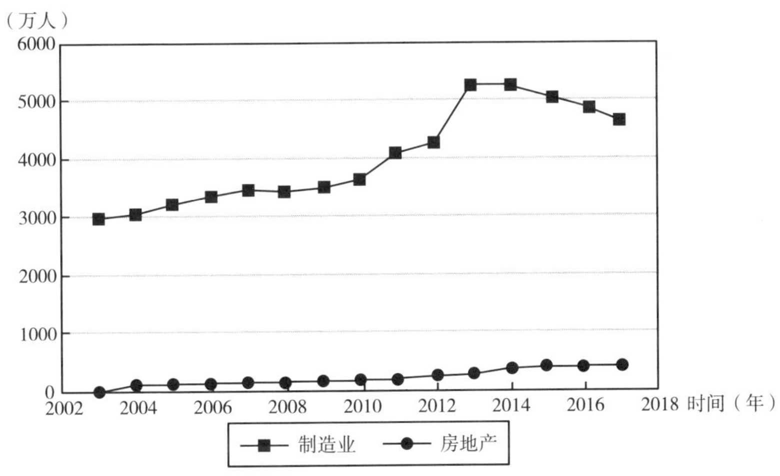

图 10－5　2003～2017 年我国制造业城镇单位就业人员

资料来源：国家统计局。

业人数呈现持续上升状态，从 2003 年的 120.2 万人增加到 2017 年的 444.8，增加 2.7 倍。房地产业高速发展，和国内的产业支持政策和经济增长下的供需市场密切相关，与汇率改革没有直接的关系。房地产行业也吸收了大量的工人就业，会造成制造业工人向房地产行业流动。汇率制度改革后，人民币升值预期下大量外资涌入我国，进入房地产和股票行业，推动了房地产泡沫增长。同时，在二元经济条件下，农村过剩劳动力逐渐减少，劳动力价格上涨，制造业和房地产行业劳动成本上升，推动了生产型通货膨胀。国内通货膨胀加剧进一步使出口商品的竞争力下降，国际市场对我国商品的需求减少，人民币需求下降，汇率面临贬值压力，因此国内制造业和房地产业的就业也会间接影响到汇率变动。

第四节　模型设定、变量选取和数据说明

一、模型设定

前文回归的基础上，构建以下计量模型考察实际有效汇率波动对企业工人就业的影响。

$$\Delta y_{it} = \alpha_0 + \alpha_1 \Delta R_t^X XS_{i,t} + \alpha_2 XS_{i,t} + \alpha_3 \Delta R_t^X + \alpha_4 \Delta R_t^I IS_{ij,t} + \alpha_5 IS_{i,t} + \alpha_6 \Delta R_t^I + X_{it}\beta + \theta_j + \theta_t + u_{it} \quad (10.1)$$

回归使用所有变量的一阶差分形式。i、t 分别表示企业和时间，Δy_{it}表示企业就业变化量。ΔR_t 表示实际有效汇率变化，R_t^X 表示出口实际有效汇率，考量了由于企业因出口国家不同，汇率波动对本国就业的影响。R_t^I 表示进口实际有效汇率，考量了由于中间品投入来源国差异，汇率波动对本国就业的影响。$XS_{ij,t-1}$为企业出口占收入的份额，其取值范围为［0，1］，代表了企业在收入方面对就业变化的影响。$IS_{ij,t-1}$为进口中间产品在所有投入支出中的比例，表示企业在成本方面对就业变化的影响。θ_j 为行业固定效应，表示就业的行业趋势，在技能劳动就业回归中，这一趋势代表了行业技能结构固定差别。θ_t 表示时间趋势项，表示重大事件对企业的共同冲击，如价格、需求、利率、财政政策。u_{it}为外生的随机干扰项。X_{ijt}为控制变量，主要包括三个变量，其中，国外 GDP 增长率 *expdpg* 用来表示企业外部需求的变化；企业收入 *inco* 和利润 *profit* 用来表述企业的产出和盈利状况；出口实际有效汇率与出口

占比的交叉项 $\Delta R_t^X XS_{i,t-1}$ 表示实际有效汇率通过出口途径影响企业就业结构。进口实际有效汇率与中间品进口占比的交叉项 $\Delta R_t^I IS_{ij,t-1}$ 表示实际有效汇率通过中间品进口途径影响企业就业结构。在此基础上计算出口实际有效汇率弹性和进口实际有效汇率弹性分别为：

$$\varepsilon_{R^x} = \alpha_1 XS_{it} + \alpha_3 \tag{10.2}$$

$$\varepsilon_{R^I} = \alpha_4 IS_{it} + \alpha_6 \tag{10.3}$$

其中 ε_{R^x} 为出口实际有效汇率弹性，表示实际有效汇率每变化 1%，企业就业通过出口途径引起的变化程度；ε_{R^i} 为进口实际有效汇率弹性，表示实际有效汇率每变化 1%，企业就业通过中间品进口途径引起的变化程度。通过数据统计得出 XS_{it} 均值为 0.07，IS_{it} 均值为 0.03，将回归系数代入式（10.2）（10.3）可以计算出实际有效汇率弹性和进口实际有效汇率弹性。

实际有效汇率的变化是由于贸易的地理位置、主要贸易对象国家的汇率与本国相对汇率的变化引起的。在样本的不同期内，汇率波动幅度有所差异。方程的右侧既考虑了企业收益（出口占总收入的比重）的变化，又考虑了企业成本（中间品进口占进口成本的比例）的变化。交叉项表示汇率波动既能通过影响企业的成本（成本价格导致成本替代）进而影响其对技能劳动和非技能劳动的需求，又会通过影响企业产量结构（企业倾向生产高质量产品）的变化进而影响其在劳动成本结构方面的选择。

二、指标测度

本书采用算术加权算法计算人民币实际有效汇率，按照拜格等（Baggs et al.，2009）的计算方法，国家 k 在 t 期的实际有效汇率计算方法为：

$$rer0_{kt} = (E_{k/CNYt}) \times (p_{ct}/p_{kt}) \tag{10.4}$$

其中，$E_{k/CNYt}$ 表示 t 期人民币汇率与货币 k 的名义汇率（间接标价法），与中国进行贸易往来的进出口国家见附表 10。p_{ct} 是中国的居民消费价格指数（1999 = 100），p_{kt} 是 t 期 k 国的居民消费价格指数（1999 = 100）。然后，将每个国家的实际有效汇率折算为以 1999 年为基期的实际有效汇率：

$$rer_{kt} = (rer0_{kt}/rer_{k99}) \times 100 \tag{10.5}$$

最后企业 i 在 t 期的实际有效汇率表示为：

$$\text{Reer}_{it} = \sum^{n}\left(S_{ik}\Big/\sum^{n}S_{ik}\right)\times rer_{kt} \tag{10.6}$$

$\text{S}_{ik}\Big/\sum^{n}\text{S}_{ik}$ 表示企业 i 在 t 期与国家 k 的贸易额占其与当期总贸易额的比例。

进口实际有效汇率：

$im\text{Reer}_{it} = \sum^{n}\left(\text{I}_{ik}\Big/\sum^{n}\text{I}_{ik}\right)\times rer_{kt}$，$\text{I}_{ik}\Big/\sum^{n}\text{I}_{ik}$ 表示企业 i 在 t 期从国家 k 的中间品进口额占其与当期总进口额的比例。

$ex\text{Reer}_{it} = \sum^{n}\left(X_{ik}\Big/\sum^{n}X_{ik}\right)\times rer_{kt}$，$X_{ik}/\sum^{n}X_{ik}$ 表示企业 i 在 t 期向国家 k 的出口额占其与当期总出口额的比例。

三、数据来源

本书使用2000～2007年中国工业企业数据库和海关数据库的匹配样本进行实证检验，并依据彼沃德等（2013）和戴觅等（2014）的方法，通过三个步骤实现两套数据库中企业的匹配：首先使用企业名称对两个数据库进行匹配；其次，在原样本中删除已匹配成功的样本，剩余的样本按照企业所在地的邮政编码和企业电话号码后七位进行匹配；最后，在原样本中删除已经匹配成功的样本，剩余样本按照企业所在地的邮政编码和企业联系人进行匹配。之后对匹配成功的样本，进行几点处理：（1）剔除企业平均工资、销售额为零值或负值的样本；（2）剔除企业代码不能一一对应的样本，删除企业商品价格、贸易量或贸易额为零或负的样本；（3）剔除总资产小于固定资产净值、总资产小于流动资产，累计折旧小于当期折旧的样本，因为这些企业记账不符合会计准则；（4）剔除企业人数小于8的企业，因为如果企业职工人数小于8，那么企业缺乏有效会计系统；（5）剔除中间投入品金额、固定资产净值年平均余额、实收资本、固定资产以及工业增加值为零值或负值的样本；（6）去除重复企业样本。

第五节　估计结果

一、汇率波动对平均就业的影响

表10-3第（1）列为实际有效汇率波动对企业全部就业波动影响的基

础估计结果，在后面的四列陆续加入地区固定效应和行业固定效应，并采用稳健标准误。就业波动表示企业就业的变化，以平均就业差分的形式表示。以第一列回归结果为例，出口实际有效汇率每升值1%，企业总体就业水平平均降低0.2%，原因是外部需求萎缩造成企业总收益下降（样本中企业出口占总收入的比重平均为0.07%）；出口占比对企业职工就业的影响是显而易见的，出口每增加1%，企业职工就业会相应增加0.065%。相比而言，进口实际有效汇率每升高1%，企业职工就业会相应增加0.008%，可见人民币实际有效汇率升值引起的中间品进口增加提升了企业的生产能力，从而增加了企业职工就业。

表10-3　　人民币汇率波动对企业就业波动的影响

变量	(1)	(2)	(3)	(4)	(5)
	dlnlabor	dlnlabor	dlnlabor	dlnlabor	dlnlabor
exRxs	-0.161*** (-2.80)	-0.154*** (-2.68)	-0.206*** (-4.21)	-0.162*** (-2.81)	-0.205*** (-4.18)
imRis	0.000 (0.21)	0.000 (0.22)	0.000 (0.43)	0.000 (0.18)	0.000 (0.39)
dlnexReer	-0.009** (-2.02)	-0.010** (-2.11)		-0.008* (-1.81)	
dlnimReer	0.008*** (14.48)	0.009*** (14.67)		0.009*** (14.65)	
xs	0.065*** (7.53)	0.061*** (7.10)	0.067*** (8.18)	0.066*** (7.61)	0.071*** (8.65)
is	0.000 (0.95)	0.000 (0.99)	0.000 (1.19)	0.000 (0.93)	0.000 (1.12)
dexgdpg	0.100* (1.74)	0.111* (1.93)	0.105* (1.82)	0.116** (2.01)	0.110* (1.90)
inco	0.035*** (48.33)	0.036*** (49.05)	0.036*** (49.28)	0.036*** (47.25)	0.036*** (47.46)
profit	0.020*** (11.13)	0.020*** (10.87)	0.020*** (10.92)	0.019*** (10.71)	0.020*** (10.76)
_cons	-0.346*** (-42.84)	-0.366*** (-34.62)	-0.368*** (-34.86)	-0.586*** (-7.82)	-0.585*** (-7.79)

续表

变量	(1)	(2)	(3)	(4)	(5)
	dlnlabor	dlnlabor	dlnlabor	dlnlabor	dlnlabor
ε_{Rx}	-0.020***	-0.021***	—	-0.019***	-0.014***
ε_{Ri}	0.008***	0.009***	—	0.009***	—
地区效应	NO	YES	YES	YES	YES
行业效应	NO	NO	NO	YES	YES
N	160268	160268	160268	160268	160268
R^2	0.017	0.019	0.018	0.021	0.020

注：***、**、*表示分别在1%、5%和10%的显著性水平，( ) 内为t统计量。

一方面，汇率升值使人民币对中间产品的购买力增加，进口中间品数量的增加意味着国内生产规模和产品种类增加，整体上对劳动力的需求扩大；同时，中间品价格的下降也会引起资本对劳动的替代增加，因此对劳动的需求有减少的动力。另一方面，是我国是出口大国，出口在我国经济中的作用和对劳动就业的劳动作用举足轻重。进口中间品数量比较少，进口占企业总投入比例小，对劳动力就业的冲击相对较弱。这与努奇和波佐洛（2010）对意大利制造业企业、坎帕和戈德堡（2001）对美国制造业企业、鲍里斯凯泽和迈克尔（Boris Kaiser and Michael，2015）对瑞士制造业企业的回归结果相似，但是相比发达国家而言，汇率升值对我国企业就业的影响更小。原因之一可能是，我国市场化水平相对比较低，国有企业比例较大，汇率波动对微观企业劳动力市场的传递效应并不完全，这使得我国企业平均就业水平对进口有效汇率和出口有效汇率的就业弹性更小。另一个可能的原因是单一制造业企业层面数据隐藏了行业间可能存在的相互影响，所以最终计算的弹性系数偏小。

其他控制变量的回归系数符合预期，企业出口占比体现了外部市场需求的规模，与劳动力就业呈现显著正相关关系，进口国家总体GDP每增长1%，企业平均就业水平提升0.1%。收入和利润水平反映了企业生产和盈利能力，其中收入每增加1%，工人平均就业提高0.035%，而利润每增加1%，工人平均就业水平提高0.020%。生产和盈利水平越高的企业，其技术、资本和规模水平的扩张越需要与其相匹配的劳动力水平，因此，外部需求和自身生产力与企业平均就业为正相关关系。

对企业职工总体就业水平进行检验，也呈现出相似的特点。以表10-4第（1）列为例，出口实际有效汇率每上升1%，企业总体就业水平下降0.05%。汇率升值通过进口渠道对企业就业的影响依然不显著。总体而言，汇率升值与我国制造业的总体就业水平是正相关关系。这种相关关系主要体现在出口实际有效汇率对就业水平的影响方面，而进口实际有效汇率未呈现显著的促进作用。在此基础上，下文将从技能非技能劳动就业、性别就业等不同视角研究汇率波动对企业就业市场的冲击。

表 10-4　　人民币汇率波动对就业水平的影响

变量	(1)	(2)	(3)	(4)
	lnlabor	lnlabor	lnlabor	lnlabor
exRxs	-0.556*** (-3.242)	-0.619*** (-4.311)	-0.438*** (-2.717)	-0.618*** (-4.579)
imRis	0.017 (0.454)	0.015 (0.400)	0.003 (0.086)	0.005 (0.153)
dlnexReer	-0.008 (-0.660)		-0.023** (-2.047)	
dlnimReer	-0.001 (-0.699)		0.001 (0.334)	
xs	1.556*** (50.394)	1.559*** (51.018)	1.114*** (37.639)	1.123*** (38.324)
is	0.009 (0.393)	0.009 (0.382)	-0.005 (-0.227)	-0.005 (-0.217)
dexgdpg	-0.513*** (-3.499)	-0.512*** (-3.488)	-0.226 (-1.633)	-0.224 (-1.625)
inco	0.583*** (307.002)	0.583*** (307.013)	0.610*** (330.528)	0.610*** (330.541)
profit	-0.161*** (-20.800)	-0.161*** (-20.798)	-0.157*** (-21.530)	-0.157*** (-21.501)
_cons	-1.059*** (-38.579)	-1.059*** (-38.582)	0.565*** (3.642)	0.563*** (3.634)
ε_{Rx}	-0.047***	—	-0.054***	—
ε_{Ri}	-0.001	—	0.001	—
地区效应	YES	YES	YES	YES
行业效应	NO	NO	YES	YES
N	98780	98780	98780	98780
R^2	0.510	0.510	0.568	0.568

注：***、**、*表示分别在1%、5%和10%的显著性水平，（　）内为t统计量。

二、汇率波动对就业影响的异质性检验

（一）汇率波动对技能非技能就业水平和男女就业水平的影响

表 10－3 和表 10－4 只显示了汇率波动对企业总体就业的影响，但并没有反映企业工人就业的异质性。首先是企业异质性，以上回归无法辨别哪些企业的就业增加，哪些企业就业减少。其次是劳动力异质性，即总体回归无法区分企业中技能劳动和非技能劳动就业变化状况，基于此，下文首先将汇率波动对企业技能非技能工人就业以及不同性别就业水平的影响进行回归，结果见表 10－5。

表 10－5　人民币汇率波动对不同技能/性别就业水平的影响

变量	(1)	(2)	(3)	(4)
	lnlabor_h1	lnlabor_l1	lnlabor_m	lnlabor_f
exRxs	0.034 (0.177)	−0.697*** (−3.303)	−0.437** (−2.535)	−0.634*** (−2.951)
imRis	−0.019 (−0.439)	−0.001 (−0.018)	−0.060 (−1.564)	0.031 (0.654)
dlnexReer	−0.034** (−2.471)	−0.010 (−0.692)	−0.044*** (−3.619)	0.002 (0.142)
dlnimReer	0.000 (0.239)	0.001 (0.720)	0.001 (0.880)	−0.001 (−0.452)
is	0.148*** (5.891)	−0.174*** (−6.284)	−0.021 (−0.931)	−0.057** (−2.009)
xs	0.568*** (16.145)	1.340*** (34.598)	0.530*** (16.757)	1.534*** (38.879)
dexgdpg	−0.149 (−0.906)	−0.360** (−1.992)	−0.203 (−1.374)	−0.330* (−1.793)
inco	0.645*** (293.912)	0.568*** (235.244)	0.635*** (321.564)	0.570*** (231.906)
profit	−0.156*** (−17.993)	−0.159*** (−16.647)	−0.173*** (−22.143)	−0.146*** (−14.956)

续表

变量	(1)	(2)	(3)	(4)
	lnlabor_h1	lnlabor_l1	lnlabor_m	lnlabor_f
_cons	-0.966*** (-5.247)	0.648*** (3.196)	0.035 (0.213)	-0.563*** (-2.725)
ε_{Rx}	-0.031**	-0.059***	-0.075**	-0.042***
ε_{Ri}	-0.0002	0.001	-0.001	0.0001
地区效应	YES	YES	YES	YES
行业效应	YES	YES	YES	YES
N	98780	98780	98780	98780
R^2	0.522	0.417	0.564	0.461

注：***、**、*表示分别在1%、5%和10%的显著性水平，（ ）内为t统计量。

通过对技能非技能就业分别进行回归可以发现，出口实际有效汇率升值同时降低了技能劳动和非技能劳动就业，当汇率每升值1%，二者对就业的影响的弹性系数约为-0.03%和-0.06%，汇率升值造成了更多的非技能劳动失业，技能劳动和非技能劳动的相对需求比例上升。从性别角度来看，汇率升值对男女就业的影响也是不对称的，汇率每升值1%，男性就业约下降0.08%，而女性就业约下降0.04%。这与我国出口结构有关，出口产业中纺织、服装、皮革等企业占比超过30%，对女性劳动力的需求相对较高，同时，从我国人口结构而言，女性人口比例较低，数量相对少，流动性差且结构相对稳定，而男性人口数量多，流动性较大，因此在汇率升值影响下，男性工人就业变化相对比较大。

（二）汇率波动对男女技能非技能就业的影响

进一步地将男性技能非技能就业和女性技能非技能就业作为被解释变量进行回归，结果见表10-6。总体来看，汇率升值使得所有工人的就业水平表现出显著下降。出口实际有效汇率每升值1%，男性技能工人就业下降0.035%，男性非技能工人就业下降0.092%，男性技能工人就业下降幅度远低于非技能工人就业下降幅度；女性技能工人就业下降0.016%，女性非技能工人就业下降0.052%，依然呈现出技能就业工人下降幅度小而非技能工人就业下降幅度大的状况。进口实际有效汇率波动对男、女技能非技能劳动就业的影响依旧不显著。

表 10－6　人民币汇率波动对不同性别技能/非技能劳动就业水平的影响

变量	(1) lnlabor_mh1	(2) lnlabor_ml1	(3) lnlabor_fh1	(4) lnlabor_fl1
exRxs	0.170 (0.828)	−0.958*** (−3.591)	−0.112 (−0.491)	−0.947*** (−3.387)
imRis	−0.078* (−1.709)	−0.060 (−1.025)	−0.010 (−0.199)	0.024 (0.393)
dlnexReer	−0.047*** (−3.251)	−0.025 (−1.307)	−0.008 (−0.478)	0.014 (0.723)
dlnimReer	0.003* (1.899)	0.0002 (0.067)	−0.002 (−0.776)	−0.0001 (−0.026)
xs	0.0611 (1.622)	0.947*** (19.363)	0.870*** (20.682)	1.832*** (35.733)
is	0.124*** (4.595)	−0.237*** (−6.785)	0.126*** (4.200)	−0.260*** (−7.094)
dexgdpg	−0.266 (−1.513)	−0.421* (−1.844)	−0.210 (−1.070)	−0.541** (−2.261)
profit	−0.151*** (−16.225)	−0.200*** (−16.571)	−0.147*** (−14.139)	−0.147*** (−11.647)
inco	0.674*** (286.769)	0.559*** (183.062)	0.607*** (231.379)	0.528*** (165.062)
_cons	−1.499*** (−7.594)	0.467* (1.821)	−1.868*** (−8.477)	−0.605** (−2.254)
ε_{Rx}	−0.035***	−0.092***	−0.016	−0.052***
ε_{Ri}	0.001*	−0.002	−0.002	0.001
地区效应	YES	YES	YES	YES
行业效应	YES	YES	YES	YES
N	98780	98780	98780	98780
R^2	0.539	0.301	0.419	0.355

注：***、**、*表示分别在1%、5%和10%的显著性水平，（　）内为t统计量。

（三）汇率波动对进出口企业和单一出口企业就业水平的影响

由前文的分析可知，汇率波动分别通过影响企业进口行为和出口行为影响就业水平和就业结构，基于此，分别对单纯出口企业和进出口企业职工就业的汇率效应进行检验，结果分别列入表 10－7 和表 10－8。对出口企业而言，人民币有效汇率每升值 1%，企业劳动力就业水平下降 0.042%，但是平均效果不显著；技能劳动下降 0.026%，而非技能劳动下降 0.033%；出口企业的男性和女性职工就业都有所下降，但是男性职工下降幅度更大（0.053%），女性职工就业下降幅度相对较小（0.028%），这与前文的回归结果一致。

表 10－7　　人民币汇率波动对单一出口企业职工就业的影响

变量	(1)	(2)	(3)	(4)	(5)
	lnlabor	lnlabor_h1	lnlabor_l1	lnlabor_m	lnlabor_f
exRxs	－0.356 (－1.230)	0.198 (0.560)	－0.580* (－1.653)	－0.398 (－1.258)	－0.328 (－0.865)
xs	－0.449*** (－4.678)	－1.467*** (－12.480)	0.004 (0.034)	－0.912*** (－8.696)	0.111 (0.882)
dlnexReer	－0.017 (－1.061)	－0.040** (－1.986)	0.008 (0.388)	－0.026 (－1.430)	－0.005 (－0.237)
dexgdpg	－0.091 (－0.369)	0.075 (0.249)	－0.272 (－0.916)	0.041 (0.154)	－0.315 (－0.982)
profit	－0.144*** (－13.382)	－0.149*** (－11.287)	－0.137*** (－10.526)	－0.164*** (－13.966)	－0.135*** (－9.597)
inco	0.579*** (149.286)	0.570*** (120.168)	0.581*** (123.682)	0.612*** (144.454)	0.545*** (107.244)
ε_{Rx}	－0.042	－0.026**	－0.033*	－0.053	－0.028
_cons	1.104*** (3.467)	0.333 (0.854)	0.512 (1.325)	0.577* (1.658)	－0.409 (－0.981)
N	30245	30245	30245	30245	30245
R^2	0.496	0.429	0.399	0.509	0.390

注：***、**、* 表示分别在 1%、5% 和 10% 的显著性水平，（ ）内为 t 统计量。

表 10 - 8　　　人民币汇率波动对进出口企业职工就业的影响

变量	(1)	(2)	(3)	(4)	(5)	(6)
	lnlabor	lnlabor_h1	lnlabor_l1	lnlabor_m	lnlabor_f	lns
exRxs	-0.741 *** (-3.824)	-0.354 (-1.554)	-1.002 *** (-3.833)	-0.709 *** (-3.447)	-1.016 *** (-3.889)	0.850 *** (2.681)
imRis	0.019 (0.537)	0.017 (0.400)	-0.008 (-0.157)	-0.063 * (-1.664)	0.064 (1.336)	-0.071 (-1.219)
xs	1.218 *** (38.512)	0.679 *** (18.278)	1.463 *** (34.306)	0.658 *** (19.607)	1.602 *** (37.596)	0.530 *** (10.259)
is	-0.071 *** (-3.335)	0.057 ** (2.248)	-0.224 *** (-7.761)	-0.067 *** (-2.947)	-0.132 *** (-4.576)	-0.123 *** (-3.516)
dlnexReer	-0.021 (-1.354)	-0.025 (-1.326)	-0.017 (-0.768)	-0.052 *** (-3.084)	0.013 (0.581)	-0.059 ** (-2.272)
dlnimReer	-0.003 (-1.479)	-0.016 *** (-6.380)	0.011 *** (3.873)	0.007 *** (2.962)	-0.012 *** (-4.244)	-0.008 ** (-2.325)
dexgdpg	-0.376 ** (-2.276)	-0.342 * (-1.759)	-0.494 ** (-2.217)	-0.382 ** (-2.176)	-0.440 ** (-1.975)	0.148 ** (0.548)
profit	-0.162 *** (-16.576)	-0.156 *** (-13.602)	-0.172 *** (-13.025)	-0.175 *** (-16.906)	-0.148 *** (-11.243)	0.031 ** (1.967)
inco	0.615 *** (283.284)	0.651 *** (255.412)	0.569 *** (194.360)	0.641 *** (278.501)	0.571 *** (195.209)	0.049 *** (13.874)
ε_{Rx}	-0.073 ***	-0.050	-0.087 ***	-0.101 ***	-0.059 ***	0.0003 ***
ε_{Ri}	-0.003	-0.015 ***	0.011 ***	0.005 ***	-0.010 ***	-0.010 **
_cons	0.499 *** (2.831)	-1.161 *** (-5.603)	0.681 *** (2.863)	-0.108 (-0.578)	-0.455 * (-1.914)	10.19 *** (35.348)
N	68535	68535	68535	68535	68535	68535
R^2	0.587	0.544	0.427	0.586	0.477	0.065

注：***、**、* 表示分别在 1%、5% 和 10% 的显著性水平，(　) 内为 t 统计量。

相对于单纯的出口企业而言，进出口企业就业对汇率升值的反应略有不同。汇率升值使进出口企业就业水平显著下降，汇率每升值 1%，技能劳动就业下降 0.05%，但是这一过程并不显著；而非技能劳动就业下降 0.087%，可见汇率波动对进出口企业非技能劳动就业的冲击更大。原因是汇率升值严重阻碍了企业出口量，产量的降低和原有的劳动密集型产业结构加快了非技能劳动的失业。从进口成本的角度来看，汇率升值降低了企业进口成本，在原有的生产力结构水平基础上，进口中间品数量的增加反而提高了非技能劳动就业，降低了技能劳动就业。这在一定程度上抵消了汇率升值对出口的影响。汇率升值对就业差距的影响也表现出相似的特征，出口减少使企业就业差距增大，进口增多使企业技能就业差距减小，因此进出口企业平均就业差距的变化取决于二者力量的相对大小。由此也可以看到，同时具有进口行为的出口企业，其进口行为在一定程度上缓解了汇率升值对就业的冲击。同时，实际有效汇率升值通过出口途径降低了就业下降水平水平，相对于女性就业下降水平（0.059%）而言，男性就业水平下降得更加明显（0.101%）。通过中间品进口增加又在一定程度上扩大了对男性劳动力的需求，缓解了男性失业压力，而女性就业却没有表现出缓解的趋势。就性别而言，男性就业水平下降快，增长也快，对冲击的反应敏感；女性就业水平下降慢、增长也慢，对冲击的反应相对迟缓。

（四）汇率波动对不同所有制企业就业的影响

根据企业的所有制性质，将企业分为国有/集体企业、私营企业和外资企业进行回归，结果列入表10-9。其中，外资企业包括外商独资企业、中外合资企业和中外合作企业。国有/集体企业占比最少，仅占总样本的12.82%，私营企业其次，占总样本的16.63%，外资企业最多，占总样本的70.55%。

表10-9 人民币汇率波动对国有/集体、私营、外资企业工人就业的影响

变量	国有/集体企业		私营企业		外资企业	
	技能	非技能	技能	非技能	技能	非技能
exRxs	2.020** (2.274)	0.749*** (3.428)	0.982 (1.580)	0.824*** (6.698)	-0.241 (-1.159)	1.020*** (20.394)
imRis	-0.012 (-0.133)	-0.0004 (-0.018)	-0.437 (-1.250)	-0.269*** (-3.889)	-0.002 (-0.037)	-0.162*** (-13.881)
xs	-0.643*** (-3.791)	0.059 (1.419)	-0.415*** (-2.951)	0.138*** (4.967)	0.780*** (21.140)	-0.041*** (-4.577)
is	0.138 (0.870)	-0.022 (-0.564)	0.791*** (4.806)	-0.178*** (-5.466)	0.114*** (4.473)	-0.058*** (-9.471)
dlnexReer	0.006 (0.190)	0.012 (1.523)	-0.097*** (-3.329)	0.027*** (4.679)	-0.020 (-1.127)	0.030*** (6.994)
dlnimReer	-0.002 (-0.532)	-0.005*** (-5.619)	0.002 (0.544)	-0.004*** (-6.070)	0.003 (1.447)	-0.014*** (-27.284)

续表

变量	国有/集体企业		私营企业		外资企业	
	技能	非技能	技能	非技能	技能	非技能
dexgdpg	-1.121*** (-2.599)	0.467*** (4.406)	1.662*** (3.712)	-1.400*** (-15.815)	-0.204 (-1.074)	0.538*** (11.772)
profit	-0.067*** (-6.878)	0.002 (0.644)	-0.405*** (-5.065)	-0.066*** (-4.166)	-0.408*** (-20.083)	-0.022*** (-4.586)
inco	0.655*** (113.629)	0.017*** (12.188)	0.622*** (98.789)	0.014*** (10.839)	0.627*** (243.065)	0.016*** (25.570)
ε_{Rx}	0.148**	0.065***	-0.028***	0.085***	-0.037	0.102***
ε_{Ri}	-0.002	-0.005***	-0.011	-0.012***	0.003	-0.019***
_cons	-0.595*** (-2.724)	8.086*** (150.537)	-1.665*** (-4.418)	8.256*** (110.714)	-3.689*** (-7.681)	8.281*** (71.714)
N	12573	12573	16008	16008	69460	69460
R2	0.615	0.904	0.438	0.902	0.511	0.859

注：***、**、*表示分别在1%、5%和10%的显著性水平，（ ）内为t统计量。

三类企业的共同点是汇率升值通过出口收入效应对企业就业的影响都高于进口成本效应造成的影响。不同之处在于国有/集体企业通过出口实际有效汇率使企业技能和非技能劳动的数量均有所增加，但是技能劳动增加的幅度更大。私营企业和外资企业通过出口收入效应增加了非技能劳动就业。汇率每升值1%，技能劳动就业上升0.148%，而非技能劳动就业上升0.065%。相对于私营企业而言，国有企业市场化程度比较低，汇率升值出口受阻的情况下，国有企业能优先获得政府补贴和资助，同时国有企业规模比较大，承担着安置城镇部分就业的重任，因此享有的优惠政策较多，优惠和补贴政策降低了国有集体企业的成本，使其反而更有能力进行生产，因此对劳动力的需求增加，但是技能劳动增加的幅度依然大于非技能劳动。同时，进口成本下降使国有企业对非技能劳动的需求下降更显著，原因是资本更多地替代了非技能劳动。

对于私营企业和外资企业而言，表现为技能工人就业减少和非技能工人就业增加，汇率升值1%，技能劳动就业减少0.028%，而非技能劳动就业增加0.085%。可能的原因是，一方面，私营企业规模小，在汇率波动冲击下，企业缩减生产规模，同时减少了对技能和非技能劳动的雇佣；另一方面，原有的生产结构在现有的市场条件下收益惨淡，一些厂商可能开始采取价格战，

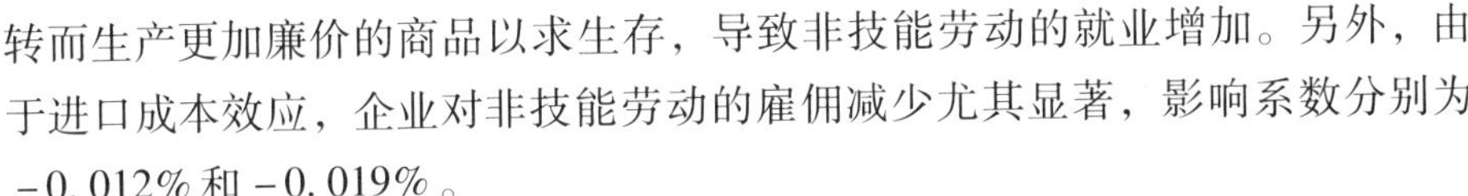

转而生产更加廉价的商品以求生存，导致非技能劳动的就业增加。另外，由于进口成本效应，企业对非技能劳动的雇佣减少尤其显著，影响系数分别为 -0.012% 和 -0.019%。

（五）汇率波动对我国纺织、服装、皮革企业就业的影响

我国出口中纺织、服装和皮革类产品占据了主要地位。以 2006 年为例，全国纺织品服装进出口额达到 1620.6 亿美元，同比增长 22.6%，占全国货物贸易总额的 9.2%。鉴于纺织、服装、皮革在我国进出口贸易和国民经济中的重要地位，本书单独把这三类企业样本进行检验。本书纺织业样本总共 21732 个，两位行业代码分别是 17、18 和 19。就汇率波动对纺织、服装、皮革就业水平的影响进行回归结果见表 10-10。由回归结果可知，汇率波动对纺织、服装、皮革业就业水平的影响更加显著，由于这三大行业出口比例较高，属于劳动密集型产业，当实际有效汇率升值时，出口国家订单销量的下降直接冲击着这些企业的生存。从汇率升值影响就业水平的出口弹性来看，实际有效汇率每升值 1%，企业就业下降 0.127%，技能劳动下降 0.063%，非技能劳动下降 0.160%，非技能劳动的失业人数远远高于技能劳动。从进口成本降低的角度而言，汇率波动通过进口成本减小途径却减少了就业，可见不论是从进口还是出口角度而言，汇率波动对纺织业就业的影响都是负向的。原因是我国进口比例相对比较低，进口国家少，汇率波动的冲击影响范围和强度较小，进口成本的降低使得企业更多地使用资本替代劳动导致非技能劳动的数量显著下降。由此汇率对我国纺织服装皮革行业就业结构的影响通过影响外部需求和供给进而影响劳动力市场就业实现的。

表 10-10　　人民币汇率波动对纺织、服装、皮革企业工人就业水平的影响

变量	(1)	(2)	(3)
	总就业	技能就业	非技能就业
exRxs	-0.343 (-1.272)	0.398 (1.126)	-0.597* (-1.755)
imRis	-0.333*** (-3.003)	-0.584*** (-4.009)	-0.202 (-1.439)
xs	1.502*** (24.480)	0.788*** (9.792)	1.692*** (21.845)

续表

变量	(1)	(2)	(3)
	总就业	技能就业	非技能就业
is	0.263*** (6.362)	0.267*** (4.936)	0.287*** (5.515)
dlnexReer	-0.103*** (-3.540)	-0.091** (-2.369)	-0.118*** (-3.198)
dlnimReer	0.002 (0.612)	0.003 (0.797)	0.002 (0.440)
dexgdpg	-0.096 (-0.371)	0.025 (0.075)	-0.205 (-0.629)
profit	-0.128*** (-10.608)	-0.116*** (-7.288)	-0.136*** (-8.902)
inco	0.646*** (144.969)	0.651*** (111.443)	0.634*** (112.813)
ε_{Rx}	-0.127***	-0.063**	-0.160***
ε_{Ri}	-0.008***	-0.015***	-0.004
_cons	-1.344*** (-21.088)	-2.304*** (-27.555)	-1.852*** (-23.026)
N	21732	21732	21732
R^2	0.520	0.415	0.397

注：***、**、*表示分别在1%、5%和10%的显著性水平，（ ）内为t统计量。

（六）汇率波动对一般贸易和加工外贸企业就业水平的影响

根据企业贸易方式的不同分为一般贸易和加工外贸企业。全样本中从事一般贸易的企业约占2/3，加工外贸企业约占1/3。由表10-11可以看出，实际有效汇率每升值1%，因出口收益下降导致就业人数下降0.042%，因进口成本下降导致就业人数上升0.007%。其中，技能就业人数下降0.016%，非技能就业人数下降0.045%，非技能工人就业下降幅度远远高于技能工人就业下降幅度，市场对技能劳动的相对需求依然是旺盛的。同样，由于汇率波动，由于成本降低效应增加了就业，但是这一效应依然占辅助地位，无法扭转出口受挫带来的就业减少、技能工人相对需求增加的趋势。

表 10－11　　人民币汇率波动对一般外贸企业工人就业的影响

变量	(1)	(2)	(3)
	总就业	技能就业	非技能就业
exRxs	－0.185 (－0.820)	0.439 (1.626)	－0.501* (－1.749)
imRis	0.247*** (3.343)	－0.007 (－0.082)	0.409*** (4.342)
xs	0.900*** (17.654)	－0.011 (－0.183)	1.386*** (21.351)
is	－0.666*** (－11.135)	－0.112 (－1.553)	－1.254*** (－16.453)
dlnexReer	－0.029** (－2.234)	－0.047*** (－3.034)	－0.010 (－0.631)
dlnimReer	－0.001 (－0.434)	－0.001 (－0.464)	0.0004 (0.223)
dexgdpg	－0.246 (－1.400)	－0.093 (－0.441)	－0.391* (－1.749)
profit	－0.162*** (－18.243)	－0.164*** (－15.400)	－0.164*** (－14.516)
inco	0.623*** (265.814)	0.646*** (229.831)	0.599*** (200.975)
ε_{Rx}	－0.042**	－0.016***	－0.045*
ε_{Ri}	0.007***	－0.001	0.013***
_cons	0.375** (2.319)	－0.944*** (－4.866)	0.161 (0.784)
N	65866	65866	65866
R^2	0.560	0.511	0.433

注：***、**、* 表示分别在 1%、5% 和 10% 的显著性水平，(　) 内为 t 统计量。

对于加工外贸企业而言，整体上与一般外贸企业的就业和技能就业差距变化趋势是一致的。由表 10－12 可以看出，实际有效汇率每升值 1%，因出口收益下降导致就业人数下降 0.078%，因进口成本下降导致就业人数上升

0.006%。其中，技能就业人数下降0.045%，非技能就业人数下降0.093%，汇率波动对非技能劳动的就业冲击更加显著。

表10-12　人民币汇率波动对加工外贸企业就业的影响

变量	(1)	(2)	(3)
	总就业	技能就业	非技能就业
exRxs	-0.832*** (-3.486)	-0.722** (-2.551)	-0.940*** (-2.873)
imRis	-0.023 (-0.562)	-0.029 (-0.590)	-0.019 (-0.338)
xs	1.148*** (30.952)	0.799*** (18.172)	1.274*** (25.061)
is	-0.044* (-1.849)	0.027 (0.954)	-0.130*** (-4.010)
dlnexReer	-0.020 (-0.746)	0.006 (0.178)	-0.027 (-0.742)
dlnimReer	0.007* (1.719)	0.010** (2.078)	0.005 (0.876)
dexgdpg	-0.219 (-1.001)	-0.242 (-0.935)	-0.374 (-1.250)
profit	-0.132*** (-10.536)	-0.129*** (-8.675)	-0.134*** (-7.833)
inco	0.584*** (191.963)	0.631*** (174.992)	0.520*** (124.678)
ε_{Rx}	-0.078***	-0.045**	-0.093***
ε_{Ri}	0.006*	0.009**	0.004
_cons	1.092** (2.134)	-1.245** (-2.052)	1.637** (2.333)
N	32914	32914	32914
R^2	0.574	0.530	0.398

注：***、**、*表示分别在1%、5%和10%的显著性水平，(　)内为t统计量。

同样，汇率升值通过降低进口成本增加了对劳动的需求，从而提高了企业劳动力就业水平。通过对比发现，汇率波动对加工外贸企业就业的影响弹性均大于一般外贸企业。这是因为加工贸易直接与国外市场对接，当面临人民币汇率升值时，国外厂商很容易将生产加工业务转移到劳动力成本更加廉价的其他国家进行生产，这些国外企业会时时关注汇率波动对其生产成本的影响并及时调整生产方式，以应对成本变化带来的冲击。因此，加工外贸企业对汇率波动反应更直接，更快速，汇率升值时，这些企业因外部需求减少而面临的停产和利润缩水情况也更加严重。

（七）率波动就业影响的时间趋势

前文从横向角度分析了汇率波动对企业平均就业水平、以及不同所有制性质和贸易类型企业的劳动力市场的冲击，但是无法看出汇率波动对企业就业水平和就业结构的动态趋势以及不同年份的波动状况。为此下文通过对各个年份汇率波动对企业的影响进行回归，并分别计算实际有效汇率波动通过出口收益效应影响企业就业的出口弹性系数（相应的回归结果列入附录）以及实际有效汇率波动通过进口成本效应影响企业就业的进口弹性系数，并绘制成相应的图形进行展示（见图10－6～图10－10）。在回归出口实际有效汇率对企业劳动力市场的冲击时，分别考虑了总就业、技能工人就业、非技能工人就业、男职工就业和女职工就业。

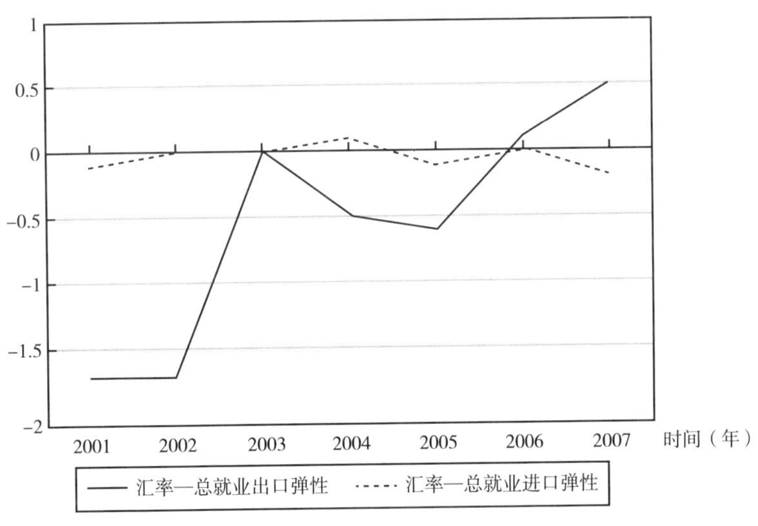

图10－6　人民币汇率波动对总就业的弹性

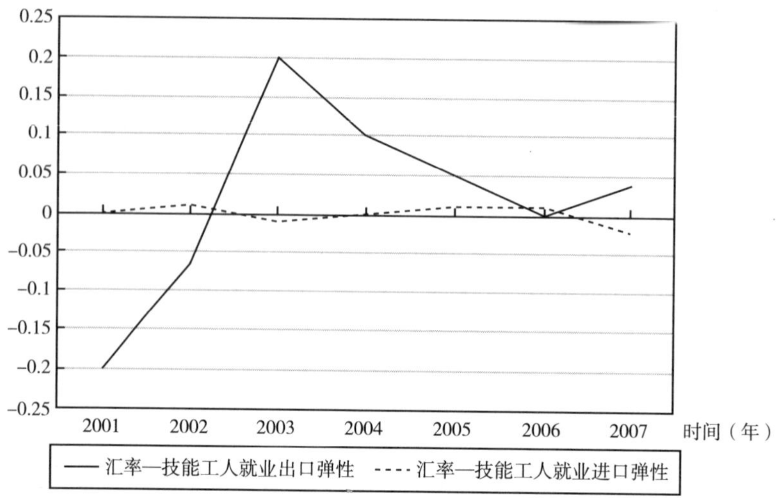

图 10－7　人民币汇率波动对技能工人就业的弹性

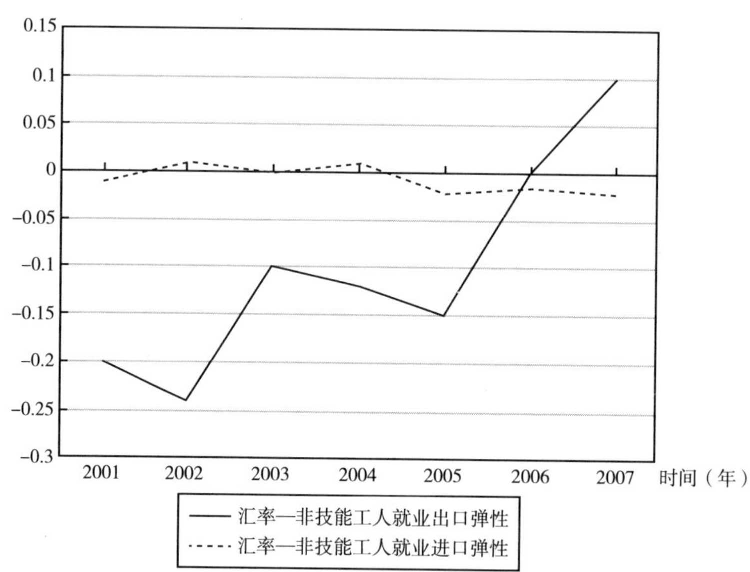

图 10－8　人民币汇率波动对非技能工人就业的弹性

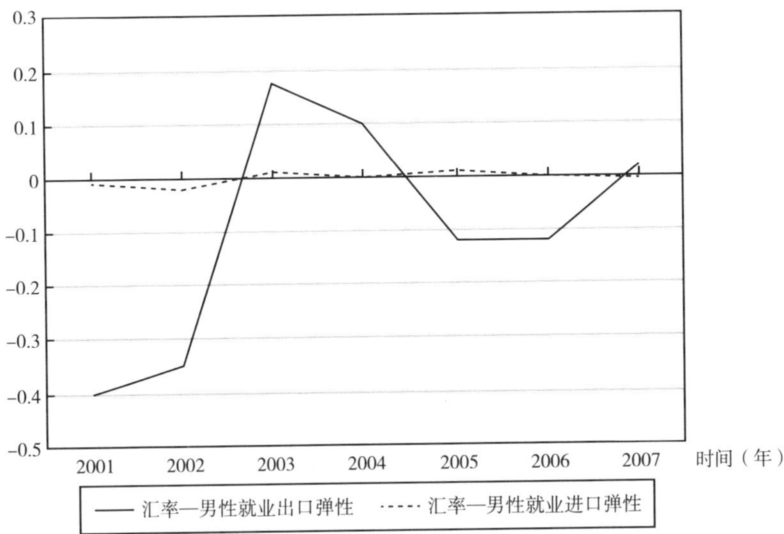

图 10-9　人民币汇率波动对男职工就业的弹性

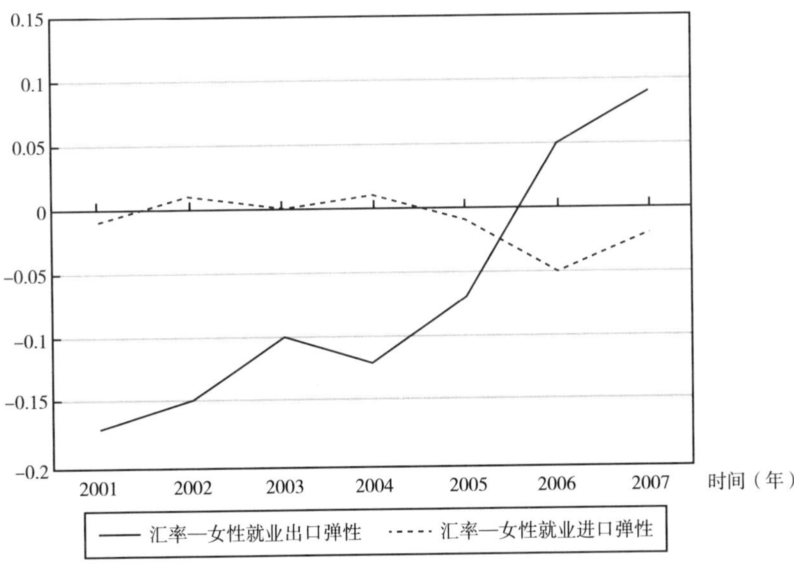

图 10-10　人民币汇率波动对女职工就业的弹性

总体而言，由于我国进口占比较低，实际有效汇率波动通过进口成本效应影响企业就业的进口弹性系数数值较小且波动不大。实际有效汇率波动通过出口收益效应影响企业就业的出口弹性系数并不是稳定在平均水平上，而是出现了显著的波动。汇率波动对非技能工人和总就业的出口弹性在2003年后有显著的下降趋势，并分别在2006年、2005年达到顶点，之后便呈现下降趋势。技能就业水平正好呈现相反的趋势，同在2003年，汇率波动对技能非技能劳动的出口弹性系数达到波峰。汇率波动对女性就业的出口弹性系数持续上升，并在2005年左右超过零水平线，对女性就业的拉动作用比较显著，而对男性就业的出口弹性系数波动较大，这与男性职工流动性更大有关。

第六节　结论和政策建议

一、结论

汇率升值加剧了国内失业水平，表现为技能工人和非技能工人就业水平同时下降。进一步地说，汇率波动对技能非技能工人需求的冲击是不同的，汇率升值在劳动力市场表现为对企业雇佣的平均职工数量下降，但是非技能劳动下降更加突出。汇率升值冲击下，进口实际有效汇率增加就业，而出口实际有效汇率减少就业，我国是出口导向型国家，出口在国际贸易中占有绝对优势，导致就业下降趋势占主导地位。总体而言，人民币汇率升值表现为国内就业水平整体下滑和技能非技能劳动相对比例增加。通过检验汇率波动对异质性企业就业的影响发现，国有/集体企业技能非技能劳动就业水平都有所增加，但是技能劳动就业增加幅度更大；私营企业和外资企业对劳动的雇佣较少，但是非技能劳动的减少幅度更大；由于国有企业受政府补贴较多，其技能工人就业比例变化不显著，而私营企业市场化程度较高，当汇率影响企业生产时，非技能工人更容易被替代，技能工人就业比例扩大。对纺织、服装和皮革类企业进行检验发现，实际有效汇率波动对这些企业的冲击更为显著，由于这三类行业为劳动密集型行业，非技能劳动更容易被替代，所以，当汇率波动时，这三类企业技能工人就业比例增加更明显。相对于一般贸易企业而言，加工贸易企业技术含量较低，生产受市场需求影响较大，简单的加工流程容易被机械化取代，因此当汇率波动时，加工贸易企业技能工人就业更有保障。汇率波动对就业水平的影响表现出显著的时间趋势性，随着

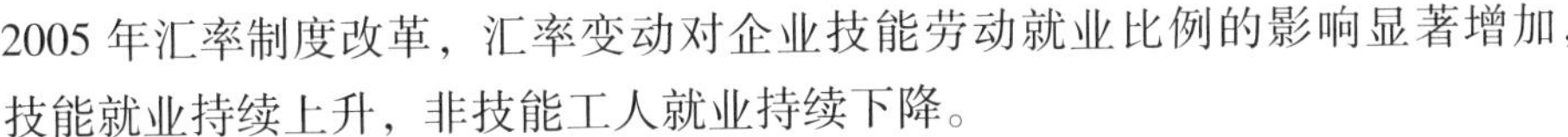

2005 年汇率制度改革，汇率变动对企业技能劳动就业比例的影响显著增加，技能就业持续上升，非技能工人就业持续下降。

二、政策建议

人民币升值不利于贸易部门就业的观点已经是学术界的共识，然而，在中国汇率升值压力增大的背景下，应该如何减轻汇率升值对贸易部门就业的影响则是我们应该关注的重要问题。

（一）近期汇率政策的调整应考虑就业状况

从上文分析可知，汇率升值不利于贸易部门就业，汇率贬值有利于贸易部门就业。在美国次贷危机演变为波及全球的金融危机甚至经济危机的背景下，全球经济增长明显减速。由于我国经济的外向型特征，国内企业的规模与竞争力还处于较低水平，现阶段受外需下降和出口增速下滑等因素的影响，我国部分地区和行业出口企业面临较大困难，经济下行压力增大。其中又以劳动密集型出口企业所受影响最大，短期就业压力明显上升。在此情况下，人民币汇率政策的调整必须充分考虑我国出口企业的承受能力和整体经济增长态势，科学把握汇率制度改革和汇率水平调整的最佳时机、速度和方向，适当放慢人民币汇率市场化速度和升值速度，在必要的时候可适度贬值。从近期来看，政府应保持人民币对美元汇率的稳定，形成人民币对其他主要货币的适度贬值态势，以促进出口增长和就业稳定目标的实现。

（二）利用资本带动劳动的效应，促进就业的增加

根据上文分析，汇率升值通过资源配置的渠道对就业的影响效应为正，因此应积极采取措施加大该渠道对就业的有利影响。汇率升值降低了国外资本要素的价格，应该借此机会加快更新进口设备，对于有利于经济复苏发展的行业所需的重大技术装备和产品或者中间产品、原材料等投入要素，确有必要进口的，应降低或免征关税和进口环节增值税。从行业内部结构和生产效率出发，处理好增加投资和产能过剩的矛盾，促进钢铁、汽车和有色金属等行业的企业重组，通过兼并和重组提高产业集中度，提升其在国际市场的竞争力。此外，外国资本投资对就业的带动效应也不容忽视。

汇率升值会导致外国资本投资中国的成本增大，可能挫伤外国直接投资的积极性，不利于资本带动劳动效应的发挥。因此，政府可以从两方面进行改善：一方面，采取一定的措施缓解升值预期。我国长期实行以鼓励出口创汇为目标的外贸政策，加上央行的干预以及外汇市场本身存在的缺陷，外汇

供给保持在较高水平上，而对外汇需求的种种限制使外汇需求不足，市场上的供求关系发生扭曲，所以提高汇率需求不失为缓解升值预期的一种措施。具体来看，政府可积极推动海外企业在中国证券市场的上市，外国企业在中国募集的资金需要兑汇流出，这样可以在不开放资本项目且在政府有效的监管之下提高外汇需求，降低人民币升值预期；另一方面，政府应进一步改善整体投资环境，积极引入投资资本，注重流入资金“量”和“质”的同步提高，努力创造更有利于国外投资资金流入的渠道；从我国经济发展、产业结构优化升级、就业结构合理化出发，合理规划投资资金的产业流向和地区流向，最大限度地发挥其带动就业作用。

（三）降低出口需求渠道的负面影响

在金融危机冲击和全球需求大幅萎缩的背景下，出口需求渠道的打击显得更为致命。海关总署统计数据显示，2009 年上半年中国出口疲态尽显，累计同比下降 21.8%，这一跌幅为多年少见。从上文分析可知，汇率升值通过出口需求渠道对就业的影响效应为负，而且此渠道是汇率变动影响就业最重要的渠道，当下为保稳定促就业，应采取措施降低该渠道对就业的负面影响。

第一，必须继续坚持近期推出的出口退税和关税等出口扶持政策。在全球需求大幅萎缩和中国竞争对手国家汇率相继贬值的背景下，我国企业在国际市场上的竞争力面临严峻挑战，而短期内，以劳动密集型为主的中国出口企业很难通过自主创新等手段快速提升竞争力，故政府必须继续在政策上对其进行扶持。2008 年 8 月至今，我国已经多次提高部分出口商品的出口退税率，考虑到纺织、服装、玩具、家具等劳动密集型行业吸纳的劳动力众多，如纺织业能吸纳 2000 多万工人，我国政府还可以进一步适当上调此类行业产品的出口退税率；对于如钢铁、汽车等其他行业，政府应加快出口基地建设，改善其进出口环境，实施适度灵活的出口税收政策，稳定国际市场份额，鼓励产品的间接出口。

第二，政府应鼓励实施出口市场多元化战略，扩大对新兴市场的出口，鼓励企业在主销市场设立物流中心和分销中心，重点开拓周边国家和地区市场，比如利用俄罗斯经济进入新的发展时期，需要大规模的投资和劳动力的机遇，积极发展对俄经贸合作，带动劳务合作或境外就业；利用我国和韩国、日本等国的地缘优势和人文条件，开发境外就业。通过向中东、俄罗斯、拉美和亚洲等地区的出口增长，来缓解对发达国家出口的放缓。

第三，降低企业产品对汇率反应的敏感性。人民币汇率形成机制改革的一个重要特征是发挥外汇市场供求在人民币汇率决定中的作用，因而人民币汇率弹性不断增大将是我国企业不得不面对的现实，所以降低企业产品对汇率波动的敏感性是应对汇率变动的一种思路。可以从两方面出发：一是鼓励企业自主创新，鼓励资本、技术密集型产品的出口。创造技术创新的环境，促进出口企业的技术进步，提高出口品的技术含量。在继续发挥劳动力成本较低的优势、出口劳动密集型产品的同时，努力提升出口品的产业结构，增加技术含量高的产业的出口比例。树立中国产品的品牌形象，改变靠量增价低取胜国际市场的低级出口战略的发展轨迹，在总量提高的前提下降低劳动密集型产品占出口品的比重，降低劳动就业问题对汇率的敏感性。二是提升企业资本和劳动的产出弹性。在技术进步率既定的情况下，如果资本和劳动的产出弹性之和较大，单位劳动的产出水平较高，出口企业一定产量的减少对劳动需求所产生的影响也会很小。由于中国出口企业的经营管理水平普遍不高，导致其规模经济程度较低，这也使得出口企业劳动需求、就业量易受人民币汇率变动的影响。从长期来看，提升出口企业的规模经济程度，减少企业因汇率变动而调整投资水平时对其劳动需求的影响的措施符合可持续发展的要求。

第四，对非技能劳动者进行有效培训。在汇率波动影响下，非技能劳动就业形势严峻，政府和企业要解决这部分失业人员再就业问题，保证经济社会平稳健康发展，需要将剩余非技能劳动通过再培训提高职业技能，从而实现劳动力的合理配置和转移。加大国有企业改革力度，增加竞争机制，使其生产更能符合市场的产品。关注女性就业问题，针对女性特点设立专门的培训机构和岗位。

人民币汇率制度改革要以渐进的方式进行，提高汇率波动弹性和波动幅度，增加公众对汇率波动的适应程度。只有这样，汇率波动对就业才不会造成剧烈影响。在汇率波动剧烈时，银行和金融机构应该推出一系列规避汇率风险的金融工具，降低汇率对企业经营的冲击，提高企业应对汇率波动的能力。只有这样，人民币汇率才能在保护本国企业稳定经营的前提下稳步调整。

推进汇率市场化进程。现阶段我国汇率市场不能全面反映汇率的实际供求关系，强制结售汇制度使外汇供给和需求失衡，人民币实际汇率无法通过市场完整表现出来。因此增加汇率弹性和波动区间，改革外汇管理体制，才能维持汇率稳定，促进就业。顺应供给侧改革，调整出口企业产品结构，将劳动力密集型产品逐渐向资本和技术性产品转变，我国税收结汇优惠政策应当向高科技企业倾向，创造技术创新环境，减少劳动密集型产品的出口量，降低就业对人民币汇率波动的敏感度。

第五，现阶段，“去中心”背景下农民工的就业选择是急需关注的问题。传统的去中心化理论是指工业化的发展超过了城市的承载能力，城市的功能被盲目放大，造成一系列的经济社会问题，比如农民工的数量大大超过了城市的就业岗位，日益增长的流动人口导致社会的经济生态环境不平衡、基础设施不足等社会问题。要解决这些经济社会问题，需要加强中心城市边缘的基础设施建设。比如雄安新区的建设是为了减轻北京人口拥挤和资源限制问题。又如平湖之于上海，打通平湖和上海的医疗、通信等通道扩大了上海的城市职能范围。德国通过“去中心化”模式成果解决了工业化过程中形成的城市拥挤和资源短缺问题。边缘郊区和小镇加强城市基础设施建设，成功缓解了城市人口和资源问题。中心城市和边郊区、周边城市通过资源共享、公共设施、服务的普及和范围扩大实现机会的均等化和中心外围同质化，从而在新形势下进行产业链整合，促进产业转型升级，以此解决大量人口短时间内集中流向中心城市、造成城市资源短缺和功能崩溃等问题。现代的去中心化理论在原有理论的基础上进行了新的扩展。随着我国劳动力供给减少和工资增长，越来越多的外国投资企业和本国企业的投资中心开始转移到东南亚各国，去寻找新的合作伙伴，因为越南、老挝、缅甸等东南亚国家的劳动力成本低，具有成本优势，因此产业的大面积的转移也是去中心化的一种表现。

未来城市发展中，要解决去中心化问题，有以下几种途径：首先，加快农村城镇化进程，实现农业集约化机械化作业，提高土地的使用效率和产出率。其次，鼓励创新创业，通过此途径发现更多的就业岗位和生产机会。再次，加速制造业转型升级，提高制造业的产品质量和技术含量，促进产业生产率提高，体现制造业高质量发展。在自然资源和劳动力资源容易紧缺、生产成本上涨的前提下，只有产业高效健康发展，才能保持国民经济增长的稳定性。另外，产业聚集能够带动劳动力聚集。改革开放以来，我国外贸的快速增长使国内生产型企业通过技术扩散提高了劳动生产率，有些企业通过企业转型升级由劳动密集型转向资本密集型，现有的工作岗位与逐渐增加的农民工数量不匹配，资源供给与需求相左，生产模式和要素提供数量供需不协调，城市现有的功能已无法满足大量农民工对基础设施和工作岗位的需要。农民工选择生活在城市的主要原因是城市可以提供比农村好的生存条件，包括基本的居住条件、卫生条件、业余生活丰富程度等方面，也就是说，城市的生活条件比农村更有吸引力。由于我国区域发展不平衡，所以农村地区和城市地区的经济文化差距较大，改革开放以来农民工进城打工使他们有机会进入城市生活。如果使城市去中心化，那么面临的主要问题是如何解决这些农民工的就业和生活问题。虽然城镇化通过改善农村基础设施提高农民的生活水平，让他们在城市边缘地区的中小城市生活，但是这些地区的就业岗位依然不多，加上工作岗位和农民工技能的匹配问题，农工依然面临到处打工的问题。

2018 年中美贸易摩擦背景下，我国出口受影响较大，外贸市场不景气，工厂生产规模下降，许多工厂通过裁员降低成本，所以城市就业机会逐渐减少，而原有的土地产出已经远远达不到现代生活的要求。在此条件下最需要的是启动社会新型生产模式，首先，开发新产业，这种产业依然以劳动密集型和资本密集型为主，这样可以吸收现有的劳动力资源；其次，加强农民工的培训，让这些劳动力和更高的技能相结合，提高单位产出和工资水平；再次，使用现代化的农业种植方法，使每个人有能力种植更多的土地，得到更大产出。最后，大力发展养殖和畜牧业，利用现有的农村条件，引进先进的饲养手段和技术，保证农民工的单位产出增加。总之，不管是什么方式，根本还是通过技术创新提高劳动生产率，进而提高单位产出。同时，同一产业通过集聚产生规模效应，从而降低单位成本，这样才能从根本上实现去中心化和经济的协调发展。

第十一章

结论和研究展望

本书基于我国对外开放步伐加快、汇率波动频繁和国内工资差距拉大的背景，借鉴异质性贸易理论和要素价格均等化理论的研究成果，从微观异质性企业现实情况出发，采用中国工业企业数据库和海关数据库的匹配数据，就汇率波动影响企业工资这一命题进行机制总结和实证检验，并考察汇率波动影响工资结构和工资差距的关键因素，以及这些行为如何受到国家汇率制度改革的影响。具体而言，本书试图探求汇率波动冲击下企业内部技能劳动和非技能劳动的工资溢价的变化、技能劳动和非技能劳动的就业结构的变化，并进一步考虑了企业的异质性，即分析汇率对企业就业以及工资的冲击因企业劳动生产率、资本密集程度、垄断程度、所有制性质不同而存在的差异。

第一节　主要结论及政策启示

一、主要结论

（一）关于汇率影响工资的机制探求

1. 短期内研发会挤占企业利润空间，造成职工平均工资减少；当研发成果投入生产，则会提高企业劳动生产率和职工的平均工资。增加企业投资和宽松的外部融资条件会增加企业工人的平均工资。

2. 汇率升值对技能工人工资的影响和对平均工资的影响类似，通过短期研发降低工资水平，长期提高工资水平，投资提高工资水平，融资约束降低工资水平。企业受到汇率波动冲击时，宽松的融资环境反而不利于非技能工人工资水平提高。

3. 研发短期减小工资差距，长期拉大工资差距，投资对工资差距的影响不显著，宽松的融资环境会拉大工资差距，紧缩的融资环境缩小工资差距。企业增加投资对非技能工人工资的影响更显著，而研发对技能工人的工资影响更显著。

（二）关于汇率波动对企业工人工资水平和工资差距的影响

1. 人民币实际有效汇率升值显著提高了技能工人和非技能工人的工资水平，但是技能工人的工资水平增加幅度远大于非技能工人工资水平的增加幅度，这进一步加剧了技能非技能工资差距的拉大。

2. 人民币有效汇率波动对技能非技能工资的影响主要通过出口途径和进口途径发挥作用，原因是人民币实际有效汇率波动主要通过与贸易国之间的相对产品价格起作用，我国是出口大国，中间品进口比例相对较小，所以汇率通过出口收益减小途径影响工资水平和工资差距的作用比较显著。总体而言，汇率升值会通过出口途径促进技能、非技能工人的工资水平和工资差距拉大，通过进口收益增加途径使技能、非技能工人的工资水平和工资差距下降。

3. 人民币实际有效汇率升值显著拉大了出口企业技能非技能工人的工资差距，表现为技能工资水平增长速度远大于非技能工人工资的增长速度。为了更全面探讨人民币实际有效汇率波动与工资差距之间的关系，文章对不同所有制性质、贸易类型企业以及纺织业进行单独检验发现，人民币有效汇率波动对国有企业工资差距影响较小，而对私营和外资企业工资差距影响增大；人民币实际有效汇率波动对纺织、服装、皮革业工人就业和技能非技能工资差距的冲击比对其他行业的冲击更加剧烈；加工外贸企业对汇率波动反应更直接，更快速，汇率升值时，这些企业因外部需求减少而面临的停产和利润缩水情况也更加严重。

4. 通过汇率波动对技能工资、平均工资和工资差距的进出口弹性系数进行动态观察发现，汇率波动对技能工人工资和平均工资影响的出口弹性系数均在 2003 年有显著的下降趋势，并分别在 2006 年、2005 年达到顶点，之后便呈现下降趋势。我国民营和外资企业劳动力市场就业和工资对汇率波动的反应比较迅速，劳动力价格对汇率波动弹性较大。通过检验汇率波动对企业行为的影响发现，人民币有效汇率升值使企业增加投资，减少出口。

（三）关于国家汇率制度改革对企业工人工资水平和工资差距的政策效应

汇率制度改革政策降低了制造业企业的平均工资水平，减小了技能非技能劳动之间的工资差距，原因是汇率制度改革政策降低了技能工人的工资水平，提高了非技能工人的工资水平。同时，汇率制度改革政策促进了外贸企业技能非技能劳动和不同性别就业水平的提高，但是降低了男性非技能工人的就业水平。因此，国家的汇率政策效应在“有管理”上有所侧重。

（四）关于人民币汇率波动对企业工人就业的影响

汇率升值加剧了国内技能非技能工人比例的拉大，表现为技能工人就业下降幅度小于非技能工人就业下降幅度。进一步，汇率波动对技能非技能工人需求的冲击是不同的，汇率升值在劳动力市场表现为企业雇佣的平均职工数量下降，但是非技能劳动下降更加突出。进口实际有效汇率减小了技能非技能工人就业比例而出口实际有效汇率拉大了技能非技能工人就业比例，我国是出口导向型国家，出口在国际贸易中占有绝对优势，这种技能非技能工人就业比例拉大效应占主导地位，因此总体而言，人民币汇率升值表现为国内技能非技能工人就业比例的增加。国有/集体企业技能非技能劳动就业水平都有所增加，但是技能劳动就业增加幅度更大；私营企业和外资企业对劳动力的雇佣较少，但是非技能劳动的减小幅度更大；国有企业的技能非技能工人力比例缩小，私营企业有所扩大。对纺织、服装和皮革类企业进行检验发现，实际有效汇率波动对这些企业的冲击更为显著，企业技能非技能工人就业比例拉大更明显。相对于一般外贸企业而言，加工外贸企业技能非技能工人就业比例更大。汇率波动对就业的影响表现出显著的时间趋势性，随着2005年汇率制度改革，汇率对企业技能非技能工人就业比例的拉大效应显著增加，技能工人就业水平持续上升，非技能工人就业水平持续下降。

二、汇率波动对企业工资水平、工资差距影响出现差异的主要原因

（一）市场化水平在行业间存在差异

行业市场化水平越高，进入行业越容易，同一行业的企业数量越多，竞争越激烈。当面临汇率波动带来的冲击时，企业更倾向于削减职工数量而非降低工人工资；对于市场化水平较低而垄断水平较高的行业，为了维护垄断利润，市场准入限制门槛较高，外部企业不容易进入，因此企业内部维持生存所需要的职工人数比较稳定，当面临汇率冲击时，调节职工工资更能起到直接的效果。因此，汇率波动对电力等垄断程度较高的行业工资影响比较显著，而对纺织、服装、皮革等行业工资的影响相对较弱。

（二）要素密集度在行业间存在差异

在劳动密集型行业，员工工资收入在企业生产成本中占比较高，工人工

资的微小提升就能引起企业竞争力的大幅度下降，当面临外部汇率冲击时，企业会尽量小幅度调整工资。在劳动密集型行业，非技能劳动比重较高，工会力量相对薄弱，在与企业的工资谈判中处于劣势地位，进一步增加了工资黏性。同时，我国人口红利背景下非技能劳动供给过剩，也在一定程度上阻碍了汇率波动对工资的影响。

（三）产业因素

相对于国有企业和私营企业而言，外资企业工资变动对汇率波动的变化弹性更大，也更能在面对外部冲击时采取调整工资的方式保持企业利润的稳定。虽然制造业吸引外资数量较多，但是我国制造业多集中在纺织、服装、皮革等劳动密集型企业，这些企业加工贸易比重较大，为降低成本，主要使用廉价劳动力进行加工生产，处于价值链的低端，产品附加值较低，出口主要依靠低成本优势，因此工资黏性大，使得汇率波动对工资的影响传递不完全，工资水平对汇率变化反应不敏感。

（四）我国劳动力市场不能自由流动

我国劳动力不能实现充分的自由流动，由于制度制约，国家公务员、国有企业员工等工作人员流动性不强，多年来只能在同样的岗位任职，大量农村劳动力、每年新增劳动力大部分进入民营企业、外资企业、建筑业和服务业等部门，由于非技能劳动供给比较丰裕，这些部门工人的工资维持在相对比较低的水平。另外，我国工会组织覆盖不够全面，非技能劳动很难通过长期劳动合同保障收入保持在稳定的状态。

（五）制度因素

首先，国家政策对我国的工资水平起着决定性的作用，每次劳动者工资的调整都伴随着出台一系列具体的工资调整政策。比如年度工资调整方案，以及企业最低工资实行标准。工资调整存在黏性，滞后于汇率调整和企业全要素生产率变化。大量农村劳动力的转移使得劳动密集型产业劳动供给增加，整体工资水平低，我国出口企业大部分属于劳动密集型产业，如纺织、服装、皮革，这些企业劳动力的工资更大程度上取决于全球对于企业产品的需求订单数量。如果国际市场需求旺盛，则企业对于工人的需求也随之增加，产量带动企业利润和工人工资的增加。如果全球市场经济萎靡不振，劳动需求也随之下降，进而降低利润和工人的工资收入。其次，我国汇率政策长期以来为固定汇率，从而导致汇率与工资关系不确定。最后，改革开放以来我国实行出口导向型外贸政策，出口补贴和退税政策降低了企业的生产成本，从而使得汇率对工资影响的传导机制并不明朗。

三、汇率波动可能造成的后果

人民币汇率升值使得国有企业内部收入差距减小，民营企业和外资企业内部收入差距扩大。这进一步改变了现阶段不同企业间的工资差距和分配现状，在人民币持续升值前提下政府进行适当干预，能够改善收入差距持续扩大的局面。人民币升值使得国内工资收入水平上升，进口增加，顺差减小，说明汇率对国际收支的调整是不完全的，收入效应是不能忽视的。

四、政策启示

（一）企业层面

第一，职工工资水平增长不能脱离企业的实际发展水平，过高的工资通过减少企业利润进一步缩减企业的研发投入，从而使企业发展阻力加大，在实际生产中，要充分发挥企业研发对工资的拉动作用，以及工资水平对企业研发的激励作用，二者相互促进，相互协调，达到最优状态。我国应加快利率市场改革，加强对中小型出口企业的信用支持，并改变金融资源分配中对企业所有制的歧视，从而推动我国的收入水平提高和收入差距减小。

第二，发展资本市场，为企业融资扩大资金来源，降低私营企业融资门槛，发挥金融市场对改善制造业企业工人工资收入方面的作用，使企业在面临汇率波动冲击时，能够通过资金融通渡过难关。加强社会信用体系建设，提高金融市场资金的配置效率，让资金流向生产率最高、经营最好的企业中去。对于融资约束对出口企业就业和工资水平，特别是非技能工人工资水平的影响，政府应加大对出口企业的扶持力度。否则在外部市场需求萎缩和内部企业融资约束条件下，出口将面临更大风险和困境。融资约束的缓解不仅关系到对外贸易战略的实施，而且直接影响现在的就业难题和收入差距持续拉大现象能否得到有效解决。加强对非国有企业的融资支持，把向低效率国有企业倾斜的资金转向高效的民营企业，降低民营企业融资门槛，为民营企业吸纳就业、提高工资水平和减少技能非技能工资差距创造条件。

第三，企业应充分采取新技术，雇佣相对廉价的非技能劳动，可以降低企业生产成本。我国汇率制度缺乏弹性制约了平均工资水平的提升，增加汇率弹性水平和渐进式升值可使币值逐渐回到均衡水平，从而避免币值不稳定对就业和工资水平造成的动荡。企业应加快内部人事招聘制度改革，使高低技能分配与企业资本和技术相匹配，避免劳动力就业和市场竞争脱节。企业在提高人力资本水平的前提下要重视人力资本结构调整，避免因人力资本未充分利用或者收入分配不合理导致高低技能劳动之间的收入分配差距过大。垄断性行业应引入竞争机制，增加行业之间的竞争，防止因竞争不足导致的行业间工资差距过大。为了防止汇率波动对技能工资溢价的影响，企业应该采取相应的培训措施完善职工培训体系，通过培训使更多非技能劳动和女性劳动力获得专业技能和进一步深造，以提升非技能工人和女性职工在就业市场上的谈判能力和竞争力。

（二）政府层面

第一，我国国家政策初次分配实施向劳动力倾斜的方针，因此政府应适当引导企业走出低成本的误区，保障职工的权利，建立职工工资增长与企业发展适应的工资制度，从而激励企业研发投入和自主创新。另外，为了保障非技能工人工资水平，国家应该对工资水平从总体上进行调控，防止技能非技能工资差距过大，调节收入差距，从而为企业技术创新和技术改进提供动力。

第二，为了转嫁汇率波动给企业带来的损失，企业会改变劳动者的收入来保全自己的利益，但是对不同技能水平的劳动者收入影响是不同的，技能劳动者的收入增加的幅度远大于非技能劳动者，形成了“马太效应”。如果政府在汇率升值时出台宽松的货币政策，如降低利率，则会使非技能劳动者的收入状况雪上加霜。相反，政府应当实施有利于民生的货币政策，为低收入人群提供基本的生活保障。

第三，汇率升值显著提高了企业内部的平均工资水平，但是加剧了技能劳动和非技能劳动的工资差距，即技能劳动的工资提高水平远远超出了非技能劳动，使强者更强，因此在汇率改革的同时要加大非技能劳动者的培训和管理。汇率波动对企业工资水平和工资差距的影响因企业生产率、所有制和规模的不同而显示出显著的差异性，因此，汇率改革不仅要考虑汇率冲击对进出口企业整体的影响，更应当对劳动生产率较低、规模较小的私营企业予以政策支持。

第四，汇率波动冲击下非技能劳动收入受损严重，为了解决这一部分失业人员的再就业问题，保障经济社会稳定健康发展，需要将剩余非技能劳动通过再培训提高职业技能，从而实现劳动力的合理配置和转移。加大国有企业改革力度，增加竞争机制，使其生产更能符合市场的发展。同时，关注女性就业问题，针对女性特点设立专门的培训机构和岗位。

（三）市场层面

首先，人民币汇率制度改革应渐进式地进行，以提高汇率波动的灵活性和波动性，提高公众对汇率波动的适应程度。只有这样，汇率波动对就业才不会造成剧烈影响。当汇率大幅波动时，银行和金融机构应推出一系列金融工具规避汇率风险，降低汇率对企业管理的影响，提高企业应对汇率波动的能力。只有这样，人民币汇率才能在保护本国企业经营稳定的前提下稳步调整。

其次，推进汇率市场化进程，现阶段我国汇率市场不能全面反映汇率的实际供求关系，强制结售汇制度使外汇供给和需求失衡，人民币实际汇率无法通过市场完整表现出来。因此增加汇率弹性和波动区间，改革外汇管理体制，才能维持汇率稳定，促进就业。

最后，顺应供给侧改革，调整出口企业产品结构，将劳动力密集型产品逐渐向资本和技术性产品转变，我国税收结汇优惠政策应当向高科技企业倾斜，创造技术创新环境，减少劳动密集型产品出口，从而降低劳动力就业对汇率波动的敏感性。

第二节　研究展望

本书基于我国人民币汇率波动加剧，国内工资差距拉大的背景，借鉴异质性贸易理论和要素价格均等化理论的研究成果，从微观异质性企业现实情况出发，将我国工业企业数据库与海关数据库数据进行样本匹配，在此基础上对汇率波动影响企业工资水平和工资差距这一命题进行机制总结并展开实证检验，同时从更深层次探求汇率波动影响企业行为并改变企业内部技能非技能工资结构的关键因素，以及这些行为如何受到国家汇率制度改革政策的影响。在一定程度上丰富了汇率波动影响企业工人工资水平和工资差距在微观层面的证据，拓展了劳动力市场理论。然而，从全面性和系统性而言，本书需从以下几个方面作进一步完善：

一是本书将汇率影响工资水平的机制总结为研发投入途径、投资途径和融资约束缓解途径三个方面，但是，汇率影响企业工人工资的途径还可能体现在其他方面，比如作为外部冲击，汇率可通过改变企业的定价行为、自主创新水平或通过提高产品质量等途径间接影响其对技能非技能劳动的需求比例和数量，进而影响职工的工资水平和技能非技能劳动工资差距。今后的研究应继续拓展研究维度，为更深入了解汇率对微观企业行为的影响机制做更加详细的解读。

二是本书缺乏完整的理论模型构建，汇率波动对工人工资的影响这一经济学问题有待进一步通过建立合理的理论模型进行诠释，将汇率波动影响企业工人工资水平和工资差距的作用机制通过理论模型进行进一步解释会增加结论本身的说服力。另外，虽然开放经济条件下，汇率波动会直接影响到外贸企业对要素的选择和重新配置，进而影响企业技能非技能劳动工资水平和工资差距的变化，但是，劳动力是流动的，要素价格效应是传递的，要素价格效应通过何种途径传递到非外贸企业，以及非外贸企业内部劳动力工资结构和工资差距的变化有待后续研究。

三是仅仅涉及汇率波动通过贸易行为对企业技能非技能劳动的工资水平和工资差距造成的影响，没有考虑汇率通过投资途径如何影响企业的资源配置行为。随着企业“走出去”形式日益多样化，有些企业的贸易和投资行为并存，那么，汇率波动使企业如何调整自身的宏观贸易投资发展战略，如何平衡进出口和投资的关系，以及如何处理企业内部工资差距过大，如何解决创新驱动对技能劳动的需求，这些问题的研究具有较强的现实意义。

四是由于数据限制，2008 年以后汇率波动对企业内部工资水平和工资结构的影响无法进行实证检验，这是本书的一个缺憾。2014 年第一季度开始，人民币对美元出现持续贬值达 2.64%，从而改变了近九年来人民币对美元单边升值的状态。2016 年美联储实施加息政策，使人民币对美元汇率贬值，一度突破 6.90，那么如此贬值如何影响企业工人的工资结构和工资差距？与汇率升值相比，贬值对企业工人就业和工资的影响有何不同？日后随着数据的更新，这一领域仍然值得进一步研究。

附　录

附表 1　　内销企业和外贸企业中位数

类型	lns	lnlabor	lnlabor_h1	lnlabor_l1	lnlabor_h2	lnlabor_l2	lnlabor_m
内销	9. 59	5	4	4. 41	2. 59	4. 85	4. 48
外贸	9. 93	5. 53	4. 42	4. 98	2. 92	5. 42	4. 73
所有	9. 7	5. 18	4. 14	4. 59	2. 71	5. 04	4. 56
类型	lnlabor_f	lnlabor_mh1	lnlabor_ml1	lnlabor_mh2	lnlabor_ml2	lnlabor_fh1	lnlabor_fl1
内销	3. 88	3. 7	3. 61	2. 36	4. 29	2. 89	3. 21
外贸	4. 72	3. 88	3. 88	2. 5	4. 54	3. 49	4. 16
所有	4. 15	3. 76	3. 71	2. 4	4. 38	3. 09	3. 5
类型	lnlabor_fh2	lnlabor_fl2	lnaverwage	Lnwage - h1	Lnwage - h2	lnagrwagee	lnhyminwage
内销	1. 39	3. 74	9. 35	10. 22	10. 17	7. 31	4. 69
外贸	1. 91	4. 61	9. 57	10. 54	10. 49	7. 8	4. 69
所有	1. 58	4. 02	9. 42	10. 33	10. 28	7. 53	4. 69

附表 2　　外贸企业和内销企业工资比较（马氏距离配对法）

因变量	处理组	对照组	ATT	S. E.	T - stat	对照组	处理组
全样本	9. 893	9. 660	0. 233 ***	0. 004	53. 42	270015	146608
2000	9. 661	9. 283	0. 378 ***	0. 023	16. 61	12120	7493
2001	9. 656	9. 358	0. 298 ***	0. 019	15. 75	16325	9847
2002	9. 696	9. 402	0. 295 ***	0. 016	17. 95	19981	12137
2003	9. 739	9. 431	0. 307 ***	0. 014	21. 64	26544	15436
2004	9. 816	9. 550	0. 266 ***	0. 009	28. 33	61893	28749
2005	9. 907	9. 676	0. 231 ***	0. 010	22. 93	48925	25232
2006	10. 041	9. 800	0. 241 ***	0. 010	23. 83	43086	68822
2007	10. 209	9. 963	0. 245 ***	0. 010	22. 61	39543	21958

附表 3 样本变量不同年份中位数统计

年份	lns	lnlabor	lnlabor_h1	lnlabor_l1	lnlabor_h2	lnlabor_l2	lnlabor_m
2000	9. 38	5. 44	4. 42	4. 85	2. 94	5. 32	4. 82
2001	9. 44	5. 35	4. 33	4. 78	2. 88	5. 23	4. 73
2002	9. 49	5. 3	4. 27	4. 71	2. 82	5. 17	4. 68
2003	9. 55	5. 26	4. 23	4. 68	2. 79	5. 14	4. 64
2004	9. 63	5. 01	4	4. 44	2. 58	4. 89	4. 42
2005	9. 73	5. 11	4. 08	4. 54	2. 66	4. 99	4. 51
2006	9. 88	5. 14	4. 1	4. 57	2. 68	5. 02	4. 53
2007	10. 04	5. 19	4. 14	4. 6	2. 71	5. 05	4. 57
总样本	9. 7	5. 18	4. 14	4. 59	2. 71	5. 04	4. 56

年份	lnlabor_f	lnlabor_mh1	lnlabor_ml1	lnlabor_mh2	lnlabor_ml2	lnlabor_fh1	lnlabor_fl1
2000	4. 42	4. 03	3. 97	2. 65	4. 64	3. 4	3. 78
2001	4. 35	3. 95	3. 89	2. 57	4. 55	3. 31	3. 71
2002	4. 29	3. 88	3. 84	2. 51	4. 5	3. 24	3. 65
2003	4. 25	3. 84	3. 8	2. 48	4. 46	3. 19	3. 6
2004	3. 99	3. 61	3. 56	2. 3	4. 23	2. 94	3. 33
2005	4. 1	3. 7	3. 65	2. 37	4. 32	3. 04	3. 45
2006	4. 13	3. 73	3. 68	2. 39	4. 35	3. 06	3. 49
2007	4. 15	3. 77	3. 71	2. 42	4. 38	3. 09	3. 52
全样本	4. 15	3. 76	3. 71	2. 4	4. 38	3. 09	3. 5

年份	lnlabor_fh2	lnlabor_fl2	lnaverwage	lnwage - h1	lnwage - h2	lnagrwagee	lnhyminwage
2000	1. 83	4. 3	9. 13	10. 03	9. 98	6. 92	2. 34
2001	1. 76	4. 22	9. 17	10. 08	10. 03	7. 32	2. 76
2002	1. 7	4. 16	9. 22	10. 12	10. 07	7. 45	1. 66
2003	1. 65	4. 12	9. 28	10. 18	10. 13	7. 21	1. 88
2004	1. 41	3. 85	9. 34	10. 25	10. 2	7. 68	4. 47
2005	1. 53	3. 96	9. 43	10. 36	10. 3	7. 85	5. 27
2006	1. 56	4	9. 58	10. 5	10. 45	7. 97	5. 31
2007	1. 58	4. 02	9. 76	10. 66	10. 61	8. 07	6. 4
全样本	1. 58	4. 02	9. 42	10. 33	10. 28	7. 53	4. 69

附表 4　　汇率波动对总就业的弹性趋势

变量	2001 年	2002 年	2003 年	2004 年	2005 年	2006 年	2007 年
exRxs	1. 229 * (1. 784)	−0. 606 (−0. 609)	1. 856 *** (2. 741)	−0. 645 (−0. 953)	−1. 036 ** (−2. 010)	0. 694 (1. 275)	0. 562 ** (2. 460)
imRis	0. 044 (0. 092)	0. 119 (0. 323)	0. 112 (1. 506)	0. 762 ** (2. 561)	−0. 318 (−1. 311)	0. 021 (0. 109)	−0. 071 (−1. 573)
xs	0. 522 *** (5. 524)	1. 251 *** (13. 049)	1. 425 *** (13. 779)	0. 910 *** (13. 142)	1. 158 *** (15. 128)	1. 360 *** (16. 174)	1. 355 *** (17. 289)
is	−0. 161 (−1. 503)	−0. 183 ** (−2. 528)	−0. 223 *** (−3. 326)	0. 125 ** (2. 278)	0. 046 (0. 913)	−0. 069 * (−1. 712)	0. 023 (0. 303)
dlnexReer	−0. 258 *** (−3. 186)	−0. 130 ** (−2. 024)	−0. 119 ** (−2. 552)	0. 016 (0. 351)	0. 018 (0. 604)	−0. 035 (−1. 167)	0. 013 (0. 862)
dlnimReer	−0. 008 (−1. 071)	0. 001 (0. 152)	−0. 003 (−0. 690)	−0. 011 *** (−2. 903)	0. 002 (0. 706)	0. 002 (0. 737)	−0. 013 *** (−4. 753)
dexgdpg	2. 210 *** (3. 648)	−0. 637 (−1. 089)	−0. 237 (−0. 476)	−2. 210 *** (−5. 251)	0. 416 (1. 088)	−1. 404 *** (−3. 231)	−1. 495 *** (−3. 379)
profit	−0. 096 *** (−6. 316)	−0. 169 *** (−5. 924)	−0. 460 *** (−12. 128)	−0. 071 *** (−5. 280)	−0. 177 *** (−11. 898)	−0. 405 *** (−13. 898)	−0. 299 *** (−10. 353)
inco	0. 617 *** (76. 494)	0. 627 *** (94. 321)	0. 635 *** (110. 526)	0. 618 *** (124. 950)	0. 616 *** (161. 090)	0. 622 *** (157. 294)	0. 616 *** (148. 765)
ε_{Rx}	−0. 172 ***	−0. 172 **	0. 011 ***	−0. 030	−0. 054 **	0. 014	0. 053 **
ε_{Ri}	−0. 006	0. 004	0. 0003	0. 011 ***	−0. 007	0. 003	−0. 015 ***
_cons	1. 562 *** (2. 923)	1. 151 ** (2. 221)	0. 261 (0. 699)	0. 977 ** (2. 313)	0. 818 ** (1. 989)	0. 663 (1. 359)	−0. 656 ** (−2. 320)
N	5980	8366	10518	14010	22069	20077	17760
R^2	0. 565	0. 572	0. 585	0. 577	0. 582	0. 595	0. 602

注：***、**、*表示分别在 1%、5% 和 10% 的显著性水平，（　）内为 t 统计量。

附表 5　　汇率波动对技能工人就业影响的弹性趋势

变量	2001 年	2002 年	2003 年	2004 年	2005 年	2006 年	2007 年
exRxs	-0. 731 (-0. 908)	0. 753 (0. 639)	3. 554 *** (4. 417)	2. 703 *** (3. 383)	-0. 231 (-0. 379)	1. 042 (1. 594)	0. 591 ** (2. 092)
imRis	0. 179 (0. 320)	0. 147 (0. 335)	-0. 036 (-0. 405)	0. 317 (0. 903)	0. 087 (0. 304)	0. 030 (0. 129)	-0. 015 (-0. 265)
xs	0. 559 *** (5. 067)	0. 692 *** (6. 093)	0. 838 *** (6. 822)	0. 528 *** (6. 462)	0. 478 *** (5. 279)	0. 580 *** (5. 741)	0. 675 *** (6. 966)
is	-0. 107 (-0. 851)	-0. 027 (-0. 317)	-0. 077 (-0. 961)	0. 224 *** (3. 465)	0. 270 *** (4. 521)	0. 061 (1. 266)	0. 396 *** (4. 244)
dlnexReer	-0. 141 (-1. 490)	-0. 105 (-1. 377)	-0. 0430 (-0. 774)	-0. 099 * (-1. 905)	0. 054 (1. 515)	-0. 064 * (-1. 796)	-0. 015 (-0. 774)
dlnimReer	-0. 008 (-1. 006)	-0. 002 (-0. 342)	-0. 003 (-0. 661)	-0. 013 *** (-2. 728)	0. 001 (0. 144)	0. 003 (0. 830)	-0. 012 *** (-3. 566)
dexgdpg	0. 274 (0. 387)	-0. 462 (-0. 666)	0. 845 (1. 426)	-0. 971 * (-1. 956)	0. 444 (0. 983)	-0. 861 * (-1. 649)	-0. 512 (-0. 935)
profit	-0. 098 *** (-5. 491)	-0. 169 *** (-4. 997)	-0. 445 *** (-9. 877)	-0. 067 *** (-4. 199)	-0. 165 *** (-9. 371)	-0. 441 *** (-12. 626)	-0. 286 *** (-8. 017)
inco	0. 660 *** (70. 054)	0. 668 *** (84. 692)	0. 674 *** (98. 729)	0. 658 *** (112. 633)	0. 645 *** (142. 612)	0. 652 *** (137. 254)	0. 647 *** (126. 463)
ε_{Rx}	-0. 192	-0. 052	0. 206 ***	0. 090 ***	0. 038	0. 009 *	0. 026 **
ε_{Ri}	-0. 003	0. 002	-0. 005	-0. 003 ***	0. 003	0. 004	-0. 012 ***
_cons	0. 009 (0. 015)	-0. 354 (-0. 576)	-1. 161 *** (-2. 619)	-0. 611 (-1. 226)	-0. 960 ** (-1. 975)	-1. 378 ** (-2. 350)	-2. 070 *** (-5. 921)
N	5980	8366	10518	14010	22069	20077	17760
R^2	0. 534	0. 532	0. 544	0. 538	0. 535	0. 540	0. 535

注：***、**、*表示分别在 1%、5%和 10%的显著性水平，（　）内为 t 统计量。

附表 6　　汇率波动对非技能工人就业影响的弹性趋势

变量	2001 年	2002 年	2003 年	2004 年	2005 年	2006 年	2007 年
exRxs	1.523 * (1.673)	-1.586 (-1.215)	1.668 * (1.863)	-2.916 *** (-3.277)	-1.467 ** (-2.152)	0.220 (0.304)	0.641 ** (2.138)
imRis	-0.041 (-0.065)	-0.162 (-0.335)	0.173 * (1.754)	1.034 *** (2.644)	-0.262 (-0.818)	-0.219 (-0.844)	-0.134 ** (-2.272)
xs	0.473 *** (3.793)	1.459 *** (11.590)	1.721 *** (12.590)	1.050 *** (11.536)	1.459 *** (14.407)	1.787 *** (15.988)	1.648 *** (16.004)
is	-0.221 (-1.559)	-0.324 *** (-3.420)	-0.360 *** (-4.057)	-0.00745 (-0.103)	-0.198 *** (-2.966)	-0.211 *** (-3.952)	-0.380 *** (-3.840)
dlnexReer	-0.324 *** (-3.021)	-0.132 (-1.565)	-0.196 *** (-3.172)	0.0993 * (1.712)	-0.0379 (-0.945)	-0.0301 (-0.762)	0.0537 *** (2.630)
dlnimReer	-0.006 (-0.666)	0.006 (0.892)	-0.004 (-0.625)	-0.009 * (-1.710)	0.001 (0.334)	0.002 (0.577)	-0.010 *** (-2.832)
dexgdpg	3.602 *** (4.501)	-0.897 (-1.168)	-1.175 * (-1.784)	-3.384 *** (-6.119)	0.986 * (1.951)	-1.580 *** (-2.735)	-2.723 *** (-4.685)
profit	-0.098 *** (-4.837)	-0.170 *** (-4.543)	-0.459 *** (-9.156)	-0.079 *** (-4.428)	-0.181 *** (-9.201)	-0.389 *** (-10.041)	-0.318 *** (-8.388)
inco	0.569 *** (53.395)	0.584 *** (66.797)	0.588 *** (77.463)	0.572 *** (87.989)	0.578 *** (114.287)	0.583 *** (110.919)	0.576 *** (105.913)
ε_{Rx}	-0.217 ***	-0.243	-0.079 ***	-0.105 ***	-0.141 **	-0.015	0.099 ***
ε_{Ri}	-0.007	0.001	0.002 *	0.022 ***	-0.007	-0.004	-0.014 ***
_cons	1.734 ** (2.458)	1.250 * (1.837)	0.319 (0.647)	1.159 ** (2.088)	0.988 * (1.818)	0.904 (1.394)	-0.614 * (-1.654)
N	5980	8366	10518	14010	22069	20077	17760
R^2	0.409	0.420	0.428	0.423	0.429	0.440	0.450

注：***、**、*表示分别在1%、5%和10%的显著性水平，（　）内为t统计量。

附表 7　　汇率波动对男职工就业的弹性趋势

变量	2001 年	2002 年	2003 年	2004 年	2005 年	2006 年	2007 年
exRxs	-2.172*** (-2.951)	-1.291 (-1.215)	4.177*** (5.754)	2.319*** (3.197)	-1.228** (-2.247)	-0.485 (-0.831)	0.331 (1.334)
imRis	0.043 (0.084)	-0.565 (-1.433)	0.034 (0.424)	0.254 (0.795)	-0.026 (-0.101)	-0.024 (-0.115)	-0.157*** (-3.207)
xs	0.507*** (5.032)	0.645*** (6.295)	0.750*** (6.761)	0.398*** (5.363)	0.532*** (6.547)	0.744*** (8.257)	0.736*** (8.633)
is	-0.056 (-0.487)	-0.114 (-1.476)	-0.154** (-2.134)	0.053 (0.899)	0.011 (0.196)	-0.089** (-2.079)	-0.079 (-0.957)
dlnexReer	-0.241*** (-2.788)	-0.140** (-2.037)	-0.137*** (-2.737)	-0.054 (-1.151)	-0.009 (-0.277)	-0.062* (-1.946)	-0.006 (-0.374)
dlnimReer	-0.011 (-1.473)	0.004 (0.691)	0.000 (0.000)	-0.012*** (-2.884)	0.002 (0.778)	0.001 (0.229)	-0.009*** (-3.130)
dexgdpg	0.492 (0.760)	0.096 (0.154)	0.181 (0.338)	-0.902** (-2.001)	0.318 (0.783)	-0.917** (-1.967)	-0.842* (-1.749)
profit	-0.099*** (-6.055)	-0.172*** (-5.642)	-0.498*** (-12.260)	-0.084*** (-5.814)	-0.203*** (-12.833)	-0.443*** (-14.190)	-0.313*** (-9.988)
inco	0.640*** (74.288)	0.655*** (92.066)	0.663*** (107.610)	0.649*** (122.475)	0.642*** (158.239)	0.645*** (152.144)	0.635*** (141.113)
ε_{Rx}	-0.393***	-0.230**	0.155***	0.108***	-0.095**	-0.096*	0.017
ε_{Ri}	-0.010	-0.013	0.001	-0.005***	0.002	0.000	-0.014***
_cons	1.035* (1.814)	0.623 (1.125)	-0.324 (-0.809)	0.307 (0.679)	0.250 (0.574)	0.101 (0.192)	-1.149*** (-3.737)
N	5980	8366	10518	14010	22069	20077	17760
R^2	0.571	0.574	0.584	0.576	0.582	0.587	0.584

注：***、**、* 表示分别在 1%、5% 和 10% 的显著性水平，（ ）内为 t 统计量。

附表 8　　汇率波动对女职工就业的弹性趋势

变量	2001 年	2002 年	2003 年	2004 年	2005 年	2006 年	2007 年
exRxs	2.752*** (3.014)	-0.654 (-0.491)	0.749 (0.828)	-2.296** (-2.554)	-1.547** (-2.240)	0.866 (1.172)	0.529* (1.697)
imRis	0.018 (0.029)	0.327 (0.662)	0.218** (2.188)	1.062*** (2.688)	-0.390 (-1.201)	0.057 (0.214)	-0.062 (-1.014)
xs	0.593*** (4.742)	1.630*** (12.694)	1.932*** (13.988)	1.266*** (13.764)	1.631*** (15.898)	1.849*** (16.199)	1.879*** (17.572)
is	-0.251* (-1.766)	-0.286*** (-2.956)	-0.349*** (-3.897)	0.126* (1.727)	-0.004 (-0.059)	-0.097* (-1.782)	-0.056 (-0.547)
dlnexReer	-0.354*** (-3.297)	-0.104 (-1.216)	-0.151** (-2.419)	0.057 (0.965)	0.050 (1.223)	0.007 (0.162)	0.051** (2.384)
dlnimReer	-0.005 (-0.553)	-0.001 (-0.158)	-0.004 (-0.597)	-0.012** (-2.270)	0.002 (0.481)	0.004 (0.926)	-0.018*** (-4.883)
dexgdpg	4.060*** (5.059)	-1.704** (-2.175)	-0.366 (-0.549)	-3.644*** (-6.523)	0.628 (1.225)	-1.765*** (-2.993)	-2.466*** (-4.085)
profit	-0.095*** (-4.682)	-0.168*** (-4.409)	-0.450*** (-8.888)	-0.054*** (-2.996)	-0.158*** (-7.904)	-0.378*** (-9.567)	-0.309*** (-7.847)
inco	0.570*** (53.322)	0.584*** (65.514)	0.591*** (76.971)	0.577*** (87.774)	0.575*** (112.220)	0.584*** (108.905)	0.580*** (102.739)
ε_{Rx}	-0.161***	-0.150	-0.099**	-0.104**	-0.059**	0.067	0.088**
ε_{Ri}	-0.005	0.009	0.003**	0.020***	-0.010	0.005	-0.019***
_cons	0.614 (0.867)	0.080 (0.116)	-0.856* (-1.717)	-0.015 (-0.027)	-0.144 (-0.261)	-0.391 (-0.589)	-1.875*** (-4.860)
N	5980	8366	10518	14010	22069	20077	17760
R^2	0.454	0.458	0.476	0.473	0.470	0.482	0.488

注：***、**、*表示分别在1%、5%和10%的显著性水平，（　）内为t统计量。

附表 9　　汇率波动对就业差距的弹性趋势

变量	2001 年	2002 年	2003 年	2004 年	2005 年	2006 年	2007 年
exRxs	2. 223 ** (2. 011)	-0. 370 (-0. 229)	-3. 344 *** (-3. 047)	-5. 583 *** (-5. 266)	-0. 412 (-0. 504)	0. 0228 (0. 026)	0. 113 (0. 295)
imRis	0. 167 (0. 218)	-0. 199 (-0. 333)	0. 122 (1. 013)	0. 625 (1. 342)	-0. 175 (-0. 455)	-0. 114 (-0. 360)	0. 001 (0. 015)
xs	-0. 144 (-0. 954)	0. 662 *** (4. 267)	0. 735 *** (4. 385)	0. 475 *** (4. 382)	0. 906 *** (7. 464)	1. 114 *** (8. 176)	0. 889 *** (6. 788)
is	0. 117 (0. 679)	-0. 140 (-1. 193)	-0. 094 (-0. 867)	-0. 034 (-0. 397)	-0. 215 *** (-2. 680)	-0. 091 (-1. 396)	-0. 392 *** (-3. 115)
dlnexReer	-0. 074 (-0. 571)	0. 008 (0. 074)	-0. 125 * (-1. 646)	0. 265 *** (3. 828)	-0. 072 (-1. 503)	0. 037 (0. 760)	0. 060 ** (2. 312)
dlnimReer	0. 001 (0. 103)	0. 006 (0. 736)	-0. 004 (-0. 576)	0. 002 (0. 271)	-0. 001 (-0. 180)	-0. 001 (-0. 120)	0. 003 (0. 662)
dexgdpg	2. 814 *** (2. 896)	-1. 439 (-1. 519)	-1. 565 * (-1. 937)	-1. 200 * (-1. 822)	0. 062 (0. 101)	-0. 362 (-0. 514)	-0. 776 (-1. 050)
profit	0. 002 (0. 068)	0. 170 *** (3. 681)	0. 092 (1. 497)	0. 002 (0. 083)	0. 013 (0. 540)	0. 115 ** (2. 438)	0. 034 (0. 710)
inco	0. 052 *** (4. 012)	0. 044 *** (4. 098)	0. 035 *** (3. 736)	0. 040 *** (5. 162)	0. 060 *** (9. 818)	0. 057 *** (8. 846)	0. 084 *** (12. 208)
ε_{Rx}	0. 081 ***	-0. 018	-0. 359 ***	-0. 126 ***	-0. 101	0. 038	0. 068 **
ε_{Ri}	0. 006	0. 0003	-0. 001	0. 020	-0. 006	-0. 004	0. 003
_cons	9. 371 *** (10. 941)	9. 639 *** (11. 484)	9. 603 *** (15. 877)	9. 906 *** (14. 979)	10. 30 *** (15. 798)	11. 18 *** (14. 130)	9. 893 *** (20. 950)
N	5980	8366	10518	14010	22069	20077	17760
R^2	0. 089	0. 087	0. 088	0. 081	0. 067	0. 074	0. 072

注：*** 、** 、* 表示分别在 1%、5% 和 10% 的显著性水平，（　）内为 t 统计量。

参考文献

[1] 巴曙松、王群：《人民币实际有效汇率对我国产业、就业结构影响的实证分析》，载于《财经理论与实践》2009 年第 3 期。

[2] 巴曙松、王群：《人民币实际有效汇率对我国经济影响的实证研究》，载于《财经问题研究》2009 年第 9 期。

[3] 白重恩、钱震杰：《国民收入的要素分配：统计数据背后的故事》，载于《经济研究》2009 年第 3 期。

[4] 包群、邵敏、侯维忠：《出口改善了员工收入吗》，载于《经济研究》2011 年第 9 期。

[5] 保罗·克鲁格曼著，朱文晖、王玉清译：《萧条经济学的回归》，中国人民大学出版社 1999 年版。

[6] 毕吉耀、陈长缨、张一等：《人民币汇率变动对就业的影响》，载于《宏观经济研究》2009 年第 4 期。

[7] 伯娜：《中美贸易收支的人民币汇率弹性及政策启示》，载于《财贸研究》2010 年第 3 期。

[8] 蔡昉：《人口转变、人口红利与刘易斯转折点》，载于《经济研究》2010 年第 4 期。

[9] 蔡昉、王美艳：《当中国制造业遇到刘易斯拐点》，载于《管理人》2010 年第 11 期。

[10] 蔡思复：《建立关税与物价、工资、利率、汇率机制的新关系》，载于《中南财经政法大学学报》1993 年第 4 期。

[11] 曹海军、金丹燕：《汇率变动、工资收入与经济增长》，载于《经济问题》2010 年第 11 期。

[12] 陈波、贺超群：《出口与工资差距：基于我国工业企业的理论与实证分析》，载于《管理世界》2013 年第 8 期。

[13] 陈国进、杨翱、赵向琴：《不同资本账户开放程度下的中国财政货

币政策效果分析》，载于《数量经济技术经济研究》2018 年第 3 期。

[14] 陈昊、陈建伟、司继春：《持续出口企业创造了更多就业吗?》，载于《财经研究》2018 年第 7 期。

[15] 陈昊、刘骞：《中国出口贸易的女性就业效应：基于筛选—匹配模型的再检验》，载于《经济评论》2014 年第 1 期。

[16] 陈建奇：《重估人民币汇率升值对中国经济的影响——基于 2005 年汇改以来的经验证据》，载于《世界经济研究》2011 年第 12 期。

[17] 陈金至、尹依依、钱程：《汇率制度与收入不平等——基于跨国面板数据的研究》，载于《国际金融研究》2017 年第 8 期。

[18] 陈仲常、余翔：《企业研发投入的外部环境影响因素研究——基于产业层面的面板数据分析》，载于《科研管理》2007 年第 2 期。

[19] 程立燕：《单位劳动力成本、汇率变动与出口的互动关联研究——基于面板向量自回归（PVAR）模型的分析》，载于《贵州财经大学学报》2018 年第 1 期。

[20] 戴觅、徐建炜、施炳展：《人民币汇率冲击与制造业就业——来自企业数据的经验证据》，载于《管理世界》2013 年第 11 期。

[21] 丁剑平、鄂永健：《实际汇率、工资和就业——对中国贸易部门和非贸易部门的实证研究》，载于《财经研究》2005 年第 11 期。

[22] 丁剑平、李菲：《货币升值对不同产业就业的影响——对亚洲八国汇率与就业关系的经验分析》，载于《河北经贸大学学报》2006 年第 4 期。

[23] 丁剑平、刘健、于群：《非贸易部门工资水平在实际汇率决定中的作用——误差修正模型对中国与日本汇率的检验》，载于《上海财经大学学报》2003 年第 5 期。

[24] 丁一兵、陈默：《实际有效汇率变动与就业关系的中韩对比分析》，载于《经济问题探索》2013 年第 12 期。

[25] 丁一兵、傅缨捷、刘璐：《有效汇率、工资与经济结构变动——基于东亚高增长经济体的理论与实证分析》，载于《经济经纬》2014 年第 5 期。

[26] 范红忠：《有效需求规模假说、研发投入与国家自主创新能力》，载于《经济研究》2007 年第 3 期。

[27] 范晓云、陈雷、祝哲：《三元悖论还是二元悖论——基于货币政策独立性的最优汇率制度选择》，载于《经济学动态》2015 年第 1 期。

[28] 范言慧、宋旺：《实际汇率对就业的影响：对中国制造业总体的经验分析》，载于《世界经济》2005 年第 4 期。

[29] 范兆斌、刘德学：《熟练劳动力跨国移民、知识结构与经济增长》，载于《世界经济研究》2012 年第 3 期。

[30] 方昉、周昆树：《人民币汇率变动对我国吸收外商直接投资的实证分析》，载于《现代商业》2017 年第 20 期。

[31] 方显仓、孙丽、罗忠洲：《美元汇率变动对中国经济影响分析》，载于《上海财经大学学报》2005 年第 5 期。

[32] 冯晓华：《人民币汇率波动的福利效应——基于制造业工资的协整分析：1978 ~2006》，载于《国际经贸探索》2009 年第 5 期。

[33] 傅缨捷、丁一兵、李猛：《工资变动、汇率变动与产业结构调整——基于跨国行业数据的动态分析》，载于《经济与管理》2014 年第 2 期。

[34] 高萌青：《实际有效汇率变动对我国就业影响的实证研究》，南京航空航天大学 2012 年第 18 期。

[35] 龚刚、高坚：《固定汇率制度下的独立货币政策——未来中国货币政策管理机制探讨》，载于《金融研究》2007 年第 12 期。

[36] 龚刚、高坚、李炳念：《储备型汇率制度：发行非国际货币的发展中国家（地区）之选择》，载于《经济研究》2012 年第 9 期。

[37] 龚刚、杨光：《论工资性收入占国民收入比例的演变》，载于《管理世界》2010 年第 5 期。

[38] 龚雯、许志峰、吴秋余：《开局首季问大势，权威人士谈当前中国经济形势》，载于《人民日报》2016 年 5 月 10 日。

[39] 郭凤鸣、张世伟：《区域经济环境对工资性别差异的影响——基于多层模型的分析途径》，载于《人口学刊》2013 年第 4 期。

[40] 何玉梅、孙艳青：《人民币汇率变动影响劳动力就业的再检验：一个微观的视角》，载于《东南大学学报：哲学社会科学版》2011 年第 6 期。

[41] 黄飞鸣：《开放经济下的货币政策独立性：一个理论框架——兼论货币区的“三元悖论”之解》，载于《国际金融研究》2009 年第 11 期。

[42] 姜波克：《汇率制度的选择及政策含义》，载于《世界经济文汇》2001 年第 5 期。

[43] 姜波克、朱云高：《资本账户开放研究：一种基于内外均衡的分析框架》，载于《国际金融研究》2004 年第 4 期。

[44] 焦超：《汇率、利率、工资对就业影响的综述》，载于《中国市场》2014 年第 16 期。

[45] 居励：《汇率变动对工资和就业结构影响的实证分析》，载于《世

界经济研究》2007年第9期。

[46] 康健:《人口结构变化、工资水平与实际汇率升值》,载于《现代管理科学》2017年第12期。

[47] 李春顶、何传添、林创伟:《中美贸易摩擦应对政策的效果评估》,载于《中国工业经济》2018年第10期。

[48] 李俊:《中国全要素生产率增长的理论和实证研究——基于服务开放影响的研究》,人民出版社2019年版。

[49] 李丽丽:《汇率变动与贸易部门劳动力市场》,山东大学2007年博士学位论文。

[50] 李敏:《人民币实际有效汇率与中国经济增长》,武汉大学2005年博士学位论文。

[51] 李平、崔喜军、刘建:《中国自主创新中研发资本投入产出绩效分析——兼论人力资本和知识产权保护的影响》,载于《中国社会科学》2007年第2期。

[52] 李平、高敬云、李蕾蕾:《中国普通高等教育质量对技能溢价的影响——基于技能偏向型技术进步的视角》,载于《山东大学学报(哲学社会科学版)》2014年第4期。

[53] 李炫召:《人民币实际汇率调整的非对称研究》,浙江财经大学2017年博士学位论文。

[54] 李亚新、余明:《关于人民币实际有效汇率的测算与应用研究》,载于《国际金融研究》2002年第10期。

[55] 李子联:《汇率变动、贸易收支与就业率——来自中美相关数据的分析》,载于《经济科学》2011年第4期。

[56] 李子联:《人民币汇率、贸易收支与失业率——来自中美两国相关数据的分析》,载于《经济管理》2010年第9期。

[57] 林毅夫、刘培林:《中国的经济发展战略与地区收入差距》,载于《经济研究》2003年第3期。

[58] 刘刚、胡立:《汇率、工资和经济增长对我国就业的影响:1994-2010——基于制造业动态面板数据的实证检验》,载于《产业经济研究》2012年第3期。

[59] 刘刚、胡增正:《汇率、工资和经济增长对我国FDI流入的影响——基于全国与地区层面的实证检验》,载于《中央财经大学学报》2013年第2期。

[60] 刘建和、吴纯鑫：《进出口、汇率与固定资产投资：绝对模型和相对模型的考察》，载于《国际贸易问题》2011 年第 5 期。

[61] 刘敏、李颖：《“三元悖论”与人民币汇率制度改革浅析》，载于《国际金融研究》2008 年第 6 期。

[62] 刘田：《人民币汇率波动对中国物价水平的影响研究》，山东大学 2017 年博士学位论文。

[63] 刘晓辉、张璟：《FDI 资金流动下的政策有效性与人民币汇率政策》，载于《当代经济科学》2006 年第 6 期。

[64] 刘兴华：《人民币汇率制度的选择：基于“三元悖论”视角的理论分析》，载于《财贸研究》2003 年第 2 期。

[65] 刘艺卓、吕剑：《二元经济结构下汇率对农产品贸易的影响分析》，载于《山西财经大学学报》2009 年第 2 期。

[66] 卢向前、戴国强：《人民币实际汇率波动对我国进出口的影响：1994－2003》，载于《经济研究》2005 年第 5 期。

[67] 卢中原、隆国强、李建伟等：《人民币实际有效汇率波动对我国出口的直接影响》，载于《中国经贸》2010 年第 7 期。

[68] 鲁晓东、连玉君：《中国工业企业全要素生产率估计：1999－2007》，载于《经济学（季刊）》2012 年第 2 期。

[69] 陆改红：《汇率对我国就业与工资影响的门限效应分析》，载于《广东广播电视大学学报》2017 年第 6 期。

[70] 陆铭、陈钊：《城市化、城市倾向的经济政策与城乡收入差距》，载于《经济研究》2004 年第 6 期。

[71] 陆铭、陈钊、万广华：《因患寡，而患不均——中国的收入差距、投资、教育和增长的相互影响》，载于《经济研究》2005 年第 12 期。

[72] 罗长远、陈琳：《融资约束会导致劳动收入份额下降吗？——基于世界银行提供的中国企业数据的实证研究》，载于《金融研究》2012 年第 3 期。

[73] 罗楚亮、李实：《人力资本、行业特征与收入差距——基于第一次全国经济普查资料的经验研究》，载于《管理世界》2007 年第 10 期。

[74] 罗纳德·麦金农：《汇率、工资与国际竞争力的调整：日本、中国与美国的比较》，载于《财政研究》2005 年第 7 期。

[75] 罗清：《实际有效汇率》，载于《国际金融研究》1988 年第 2 期。

[76] 马丹、许少强：《中国贸易收支、贸易结构与人民币实际有效汇

率》，载于《数量经济技术经济研究》2005 年第 6 期。

[77] 马光明：《汇率/工资冲击、趋势性与我国加工贸易转型》，载于《国际贸易问题》2014 年第 12 期。

[78] 马静鸿：《人民币实际有效汇率对我国商品和服务进出口贸易影响的研究》，山东大学 2016 年博士学位论文。

[79] 马宇、江秀辉：《人民币汇率升值对我国工资性收入分配的影响》，载于《时代金融》2007 年第 7 期。

[80] 毛其淋、盛斌：《中国制造业企业的进入退出与生产率动态演化》，载于《经济研究》2013 年第 4 期。

[81] 毛其淋、许家云：《中国外向型 FDI 对企业职工工资报酬的影响：基于倾向得分匹配的经验分析》，载于《国际贸易问题》2014 年第 11 期。

[82] 毛日昇：《人民币实际汇率如何影响工业行业就业》，载于《经济研究》2013 年第 5 期。

[83] 梅冬州、龚六堂：《新兴市场经济国家的汇率制度选择》，载于《经济研究》2011 年第 11 期。

[84] 明娟、张建武：《人民币实际有效汇率变动对就业与工资的影响——基于 ARDL—ECM 模型的动态分析》，载于《国际经贸探索》2011 年第 7 期。

[85] 牛蕊：《国际贸易对工资与就业的影响：中国工业部门的经验研究》，南开大学 2009 年博士学位论文。

[86] 潘士远：《贸易自由化、有偏的学习效应与发展中国家的工资差异》，载于《经济研究》2007 年第 6 期。

[87] 卿石松：《人民币升值影响就业的机制、效应与政策含义》，载于《经济评论》2009 年第 2 期。

[88] 任志成：《FDI 与劳动力技能工资差距》，载于《审计与经济研究》2006 年第 4 期。

[89] 沙文兵：《人民币实际有效汇率的水平与波动性对就业的影响——基于东部地区面板数据的实证分析》，载于《世界经济研究》2009 年第 4 期。

[90] 沈可挺、刘煜辉：《技术进步、工资变动与汇率调整——基于一般均衡模型的分析》，载于《金融评论》2010 年第 2 期。

[91] 盛斌、牛蕊：《贸易、劳动力需求弹性与就业风险：中国工业的经验研究》，载于《世界经济》2009 年第 6 期。

[92] 盛才纬：《国际汇率制度的现状、前景和对我国的影响》，载于

《世界经济研究》1987 年第 3 期。

[93] 史恩义：《我国工资效应与汇率变动的关系》，载于《统计与决策》2007 年第 18 期。

[94] 田素华：《人民币汇率波动投资效应的地区特征》，载于《社会科学》2008 年第 2 期。

[95] 铁瑛、刘啟仁：《人民币汇率变动与劳动力技能偏向效应——来自中国微观企业的证据》，载于《金融研究》2018 年第 1 期。

[96] 佟家栋、许家云：《人民币汇率与出口企业的职工工资：红利还是阻力》，载于《国际贸易问题》2016 年第 10 期。

[97] 万解秋、徐涛：《汇率调整对中国就业的影响——基于理论与经验的研究》，载于《经济研究》2004 年第 2 期。

[98] 王科、陈丽珍：《实际有效汇率对中国制造业就业的影响》，载于《统计与决策》2007 年第 22 期。

[99] 王松奇、徐虔：《人民币汇率变动对产业结构影响的实证研究》，载于《经济理论与经济管理》2015 年第 12 期。

[100] 王小鲁、樊纲：《中国收入差距的走势和影响因素分析》，载于《经济研究》2005 年第 10 期。

[101] 王孝成：《人民币实际汇率与中国就业——基于内生劳动力供给模型的实证研究》，载于《世界经济研究》2010 年第 2 期。

[102] 王雅琦、戴觅、徐建炜：《汇率、产品质量与出口价格》，载于《世界经济》2015 年第 5 期。

[103] 文磊、蔡宏波、李宏兵：《融资约束抑制了企业员工收入增长吗——基于中国工业企业数据的实证分析》，载于《国际贸易问题》2015 年第 10 期。

[104] 吴国鼎、姜国华：《人民币汇率变化与制造业投资——来自企业层面的证据》，载于《金融研究》2015 年第 11 期。

[105] 夏冠军：《实际汇率、进出口贸易和我国城乡收入差距——基于结构 VAR 模型的动态分析》，载于《经济地理》2010 年第 4 期。

[106] 谢建国、陈漓高：《人民币汇率与贸易收支协整研究与冲击分解》，载于《世界经济》2002 年第 9 期。

[107] 谢平、张晓朴：《货币政策与汇率政策的三次冲突——1994 - 2000 年中国的实证分析》，载于《国际经济评论》2002 年第 3 期。

[108] 谢世清、周庆余：《发展中国家资本账户开放的国际经验与借

鉴》，载于《亚太经济》2015 年第 1 期。

[109] 徐国庆、黄繁华、蒋佩晔：《价值链贸易背景下中国制造业工资差距影响因素研究》，载于《世界经济研究》2018 年第 10 期。

[110] 徐建炜、戴觅：《人民币汇率如何影响员工收入》，载于《经济学(季刊)》2016 年第 4 期。

[111] 徐建炜、徐奇渊、黄薇：《央行的官方干预能够影响实际汇率吗?》，载于《管理世界》2011 年第 2 期。

[112] 徐伟呈、范爱军：《美国制造业就业和工资的影响因素研究——基于细分行业的经验证据》，载于《亚太经济》2017 年第 6 期。

[113] 徐伟呈、范爱军：《人民币汇率变动对就业和工资的影响——基于中国制造业细分行业的实证研究》，载于《金融研究》2013 年第 12 期。

[114] 徐伟呈、范爱军：《人民币汇率对中美制造业就业和工资影响的比较研究——来自细分行业的经验数据》，载于《世界经济研究》2017 年第 6 期。

[115] 徐伟呈、范爱军：《人民币实际有效汇率变动的中国产业结构升级效应》，载于《世界经济研究》2012 年第 6 期。

[116] 徐伟呈、范爱军：《中国制造业就业和工资的影响因素研究——来自细分行业的经验证据》，载于《南开经济研究》2017 年第 4 期。

[117] 杨碧云、成思：《人民币汇率变化的就业效应研究——基于广东省样本数据的实证检验》，载于《国际经贸探索》2013 年第 3 期。

[118] 杨红彦、周申：《汇率冲击与劳动力市场调整——中国行业数据的经验研究》，载于《财经研究》2012 年第 1 期。

[119] 杨华贵：《汇率、工资变动对我国制造业就业的影响》，载于《北京城市学院学报》2012 年第 1 期。

[120] 杨华贵：《人民币汇率变动对我国就业影响的滞后效应分析》，载于《经济体制改革》2014 年第 3 期。

[121] 杨俊、李晓羽、杨尘：《技术模仿、人力资本积累与自主创新——基于中国省际面板数据的实证分析》，载于《财经研究》2007 年第 5 期。

[122] 杨艳红：《二元结构下人民币升值对我国就业的中长期影响》，载于《统计与决策》2009 年第 11 期。

[123] 姚大庆：《汇率变动对就业的影响——基于内生劳动供给模型的研究》，载于《世界经济研究》2008 年第 3 期。

[124] 姚余栋、李连发、辛晓岱：《货币政策规则、资本流动与汇率稳

定》，载于《经济研究》2014 年第 1 期。

[125] 叶永刚、胡利琴、黄斌：《人民币实际有效汇率和对外贸易收支的关系——中美和中日双边贸易收支的实证研究》，载于《金融研究》2006 年第 4 期。

[126] 易艳红：《外贸企业应对汇率风险对策研究》，载于《中国乡镇企业会计》2014 年第 4 期。

[127] 殷德生、唐海燕：《技能型技术进步、南北贸易与工资不平衡》，载于《经济研究》2006 年第 5 期。

[128] 余稳策、张雪妍：《制造业重塑与中国制造业转型研究》，载于《河南社会科学》2017 年第 7 期。

[129] 曾莹：《汇率冲击和行业就业调整》，载于《南开经济研究》2006 年第 5 期。

[130] 张兵、封思贤、李心丹、汪慧建：《汇率与股价变动关系：基于汇改后数据的实证研究》，载于《经济研究》2008 年第 9 期。

[131] 张德远：《人民币汇率影响就业传导机制的计量检验——基于改革开放以来时空及功能耦合演化的统计分析》，载于《财经研究》2008 年第 11 期。

[132] 张会清、唐海燕：《人民币升值、企业行为与出口贸易——基于大样本企业数据的实证研究：2005 - 2009》，载于《管理世界》2012 年第 12 期。

[133] 张梅：《全球生产网络、贸易结构与国内工资差距影响机制和实证分析》，暨南大学 2008 年博士学位论文。

[134] 张元：《实际有效汇率变动对我国就业影响的实证研究》，东北财经大学 2006 年博士学位论文。

[135] 张谊浩、裴平、方先明：《中国的短期国际资本流入及其动机——基于利率、汇率和价格三重套利模型的实证研究》，载于《国际金融研究》2007 年第 9 期。

[136] 张原、陈建奇：《非工资性收入分配：国有部门收入调控的新视角》，载于《中国工业经济》2007 年第 8 期。

[137] 章和杰、陈威吏：《人民币篮子货币实际有效汇率的实证研究》，载于《浙江金融》2007 年第 4 期。

[138] 赵利、宿伟健：《人民币升值对我国制造业的就业影响》，载于《财经科学》2012 年第 7 期。

[139] 赵伟、杨会臣：《钉住汇率制度的可持续性：一个基于汇率预期的

分析框架》，载于《世界经济》2005 年第 7 期。

[140] 赵晓男、刘霄：《制度路径依赖理论的发展、逻辑基础和分析框架》，载于《当代财经》2007 年第 7 期。

[141] 赵晓霞、鲍观明：《国际贸易与收入差距关系研究理论回顾与评析》，载于《国际经贸探索》2008 年第 12 期。

[142] 钟慧中、Lin zhong：《汇率的不完全价格传递及政策协调》，载于《国际贸易问题》2013 年第 11 期。

[143] 周光霞：《人民币汇率波动对工资收入的影响——基于城市面板数据的研究》，载于《北方经贸》2017 年第 12 期。

[144] 周晴：《三元悖论原则：理论与实证研究》，中国金融出版社 2008 年版。

[145] 周申：《贸易自由化、汇率政策与中国宏观经济内部平衡》，载于《世界经济》2003 年第 5 期。

[146] 朱冰倩、潘英丽：《资本账户开放度影响因素的实证分析》，载于《世界经济研究》2015 年第 7 期。

[147] 朱富强：《缓解人民币的升值压力：提工资还是升汇率?》，载于《当代经济管理》2010 年第 7 期。

[148] 朱永行：《人民币汇率变动产出和就业效应的地区差异研究》，复旦大学 2011 年博士学位论文。

[149] ACEMOGLU D. Why Do New Technologies Complement Skills? Directed Technical Change and Wage Inequality, The Quarterly Journal of Economics, 1998 (4).

[150] ADELMAN I, TAYLOR J E. Is Structural Adjustment with a Human Face Possible? The Case of Mexico, Journal of Development Studies, 1990 (3).

[151] AIZENMAN J, CHINN M D, ITO H. The Emerging Global Financial Architecture: Tracing and Evaluating New Patterns of the Trilemma Configuration, Journal of International Money & Finance, 2010 (4).

[152] ALBERT G Z, GARY H J, QIAN J. R&D and Technology Transfer: Firm - Level Evidence from Chinese Industry, The Review of Economics and Statistics, 2005 (4).

[153] ALOGOSKOUFIS G S, LOCKWOOD B, PHILIPPOPOULOS A. Wage Inflation, Electoral Uncertainty and the Exchange Rate Regime: Theory and UK Evidence, Economic Journal, 1992 (415).

[154] ALVAREZ R, LOPEZ R A, Skill Upgrading and the Real Exchange Rate, World Economy, 2009 (8).

[155] ALVAREZ R, LOPEZ R A. Entry and Exit in International Markets: Evidence from Chilean Data, Review of International Economics, 2008 (4).

[156] AMITI M, DAVIS D R. Trade, Firms, and Wages: Theory and Evidence, Review of Economic Studies, 2008 (1).

[157] AMJAD R, AHMED M A. Impact of Workers' Remittances from the Middle East on Pakistan's Economy: Some Selected Issues, The Pakistan Development Review, 1986 (4).

[158] AMUEDO D C. Accounting for Remittance and Migration Effect on Children's Schooling , World Development, 2010 (12).

[159] AMUEDO D C, Pozo S. Remittance Receipt and Business Ownership in the Dominican Republic, The World Economy, 2006 (7).

[160] ANDERSEN T M, Sørensen J R. Exchange Rate Variability and Wage Formation in Open Economies, Economics Letters, 2006 (3).

[161] ANWAR S, SIZHONG S. Trade Liberalisation, Market Competition and Wage Inequality in China's Manufacturing Sector, Economic Modelling, 2012 (4).

[162] ANWAR S, SUN S. Trade Liberalisation, Market Competition and Wage Inequality in China's Manufacturing Sector, Economic Modelling, 2012 (4).

[163] ATKESON A, BURSTEIN A. Pricing-to-Market in a Ricardian Model of International Trade, American Economic Review, 2007 (2).

[164] AUER R A, SCHOENLE R S. Market Structure and Exchange Rate Pass-through, Journal of International Economics, 2012.

[165] BEDI A, SPARROW R. Remittances, Liquidity Constraints and Human Capital Investments in Ecuador, World Development, 2009 (6).

[166] BELKE A H, KAAS L, SETZER, R. Exchange Rate Volatility and Labor Markets in the CEE Countries, CEPR Discussion Paper, 2004.

[167] BERNARD A B, REDDING S J, SCHOTT P K. Multi-product Firms and Trade Liberalization, Meeting Papers, 2007 (3).

[168] BISCOURP P, KRAMARZ F. Employment, Skill Structure and International Trade: Firm-level Evidence for France, Journal of International Economics, 2004 (1).

[169] BORJAS G J, RAMEY V A. Foreign Competition, Market Power, and Wage Inequality, The Quarterly Journal of Economics, 1995 (4).

[170] BRANSON W. H. , LOVE J. , U. S. Manufacturing and the Real Exchange Rate. Nber Chapters, Nber Chapters, 1988.

[171] BROOKMAN J T, THISTLE P D. Managerial Compensation: Luck, Skill or Labor Markets? Journal of Corporate Finance, 2013 (1).

[172] BURSTEIN A T, GOPINATH G. International Prices and Exchange Rates, Handbook of International Economics, 2013 (4).

[173] CAMPA J M, GOLDBERG L S. Employment Versus Wage Adjustment and the US Dollar, The Review of Economics and Statistics, 2001 (3).

[174] CANDIAN G. Information Frictions and Real Exchange Rate Dynamics, Journal of International Economics, 2019, 116.

[175] CARLIN W. Real Exchange Rate Adjustment, Wage-Setting Institutions, and Fiscal Stabilization Policy: Lessons of the Eurozone's First Decade, Cesifo Economic Studies, 2013 (3).

[176] CHAMI R, FULLENKAMP C, JAHJAH S. Are Immigrant Remi-ttance Flows a Source of Capital for Development, IMF Staff Papers No. 1, 2003.

[177] CHEN N, JUVENAL L. Quality, Trade, and Exchange Rate Pass-through, Journal of International Economics, 2016 (42).

[178] CHOI Y Y. Free Trade and Wage Inequality in an Advanced Economy, Open Economies Review, 1998 (4).

[179] COLACITO R, CROCE M M. Risks for the Long Run and the Real Exchange Rate, Journal of Political Economy, 2011 (1).

[180] CONDON T, CORBO V, MELO J D. Exchange Rate-based Disinflation, Wage Rigidity, and Capital Inflows, Journal of Development Economics, 1989 (1).

[181] CONWAY D, POTTER R, BERNARD G S. Diaspora Return of Transnational Migrants to Trinidad and Tobago: the Additional Contributions of Social Remittances, International Development Planning Review, 2012 (2).

[182] CRINO R. Imported Inputs and Skill Upgrading, Labour Economics, 2012 (6).

[183] DAVIS S J, HALTIWANGER J. On the Driving Forces Behind Cyclical Movements in Employment and Job Reallocation, Nber Working Papers, 1996 (5).

[184] DINOPOULOS E, SEGERSTROM P. The Dynamic Effects of Contingent Tariffs, Journal of International Economics, 1999 (1).

[185] EDWARDSA A C, URETA M. International Migration, Remi-ttances, and Schooling: Evidence from El Salvador, Journal of Development Economics, 2003 (2).

[186] ENGELBRECHT H J. International R&D Spillovers, Human Capital and Productivity in OECD Economies: an Empirical Investigation, European Economic Review, 1997 (8).

[187] ERKOC M, WANG H, AHMED A. Price Competition with Geometric Brownian motion in Exchange Rate Uncertainty, Papers, 2018.

[188] FARIA J R, LEON L M A. Real Exchange Rate and Employment Performance in an Open Economy, Research in Economics, 2005 (1).

[189] FEENSTRA R C, HANSON G H. Global Production Sharing and Rising Inequality: A Survey of Trade and Wages// Handbook of International Trade. Blackwell Publishing Ltd, 2001.

[190] FRIEDMAN B M. The Case of Flexible Exchange Rates, In: Essays in Positive Economics, Univ, 2010.

[191] FRIEDMAN M. The Lag in Effect of Monetary Policy, Journal of Political Economy, 1961 (5).

[192] FUENTES O M, Gilchrist S. Trade Orientation and Labor Market Evolution: Evidence from Chilean Plant-level Data, Central Banking Analysis & Economic Policies Book, 2005 (8).

[193] GOLDBERG L S, TRACY, J S. Exchange Rates and Local Labor Markets, Ssrn Electronic Journal, 1999.

[194] GOLDBERG L S, TRACY, J S. Exchange Rates and Wages, Ssrn Electronic Journal, 2001 (4).

[195] GOTO A, SUKUZI K. R&D Capital, Rate of Return on R&D Investment and Spillover of R&D in Japanese Manufacturing Industries, The Review of Economics and Statistics, 1989 (4).

[196] HANSEN B E. Threshold Effects in Non-dynamic Panels: Estimation, Testing, and Inference, Journal of Econometrics, 1999 (2).

[197] HANSON G H, WOODRUFF C. Emigration and Educational Attainment in Mexico, NBER Working Paper, 2003.

[198] HARCHAOUI T, TARKHANI F, YUEN T. The Effects of the Exchange Rate on Investment: Evidence from Canadian Manufacturing Industries, Working Papers, 2005.

[199] HELPMAN E, ITSKHOKI O, REDDING S. Unequal Effects of Trade on Workers with Different Abilities, Journal of the European Economic Association, 2010 (8).

[200] HELPMAN E. Labor Market Frictions as Source of Comparative Advantage, with Implications for Unemployment and Inequality, Cepr Discussion Papers, 2010.

[201] HOFFMANN M. Compensating Wages under Different Exchange Rate Regimes, Royal Economic Society Annual Conference, Working Paper No. 46, 2004.

[202] HORN H, PERSSON T. Exchange Rate Policy, Wage Formation and Credibility, European Economic Review, 1988 (8).

[203] JOHNSON G E, STAFFORD F P. International Competition and Real Wages, The American Economic Review, 1993 (2).

[204] JOHNSTON R B. Sequencing Capital Account Liberalizations and Financial Sector Reform, EconPapers, 1998.

[205] KAISER B, SIEGENTHALER M. The Skill-biased Effects of Exchange Rate Fluctuations, The Economic Journal, 2016 (592).

[206] KALEMLI O S, LIU X, SHIM I. Exchange Rate Appreciations and Corporate Risk Taking, Social Science Electronic Publishing, 2018.

[207] KLEIN M W, ROSENGREN E. The Real Exchange Rate and Foreign Direct Investment in the United States: Relative Wealth vs. Relative Wage Effects, Journal of International Economics, 2004 (3 -4).

[208] KLEIN M W, SHAMBAUGH J. Rounding the Corners of the Policy Trilemma: Sources of Monetary Policy Autonomy, American Economic Journal Macroeconomics, 2015 (4).

[209] KRUEGER A B, SUMMERS L H. Reflections on the Inter-Industry Wage Structure, Nber Working Papers, 1987 (2).

[210] KRUGMAN P R. Technology, Trade and Factor Prices, Journal of International Economics, 2000 (1).

[211] KRUSELL P, OHANIAN L E, RIOS R J V, VIOLANTE G L. Capital-

skill Complementarity and Inequality: A Macroeconomic Analysis, Econometrica, 1997 (5).

[212] LAWLER P. Union Wage Setting and Exchange Rate Policy, Economica, 2010 (265).

[213] LAWRENCE R Z, TOPEL R H. International Trade and American Wages in the 1980s: Giant Sucking Sound or Small Hiccup, Brookings Papers on Economic Activity Microeconomics, 1993 (2).

[214] LE T, BODMAN P M. Remittances or Technological Diffusion: Which Drives Domestic Gains from Brain Drain, Applied Economics, 2011 (18).

[215] LEAMER E E. Measurement Errors and the Convergence Hypothesis, Open-Economy Macroeconomics. Palgrave Macmillan UK, 1993.

[216] LEAMER E E. Paths of Development in the Three-Factor, n-Good General Equilibrium Model, Journal of Political Economy, 1987 (5).

[217] LEBOW D E. Import Competition and Wages: The Role of the Nontradable Goods Sector, Review of Economics & Statistics, 1993 (3).

[218] LEVINSOHN J, PETRIN A. Estimating Production Functions Using Inputs to Control for Unobservables, Review of Economic Studies, 2003 (2).

[219] LIBMAN E. Endogenous Norms in Wage and Price Setting and Hysteresis in the Real Exchange Rate, Metroeconomica, 2018 (4).

[220] LINDBECK A, EKONOMI S. Inflation and Unemployment in Open Economies, Amsterdam, North-Holland Pub. Co. , 1979.

[221] MACDOUGALL G D A. The Benefits and Costs of Private Investment from Abroad: A Theoretical Approach, Bulletin of the Oxford University Institute of Economics & Statistics, 1960 (3).

[222] M A H G EL－DIN, Y H J MOHAMMAD. Exchange Rate and Domestic Prices in The GCC Countries, Economic Research Forum, 2001.

[223] MCKENZIE D, SASIN M J. Migration, Remittances, Poverty, and Human Capital: Conceptual and Empirical Challenges, World Bank Policy Research Working Paper No. 4272, 2007.

[224] MCKINNON R. China's Exchange Rate Trap: Japan Redux, American Economic Review, 2006 (2).

[225] MCKINNON R. Exchange Rate or Wage Changes in International Adjustment? International Economics and Economic Policy, 2005 (2).

[226] MCKINNON R. Japan's Deflationary Hangover: Wage Stagnation and the Syndrome of the Ever-weaker, Singapore Economic Review, 2011 (03).

[227] MELITZ M J. The Impact of Trade on Intra-Industry Re-Allocation and Aggregate Industrial Productivity, Econometrica, 2003 (6).

[228] MICHETTI E., TROPEANO D. Exchange Rate Policy and Income Distribution in all Open Developing Economy, MPRA Paper, 2008.

[229] MING J, ZHANG J W. The Effect of RMB Real Effective Exchange Rate on the Sectoral Employment and Wage: A Dynamic Study Based on ARDL-ECM Model, International Economics & Trade Research, 2011.

[230] MISHRA P, SPILIMBERGO A. Exchange Rates and Wages in an Integrated World, American Economic Journal Macroeconomics, 2009 (4).

[231] MISSIO F J, JRF G J, BRITTO G. Real Exchange Rate and Economic Growth: New Empirical Evidence, Metroeconomica, 2015 (4).

[232] MUNDELL R A A. Theory of Optimum Currency Areas, American Economic Review, 1961 (4).

[233] MUNDELL R A. Capital Mobility and Stabilization Policy under Fixed and Flexible Exchange Rate, Canadian Journal of Economics and Political Science, 1963 (4).

[234] MUNDELL R A. Transport Costs in International Trade Theory, Canadian Journal of Economics & Political Science, 1957 (3).

[235] NUCCI F, POZZOLO A F. Exchange Rate, External Orientation of Firms and Wage Adjustment, World Economy, 2012 (11).

[236] NUCCI F, POZZOLO A F. Exchange Rate, External Orientation of Firms and Wage Adjustment, World Economy, 2014 (11).

[237] NUCCI F, POZZOLO A F. Investment and the Exchange Rate: An Analysis with Firm-level Panel Data, European Economic Review, 2001 (2).

[238] NUCCI F, POZZOLO A F. The Exchange Rate, Employment and Hours: What Firm-level Data Say, Ssrn Electronic Journal, 2010 (2).

[239] OBSTFELD M, ROGOFF K. Foundations of International Macroeconomics, Massachusetts: MIT Press, 1996.

[240] OBSTFELD M, TAYLOR A M. The Trilemma in History: Tradeoffs among Exchange Rates, Monetary Policies and Capital Mobility, Cepr Discussion Papers, 2006 (3).

[241] OLLEY S, PAKES A. The Dynamics of Productivity in the Telecommunications Equipment Indus-try, Econometrica, 1996 (6).

[242] OSTRY J D, GHOSH A R, CHAMON M, QURESHI M S. Tools for Managing Financial-stability Risks from Capital Inflows, Journal of International Economics, 2012 (2).

[243] OUYANG A Y, PAUL S. The Effect of Skilled Emigration on Real Exchange Rates through the Wage Channel, Journal of International Money and Finance, 2018.

[244] PERRY G, OLARREAGA M. Trade Liberalization, Inequality and Poverty Reduction in Latin America, Transition Newsletter, 2006 (29).

[245] PISSARIDES C A. Learning by Trading and the Returns to Human Capital in Developing Countries, World Bank Economic Review, 1997 (1).

[246] PRIYONO. Effect of Wage, Inflation and Exchange Rate on the Investment Policy in Sidoarjo District, Indonesia, East Asia, 2018.

[247] QUINN M A. Estimating the Impact of Migration and Remittances on Agricultural Technology, The Journal of Developing Areas, 2009 (1).

[248] REVENGA A, L. Exporting Jobs?: The Impact of Import Competition on Employment and Wages in U. S. Manufacturing, The Quarterly Journal of Economics, 1992 (1).

[249] SCHEFFRAN J, MARMER E, SOW P. Migration as a Contribution to Resilience and Innovation in Climate Adaptation: Social Networks and Co-development in Northwest Africa, Applied Geography, 2012 (4).

[250] SCHMOOKLER J. Invention and Economic Growth, New York: Harvard University Press, 1966.

[251] SCHNABL G ZIEGLER C. Exchange Rate and Wage Policies in Central and Eastern Europe, Journal of Policy Modeling, 2011 (3).

[252] SCHNABL G, ZIEGLER C. Exchange Rate Regime and Wage Determination in Central and Eastern Europe, Cesifo Working Paper, 2008 (11) .

[253] SHAMBAUGH J C. The Effect of Fixed Exchange Rates on Monetary Policy, Quarterly Journal of Economics, 2004 (1).

[254] UPWARD R, WANG Z, ZHENG J. Weighing China's Export Basket: The Domestic Content and Technology Intensity of Chinese Exports, Journal of Comparative Economics, 2013 (2).

[255] VERNENGO M, PERRY N. Exchange Rate Depreciation, Wage Resistance and Inflation in Argentina (1882 - 2009), Economic Notes, 2017 (7).

[256] WANG L C, SEGARRA E, NAN Z. Migration, Remittances, and Agricultural Productivity in Small Farming Systems in Northwest China, China Agricultural Economic, 2013 (1).

[257] WOOD A. Openness and Wage Inequality in Developing Countries: The Latin American Challenge to East Asian Conventional Wisdom, World Bank Economic Review, 1997 (11).

后　记

本书是2020年度浙江省哲学社会科学规划后期资助项目“人民币实际有效汇率的工资效应研究”、浙江省属高校基本科研业务费项目“贸易摩擦背景下人民币实际有效汇率的工资效应研究”和2018年国家社科基金项目“中国‘一带一路’沿线跨国企业获取组织正当性的关键因素诊断与对策研究”的部分研究成果。

书稿的顺利完成，得益于同行和亲人的大力支持。感谢父母多年的信任，是他们的坚持让我能够在学业和工作中坚持不懈，他们为孩子倾其所有，不求回报，虽然前进的道路上磕磕绊绊，困难重重，但家人始终给我坚定的信念和勇气，让我一路走来，心中倍感温暖，走到哪里，都有一份对他们沉甸甸的牵挂。十年，父母步入老年，弟弟妹妹成家立业，时光带走了璀璨的年华，却留下了一份永久的守候。

感谢我的导师刘晨阳教授，他为人正直，学术功底深厚，做学问踏踏实实，具有远见卓识，对我的成长和改变起到了重要的作用。生活中，老师和蔼可亲，在我遇到困难的时候总是想尽办法伸出援助之手。老师是我博士生涯中的一盏明灯，给我以后的学术探索奠定了良好基础，我将谨记老师的谆谆教导，扎实进取，一步一个脚印，希望在自己的研究领域有新的突破。感谢我朝夕相处的同事，我们有困难共同解决，有快乐共同分享，有你们生活充满了阳光，有你们就会觉得学校就是家，你们就是我的家人。

在研究和写作过程中，参考了许多专家的研究成果，并尽可能在参考文献中列出，对此向相关领域的专家表示深深的敬意，你们潜心钻研的精神是我学习的榜样和前进的动力。感谢孟祥霞教授、谢子远教授、钟昌标教授对书稿提出的宝贵意见，使书稿一步步更加完善，感谢刘美玲老师、赵秉龙老师、梁果老师的大力支持和帮助。感恩生活，满怀喜悦，新的征程，我们一起加油！

本书的一些观点和论述还不尽成熟，数据不够新颖，可能存在学术观点的偏颇和内容逻辑性的缺失，期待读者批评指正，本书记录了笔者作为一名学者的成长足迹，让我在学术探索的过程中找到自己的价值。我将继续秉承这种敢于探索、勇于创新的学术精神，在今后的学术生涯中自强不息、恒志笃行。

杨立娜
2020 年 4 月